外国語習得に成功する学習プロセス

留学することなく身につけるために

吉田 ひと美

大阪大学出版会

目次

序章　学習成功者から学ぶ ……………………………………………… 1

 1　わが国の英語学習事情　3

 2　学習者の英語習得に対する意識——学習成功者に学ぶ視点　5

 3　本書の目的と意義　8

 4　本書の構成　11

第1章　分析の枠組み ……………………………………………………… 13

 1　自己調整学習とその概念　15

  (1)　自己調整学習の定義　16

  (2)　3つの構成要素　17

  (3)　循環的機能と発達段階　21

  (4)　言語学習場面への応用　24

  (5)　自己調整学習の課題　28

 2　状況論的アプローチとその学習観　30

  (1)　正統的周辺参加　32

  (2)　実践共同体　33

  (3)　学びのトラジェクトリ　35

  (4)　正統的周辺参加の分析的視座　35

第2章　質的研究 ………………………………………………… 39

　　1　質的調査の見直し　41
　　　　(1)　質的研究の特徴　42
　　　　(2)　物語的な理解　44
　　2　事例研究　49
　　　　(1)　事例研究のメリット　50
　　　　(2)　事例研究の分類　51
　　　　(3)　対象者の人数と調査回数　53
　　　　(4)　ライフストーリー・インタビュー　55
　　3　本書の事例研究　57
　　　　(1)　調査のデザイン　58
　　　　(2)　調査対象者　60
　　　　(3)　調査の概要　62
　　　　(4)　分析のプロセス　70

第3章　事例研究 ………………………………………………… 77

　　1　「イベント型学習」のケン　79
　　　　(1)　人物紹介　79
　　　　(2)　ケンのトラジェクトリ　80
　　　　(3)　努力継続型のトラジェクトリ　94
　　　　(4)　ケンの学習のポイント　96
　　2　「理想追求型」のゆり　103
　　　　(1)　人物紹介　103
　　　　(2)　ゆりのトラジェクトリ　104
　　　　(3)　ゆりの学習のポイント　141
　　3　「習慣型学習」の学　154
　　　　(1)　人物紹介　154
　　　　(2)　学のトラジェクトリ　155
　　　　(3)　学の学習のポイント　172

第4章　学習成功者の自己調整学習とは ……………………… 181

　　1　トラジェクトリの総合的分析　183
　　2　自己調整学習方略　185
　　　　(1)　動機を高める仕掛け　186
　　　　(2)　学習継続の仕掛け　189
　　　　(3)　学習整備の仕掛け　193
　　3　自己効力感　198
　　　　(1)　学習初期：高い自己評価　200
　　　　(2)　学習中期：ペルソナ　201
　　　　(3)　学習後期：期待と不安と自信　202
　　4　目標への関与　204
　　　　(1)　ぼんやりとした最終到達目標　205
　　　　(2)　目標の志向性　206
　　　　(3)　目標の個性化　207
　　　　(4)　実践共同体への参加　208
　　　　(5)　グループフロー経験　210
　　　　(6)　ユビキタス学習　212

第5章　結　論 ……………………………………………… 215

　　1　まとめ　217
　　2　教育への示唆　221
　　3　本書の問題点と今後の展望　224

　　付録資料　227
　　参考文献　234
　　あとがき　249
　　索　引　253

図表目次

〈図〉

図 1	相互作用論		16
図 2	自己調整学習の構成要素と要素間の関連		18
図 3	自己調整学習の循環過程		22
図 4	S2R モデルにおける L2 学習のための方略とメタ方略 （歯車と矢印による比喩）の相互作用		27
図 5	事例研究のための基本的な分類		52
図 6	体系化された事例研究の構造		59
図 7	ケンのトラジェクトリで観察された英語学習機会		95
図 8	ケンの自己調整する力の変化と発達・自己効力感の変化・目標設定		96
図 9	ゆりのトラジェクトリで観察された英語学習機会		143
図 10	ゆりの自己調整する力の変化と発達・自己効力感の変化・目標設定		144
図 11	学のトラジェクトリで観察された英語学習機会		173
図 12	学の自己調整する力の変化と発達・自己効力感の変化・目標設定		174
図 13	3 人の自己調整する力の変化と発達		186
図 14	3 人の自己効力感の変化		199

〈表〉

表 1	自己調整する力の発達		23
表 2	質的調査で使用される頻度の高い 5 つの研究手法		43
表 3	調査対象者の属性		60
表 4	調査対象者の英語能力		62
表 5	インタビューの概要		66
表 6	ケンのプロフィール概要		80
表 7	ゆりのプロフィール概要		104
表 8	学のプロフィール概要		155
表 9	3 人の学習トラジェクトリ分析の観点		184
表 10	学習活動の取り組み方の違い		192

序 章

学習成功者から学ぶ

1 わが国の英語学習事情

　日本における「英語ブーム」といわれる状況は近年に始まったものではなく、第二次世界大戦後に幕を開き、常態的に続いているように思われる。終戦直後に発行された「日米会話手帳」は 400 万部の大ベストセラーとなり、翌年には NHK のラジオ放送で「英語会話」が開始された。その後も、1964年の東京オリンピックや 1970 年の大阪万博などを契機として何度もブームがあり、バブル時代には、様々な企業が海外市場の拡大のために英語教育に力を入れた。こうした流れが現在にいたるまで続き、英語は日本人にとって常に重要な存在であると考えられるようになっている。さらに今日では、英語の社歌があったり社内公用語を英語に切り替えたりする会社、TOEIC で一定の点数を取ると報酬が出たり給与に手当が出る会社、逆に一定の点数以上を取れなければ海外営業部から左遷されるという会社、上司がドイツ人で英語でしかコミュニケーションが取れないという会社などが相次いで現れた。英語教育をめぐる議論も、平泉・渡部論争[1]をはじめ 40 年も前から果てることがない。書店には、英語学習用の教材が賑やかに並び、駅前ビルには必ずと言ってよいほど大手英会話学校が設けられ、通学・通勤帰りの「駅前留学」を謳っている。また、駅から離れた緑の風景の中に、カナダやアメリカの国旗を飾った英会話教室の看板を目にすることも珍しくない。しかしながら、今日に至るまで、日本人の英語欲が満たされたためしはないのではなかろうか。

　学校教育における英語への取り組みは、国際理解教育や総合学習の一環と

1）1975 年、自民党・参議院議員である平泉渉と、上智大学教授である渡部昇一の間で行われた。発端は、平泉が自民党の政務調査会に「外国語教育の現状と改革の方向」という試案を提出したことに始まる。これに対し、渡部が『諸君！』誌上で反論、さらに翌月同誌上で平泉が反論、さらにその翌月渡部が再反論と続き論争が展開した。

して、2011（平成23）年に小学校で高学年児童を対象に年間35時間の英語活動が必修化され、英語ブームの流れを受けているといえる。さらに文部科学省は、2020（平成32）年度を見据え、新たな英語教育を実施していくために、小・中・高等学校を通じた英語教育の充実・強化をすすめることを方針として掲げており、日本人英語学習者が英語に触れる時間は飛躍的に増え、あたかも十分に確保されるかのように思われる。しかしながら、今後、英語学習時間が伸びるとはいえ、従来の中学・高校・大学の10年間にわたる学校英語教育において、中学での英語の授業は350〜630時間、高校では1120〜1400時間、合計1470〜2030時間である。2030時間というのは、主要科目である数学の1330時間や国語の1750時間をしのぐ時間数ではあるが、実は一日あたりでは1時間弱にしか過ぎず、日数に直すとたったの84日である。中学・高校の6年間で84日分しか授業がないのであれば、日常生活で英語に接する機会がほとんどない日本のような学習環境で、英語の運用能力を身につけるのは不可能に等しいという考えには多くの日本人が納得している。

　最近では、学校教育以外での学習形態が多様化している。英会話学校だけでなく、インターネットやテレビメディア、モバイル・テクノロジーの活用[2]によって若者のポップ・カルチャー[3]への関心が高まり、英語に触れる場面も増えている。例えば、インターネット電話のSkypeを利用した格安個人授業や、海外アーティストのブログ、Youtubeなどによる動画配信、スマートフォン向けの英語学習アプリケーションの活用など、他の学校教育科目とは異なる英語独特の方法により利用可能なリソースが豊かになっている。このように、日本国内の英語学習事情としては、学校以外の個人的な学習活動において学習者のレベルや学習時間、興味・関心に応じて様々な方法が可能になっている。学校での公式な英語教育だけでは満足のいく英語能力を習得することが困難であるとするならば、今後はこのような学校教育を越

---

2) Traxle（2007）

3) Duff（2004）; Murray（2008）; Norton & Vanderheyden（2004）

序章　学習成功者から学ぶ

えた非公式な場面を積極的に活用する学習者が増えてくるだろう。しかし、英語学習環境が多様化するということは一方で、多くの選択肢の中から適切な選択をしていかなければならない、ということである。日本国内で英語の学習に成功するには、こうした多様化した学習環境に身を置きながら手に入れられる様々な学習の機会を活用して、自分に最適な学習調整を行うことが必要になるだろう。

2 学習者の英語習得に対する意識——学習成功者に学ぶ視点

　現在英語を学習する日本の若者は、こうした英語学習事情を受け、英語習得に対してどのような意識を持っているのだろう。D大学の非常勤講師をしていた筆者は、英文学科の一年生を対象としたキャリア設計支援を目的とした授業[4]で、大学院留学経験者として留学に関して話をする機会が何度かあった。入学したばかりの希望に満ちた学生に何を話したらよいだろう。これから留学を希望する英語学習者に何を伝えたらよいだろう。彼らはどんなことを具体的に知りたいと思っているだろう。思いを巡らせ、留学希望者にとって実践的アドバイスとなる留学準備や入学条件、様々な留学の形態、希望留学先や志望校の選定、費用、奨学金、授業の様子、一日の課題量などについて話をしようと考えた。当然、受講者の中には留学を希望していない学生もおり、筆者は全ての学生に留学（特に、言語学習を目的とした留学）を積極的に奨励すべきだとは考えていない。受講学生が留学に関する知見を広め、中でも将来留学したいなぁとぼんやりと考えている学生にとって、どのような留学をしたいのか判断する材料となればと考え授業に臨んだ。初回の

4）D大学英語英文学科生が将来の職業選択を見通した学習ができるよう、4領域の仕事の魅力、そのために必要な学習・資格について授業を行う。国内外の企業への就職、大学院への進学、翻訳家、英語教員など具体的な職業を例に挙げながら職業選択の可能性を探る。

授業で、留学希望者はどのくらいいるのか尋ねると、160人ほどの学生のうち、約3分の2の学生が手を挙げた。受講者全員に留学に関して特にどのようなことを知りたいかを記述するアンケートを行ったところ、言語習得を目的とした留学に関する次のような質問が多く寄せられた。

　　「(英語が)上達したかったら、やっぱり留学しないと無理ですか？」
　　「どれくらいの期間、留学したらペラペラになれますか？」
　　「何ヶ月留学したら上達を実感できるようになりますか？」

こうした質問を現在英語を学習する学生から直接耳にすることで、筆者は改めて本書が取り組もうとする課題の重要性を認識した。外国語環境（Foreign Language setting、以下 FL 環境[5]）は第二言語環境（Second Language Setting、以下 SL 環境）と比較すると、当然ながら目標言語話者との日常的な接触が少ない。SL 環境では目標言語との日常的な接触があり、英語は生活のための第二言語となっている。例えば、カナダやオーストラリアといった英語圏で英語を学習する学習者たちは、FL 環境の学習者とは異なり、教室内だけでなく教室外でも広く英語が使用される環境で生活している。多くの FL 環境の学習者たちが、そうした学習環境の不利を理由に、国内の学校教育だけでは英語は習得できないと結論づけてしまっているのではないだろうか。

　本書は、外国語は目標言語が話されている地域に行かなくても身につけることができるという視点に立ち、留学（目標言語が話されている地域に行くこと）こそが最良の学習方法であると考える多くの日本人英語学習者の信念に疑問を呈することに端を発している。とはいえ、筆者自身留学経験者であり、学生時代に留学を希望した背景には、留学すれば手っ取り早く語学習得が達成できるという短絡的な考えがあったことを認めざるを得ない。しかしなが

---

5) 日本・中国・韓国などのように目標言語（この場合、英語）を外国語として学習する環境は、FL 環境と呼ばれている。一方、目標言語が日常的に使用される地域で目標言語を第二言語として学習する環境は、SL 環境と呼ばれる。

ら、留学を経験したからこそ、留学が必然的である場合と、そうでない場合があることを知ることができたと言える。「留学」とは、文字通り勉強のためにその地を訪れ、そこに留まって学ぶことであり、留学をすることで、その地の言語や文化を知識として「知る」だけでなく、そこに暮らす人たちの息遣いや精神性を生活に根ざしたものとして「実感する」ことができる。これは文献や講義で学ぶだけではなかなか成立しないものであり、体験を通して学ぶことは必然的に思われる。しかし、TOEIC で高得点を取りたいというような純粋な言語習得を目的とした留学に限っては、必ずしも留学は必然的ではなく、国内でも十分に高度な英語能力を獲得することができるだろう。実際、筆者は帰国後、留学をしていないにもかかわらず、筆者の語彙力を遥かに上回る学習者、検定試験で超高得点を取得する学習者、語学を専門外としながら驚異的な英語能力を習得している学習者に出会うことがあった。その能力を評価されても「自己流です。実際に海外に住んだことないんで」とさらりと応えることのできる彼らに対して、それほどまでに上達した彼らの学習のプロセスに好奇心が湧き上がった。彼らのように、日本で英語の学習を続け、習得に成功している学習者は少数ではあるが存在するのである。彼らに共通して窺われる特徴として、学習をすすめていく高い自律性と自己の学習動機をモニタリングする能力、そして自己調整能力が高いことが挙げられる。本書における学習者の自律に対する関心は、学習者は自らの学習に責任をもち、学習プロセスの全ての側面に関して意思決定を下す能力を保有しているという Holec（1981）が示す学習者の自律性モデルの影響を受けている。また、Dickinson（1987）も言及するように、このような意思決定に責任をもつ学習者の学習行動は自己調整的である。外国語学習成功者は、多くの英語学習者が不利であるととらえる日本国内での英語学習環境を味方につけ、そもそも英語は国内で十分に習得することができるといっ信念を持っているようである。

3 | 本書の目的と意義

　本書の目的は、英語圏への長期滞在経験がなく FL 環境でアクセス可能な
リソースを利用して英語学習に成功した日本人英語学習者の学習プロセスを
調査することである。彼らは自らが身を置く環境の中で、目標言語との接触
が限られているにもかかわらず、単に自己調整的なのではなく、自ら計画し
実行する長期的な学習に意識的に従事し、自律的に学習をすすめている。そ
して、学習成功者たちは、日本で英語学習をしてきたという点で社会文化背
景を共有しながらも、それぞれの接した学習環境の違い、環境への適応能力、
年齢、性格などの要因により、学校生活も個人的な学習活動の実践も全く異
なる経験となるため[6]、学習成功者という類型化した学習者集団としてとら
えるのではなく、彼ら一人一人の学びのトラジェクトリを丹念に見ていくこ
とが必要である。

　本書の意義は、これまでの多くの先行研究が行ってきた 1) 学習成功者の
とらえ方、2) 研究方法を疑問視するところにある。まず、学習成功者のと
らえ方に関して、従来の外国語学習成功者研究では、その対象として留学経
験がある者や、幼少期に海外滞在経験がある者を含めてきた。このことは、
FL 環境で英語学習を続ける多くの日本人英語学習者に、英語習得のために
は英語が話されている地域に行くことが最良の学習方法であり、それは必須
であるという信念を固定化させてしまうという逆効果を生んでしまったので
はないだろうか。本書は、英語圏に長期滞在（2 ヵ月以上継続したもの）経験
がなく FL 環境での学習により英語の学習に成功している学習者を対象とし
ている。調査の中で彼らは留学について、英語学習の効果的な方法の 1 つか
もしれないが、日本国内にいながらも十分英語に熟達することは可能である
と述べている。また、留学を希望する全ての学習者が必ずしもその機会を得
られるわけではないという現状を踏まえると、FL 環境にいながら手に入れ

---

6) Block（2007）; Kormos & Csizer（2008）; Norton（2000）; Wenger（2000）

序章　学習成功者から学ぶ

られる学習環境をうまく活用することで英語学習に成功する方法を明らかに
しようとする本書の成果が学習者に還元できるものは多い。日本で英語学習
成功者となった学習者が通ってきた経験を、彼らのレンズを通して見てみる
ことで、他の日本人英語学習者が、自分の身の回りの学習環境から英語を上
達させる可能性を見いだす手助けとなることが期待できる。さらに、先行研
究では、学習者成功者が使用する素晴らしい学習方略を提示するなどして、
彼らを常に高い動機を維持するサイボーグのようにとらえてきた。しかしな
がら、彼らは他の学習者と同様に、学習の途中で躓き、スランプに陥り、恥
ずかしい思いや悔しい思いを経験している。本書は、学習成功者がスランプ
に陥っても学習を継続していく、つまりスランプ後の学習への取り組み方に
も目を向けることが彼らの学習を支える重要な部分であるととらえ、彼らの
山あり谷ありの学習経験をまるごと描こうと考えた。次に、研究方法に関し
て、言語学習成功者（Good Language Learners: GLLs）の学習方法・行動に関
する本格的な研究、研究枠組み、研究手法は 1970 年代以降多くの研究者[7]
から "good language learner study" と呼ばれ、よくできる学習者が学習遅
滞者と比較して頻繁に使う、いわば「特別な方略」を探し出すことを目指し
た研究が多かった。Oxford（1990）が提案した学習方法を分類・評価のため
の学習方略診断紙（Strategy Inventory for Language Learning: SILL）によって
量的に分析する研究がすすんだが、Cohen（1998）は方略の効果について使
用の頻度や学習の段階、使用状況やプロセスを組み込んだ解釈の必要性を主
張し、SILL の限界を指摘している。さらに、これまでの外国語学習成功者
に関する方略研究の枠組みは、動機づけ・学習者要因・過去の学習経験など
の学習者変数が方略使用とその効果に影響すると示唆されているにもかかわ
らず、学習成功者の学習プロセスの断片的な側面に光をあて、要因間の関係
は固定的にとらえられてきた。なかでも、学習動機は学習者が学習を開始
し、維持するエネルギーとなるもので、教師が効果的な授業実践を行う上で

---

7) 例えば Rubin（1975）; Stern（1875）; Naiman, Fröhlich, Stern, & Todesco（1978）;
　（1996）など

9

把握しておくべき重要な要因の 1 つである[8]。Dornyei and Skehan（2003）もまた、第二言語学習を成功させる要因の 1 つは学習動機であるとしている。そのため、動機づけだけが個別に取り上げられ、そのほかの学習を取り巻く要因との文脈を離れて研究されることが多かった。こうした、学習をとりまく関連領域や学習の文脈、学習者の個別性を差し置いてきたこれまでの研究において、学習者の学習の結果は産物（プロダクト）ととらえられてきた。そして、産物を作り上げる要因やその構成要素の抽出が試みられてきたが、どのような行動調整（プロセス）を経てその産物が出現しているかは、産物指向的な従来の研究や実践では必ずしも明らかにされてこなかった。本書はこうした学習者の行動調整に対して影響を与えている様々な要因（学習方略、学習動機、学習者要因、社会的文脈など）が相補的で不可欠な役割を担っていることに着目する。調査対象者はいずれも、日本で英語学習に触れてきたという点で社会文化背景を共有しながらもそれぞれの接した学習環境の違いや、環境への適応能力、年齢、性格などの要因により、学校生活も個人的な学習活動の実践も全く異なるため[9]、学習成功者という類型化した学習者集団としてとらえるのではなく、学習者一人一人の学習トラジェクトリを丹念に見ていくことが必要であると考える。さらに、言語学習はある一定の短期的時期に急激に達成されるものではないため、発達の視点と並行し英語学習に成功した学習者がいつどのように英語に触れ、どのような学習経験を経て、どのように自己調整学習をすすめ現在にいたるのかを、ライフストーリーの手法を用いることで通時的に検証する。このように質的調査を利用して学習者の学習プロセスを明らかにしようとする研究はこれまでもあるが、それらの多くも学習プロセスの一場面（教室内活動、大学の 1 年間などに限定的）を切り出している。しかしながら、実際には学習者の長年の学習経験のなかで、様々な要因（学習者要因、社会的文脈、過去の学習経験など）が行動調整に対して影響を与えているはずである。

8）倉八（1992）

9）Block（2007）; Kormos & Csizer（2008）; Norton（2000）; Wenger（2000）

序章　学習成功者から学ぶ

　このような先行研究にみられる学習成功者のとらえ方と研究方法を踏ま
え、本書の目的を達成するため重要となる視点を以下の6つにまとめる。

1) FL 環境で英語を学習する多くの日本人英語学習者の手本となり、動
　 機づけを高めることができる学習成功者を対象とする。
2) 学習成功者が多様化する学習環境の中で活用している学習リソースに
　 注目する。
3) スランプに陥った際、学習成功者はどのように学習に向かい合い学習
　 を調整しているのかというメタ認知的活動に注目する。
4) 発達の視点と並行して、学習初期（幼少期、幼年期、青年期）から現在
　 に至るまで、彼らがどのような英語との接触、学習経験を通して現在
　 に至るのかを一連のプロセスとしてとらえる。
5) 学習プロセスを、学習を支える関連領域との総合的解釈の中で理解す
　 る。
6) 学習者個々の学習環境の違いや、個別性（環境への適応能力、年齢、性
　 格などの要因、多様で変化する個人間の、文脈の、個人内の条件）に応じた
　 自己調整の様相を観察する。

4 ｜ 本書の構成

　序章では、本書の執筆をするに至った理由や本研究の成果がもたらす外国
語教育への意義について述べた。第1章では、各事例を分析する際に大きな
柱となる2つの研究の枠組みについて説明する。まず、1つ目は、近年の方
略研究がその理論を取り入れている自己調整学習の概念と成立過程について
まとめ、さらに言語学習に自己調整学習理論を取り入れる際の問題点につい
て述べた。2つ目は、これらの問題点を解決する糸口として状況論的学習観、
正統的周辺参加、学びのトラジェクトリの概念について述べている。第2章
では、本書が用いた研究の手法について紹介する。まず、本書が参考にした

質的手法のうち、事例研究を試みた先行研究を概観した後、データ収集のためのインタビュー、分析の手順について述べる。第3章は、3人の調査協力者（学習成功者）の具体的なデータを紹介し、分析を行う。第4章では、データから得られる学習成功者に特徴的な学習の捉え方や、学習をすすめる中での自己調整のあり方について議論する。第5章の結論では、日本人英語学習成功者者の成功の秘訣をまとめ、今後の外国語教育への活用に向けた展望を記述する。

第 1 章

分析の枠組み

1 自己調整学習とその概念

　本書は自己調整学習論と状況論的アプローチという 2 つの大きな柱を分析の視座としているが、これらはそれぞれ別の分野で発展してきた概念である。自己調整学習の理論は教育心理学で、状況論的アプローチは発達心理学の正統的周辺参加論を背景として展開してきた。そのため、これらが 1 つの研究の枠組みとして統合的に扱われるということはほとんどなかった。これらを同時に扱うことで、学習を複眼的にとらえることが可能になる一方、収集される膨大なデータについて様々な要因との関連を総合的に解釈し、学習者の学習行動や意識の深層にある理論を吸い上げるのは非常に困難になる。しかし、本書の意義や目的を達成するためには、こうした統合的な視点が不可欠である。

　自己調整学習概念について、(Zimmerman, 1989) は学習者たちがどうやって自らの学習過程の主人公になるのか、また (Caplan et al., 1992) では不利な条件にかかわらず、勉強ができた学習者（例えば、移民のようなグループ）はどうやって自己調整しているのかという設問に端を発している。

　Zimmerman らは自己調整に関して、Bandura (1986) の社会的認知理論 (social cognitive theory) を基盤として理論的アプローチを行っており、Bandura (1986) は、社会に生きる人間が周囲の環境との相互作用を通して行動を変容させていく過程を理論化している。つまり、学習者が周囲の環境との相互作用を通じて、行動を変容させていく過程から自己調整学習が成立するととらえ、これを個人要因、行動、環境要因の三者の相互作用の観点から規定している。その様態は図 1 のように示され、「相互作用論」と呼ばれる。Bandura (1986) は特に人間の認知様式を重視し、自らの思考や行動を調整し、環境へ働きかけるダイナミックな存在として人をとらえている。

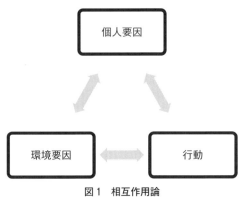

図1 相互作用論
(Schunk & Zimmerman (2001) をもとに作成)

(1) 自己調整学習の定義

　ラテン語の起源によれば、Self-regulation は self-management だけでなく、"self-righting" を指す。また、self-righting には、軌道を逸れたり修正が必要となったりすれば self-adjustment や self-adaptation を行うという意味を含んでいる。自己調整学習研究の進展は教育心理学の分野で著しく、多様な理論が提出されている現状があるが、いずれも Bandura の社会的認知理論を理論的背景として発展してきた。Bandura を理論的背景とする Zimmerman & Schunk 以外に、同じく社会的認知理論を背景とし、動機づけ概念を強調している Pintrich (2000)、情報処理アプローチを行った Borkowski et al., (2000) や Winne (2001)、Kuhl & Goschke (1994) の意思理論から理論化をはかった Boekaerts & Niemivirtaet (2000) や Corno (2001)、オペラント条件づけのアプローチを行った Mace, Belfiore, & Hutchison (2001)、ヴィゴツキーの社会文化理論の立場で共同調整学習のモデルを提示した McCaslin & Hickey (2001) などがある。また、日本では学校教育で、1980 年代頃から、「自ら学ぶ力」の育成が教育目標として掲げられ、「自己学習力」や「自己教育力」といった呼称で様々な実践が行われてきたが、伊藤 (2009) は自己調整学習の諸理論は十分に浸透しておらず多様な理論的ア

プローチによる自己調整学習研究がすすめられていないことを指摘している。本書では、学習の進展と発達の段階の概念を含み、学習を循環的なプロセスとして説明する Zimmerman の社会的認知モデルに焦点を当てて研究の発展を概観する。

　Zimmerman（1986, 1989）は、自己調整学習とは、様々な理論的立場からの見方があるが、一般的には「学習者が、メタ認知、動機づけ、行動において、自分自身の学習過程に能動的に関与していること」であると定義している。この「メタ認知」とは、自己調整学習者が、学習過程の様々な段階で目標を設定し、それを実現させるための計画を立て、自己モニターし、自己評価をしていることを指しており、「動機づけ」とは、自己調整学習者が自身を有能さ、自己効力（self-efficacy）、自律性を有するものと認知していることを意味し、「行動」については、学習者が学習を最適なものにする社会的・物理的環境を自ら選択し、構成し、組織化する自己調整学習方略を使用していることを指している。Zimmerman（1989）は、とりわけ、自己調整学習の重要な3つの構成要素として自己調整学習方略、自己効力感、目標への関与を挙げている。また、自己調整学習方略は、認知的側面の自己調整学習方略、メタ認知的側面の自己調整学習方略、努力調整方略、動機づけ的側面の自己調整学習方略を含んでいる。図2は、自己調整学習の構成要素と要素間の関係を先行研究に基づいて筆者がまとめたものである。

(2)　3つの構成要素

〈自己調整学習方略〉

　自己調整学習方略について、速水（1998）は「学習過程において、より効率的に情報処理をするために、学習者自身によって行われる意思的制御のこと」であると説明している。先行研究では、主に、認知的側面の自己調整学習方略が取り上げられてきた。認知方略とは、記憶の際にリハーサルを行ったり、理解が進むように、情報を体制化したり変換したりすること、すなわち、記憶や思考などの自己の認知過程を調整することで効果的な学習を促す

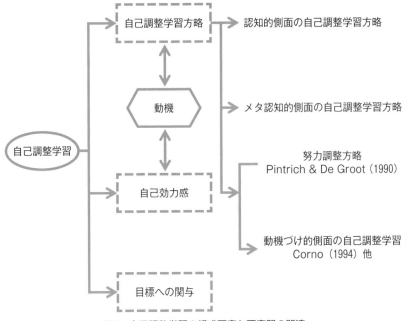

図2　自己調整学習の構成要素と要素間の関連

方略のことである。メタ認知的方略とは、学習の計画を立て（プランニング）、学習のすすみ具合をモニターし（自己モニタリング）、その結果を自己評価するなど、メタ認知機能を通じた自己調整によって学習の効率化を図る方略のことである。これまでの研究で、学業達成において、これらの自己調整学習方略の使用が直接的な規定因となっており、自己効力感が自己調整学習方略の使用に対して促進的な役割を果たしていることが明らかになっている。

例えば、Zimmerman and Martinez-Pons（1990）は、学年とともに自己効力感が上昇し、学業が優秀な群の方が自己効力感、自己調整学習方略の使用のレベルが高い、というように、自己効力感が自己調整学習方略の使用と関連していることを示している。Pintrich and De Groot（1990）は、自己効力感が自己調整学習方略（メタ認知方略・努力調整方略・認知的方略からなる）の使用と結びついており、自己調整学習方略が学業遂行に対してより直接的な

影響を及ぼしていることを明らかにしている。Pokay and Blumenfeld（1990）
は、学期の初めに、科目についての価値の認識と成功への期待（自己効力感
に相当）が、メタ認知的方略、一般的認知方略、課題（幾何学）特有方略、努
力調整方略の使用を予測し、課題特有方略と努力調整方略の使用や試験の成
績を規定していること、そして学期の後半では、メタ認知的方略が成績を規
定していることを検証している。方略研究が、認知心理学の進展に大きな影
響を受けていることもあり、従来の研究における分析の中心は認知的側面で
あった。自己調整学習の概念についてもこれは同様で、学習プロセスにおけ
る認知的側面の自己調整に焦点を当てたものがほとんどであった。そして、
自己効力感が自己調整学習方略の使用を促す働きかけを行い、その結果、学
業遂行を導くという過程が実証され、記憶や思考にかかわる認知的方略やメ
タ認知的方略のように、学習過程における認知的側面の自己調整に焦点を当
てた尺度構成がなされてきたと言える。これに対して、自己調整学習方略に
は、認知的側面だけでなく、学習を効果的にすすめていくために自ら動機づ
けを高めたり維持したりといった「動機づけ的側面」を自己調整する役割を
果たすものもあり、そのような観点から検討を行う必要性について指摘がさ
れている[10]。言語学習においても同様に、自己調整学習が指すものは、学習
の認知的側面の調整行動に限定的であるが、学習を方向づけ、調整していく
自己調整学習方略を使用して学業成績の向上や学業達成をもたらすために
は、動機づけが重要な意味を持っていると考えられる。

〈自己効力感〉

　自己効力感は、Bandura（1977, 1986）によって提唱された概念で、「学習
者がある行為を行う際に、それをどの程度うまくできるか、自分自身で認知
すること」を指す。また、伊藤（2009）は、「一定の結果へ導く行動を自ら
がうまくやれるかどうかという期待であり、その期待を自ら抱いていること
を自覚したときに生じる自信のようなものである」（p. 18）と述べている。

---

10) Corno（1994）や Boekaerts（1995）など

学習に取り組む前段階において、学習者が持っている自己効力感は、その後の方略使用に影響する。そして、自己効力感を持った学習者が目標達成のために学習方略を使用し、その結果成功が得られた場合にはさらに自己効力感が高まり、動機づけが維持され、さらに自己調整学習を継続していくことができる。そのため、山田・堀・國田・中條（2009）は、自己効力感によって、自己調整学習のプロセスを説明することが可能であると言及している。また、自己効力感は、自己調整学習方略の指導によって高めることができると考えられている[11]。さらに、自己効力感は「学習活動のスタートと維持に強く関与していると言われており、自己効力感が低い学習者は挑戦を回避する傾向が高く、また学習過程の半ばで挫折する傾向も認められる[12]」ことや、自己効力感の低さは不安や動機減退につながる[13]ことが明らかになっている。一方、自己効力感が高い学習者は失敗を経験したとしても、学習を継続できるということがこれまでの研究で明らかになっている[14]。その他にも、自己効力感が動機づけに与える影響は大きく[15]、自己効力感と認知方略や自己調整学習方略の正の相関が指摘されている[16]。そのため、自己効力感の高い学習者ほど「自律した」学習者であるとされるのである[17]。

〈目標への関与〉

　目標への関与とは、目標設定に自ら関わり、自ら設定した学習目標を達成するために意欲を自分自身で高めようとすることである。目標設定は、どの

---

11) Graham & Macaro (2008)；伊藤 (2009)；Zimmerman, Bonner & Kovach (1996)

12) 竹内 (2010), pp. 10-11

13) 阿川他 (2011)

14) Graham (2004)；Schunk (1991)

15) Kormos, Kiddle, & Csizér (2011)；山森 (2004)

16) 伊藤 (2009)；Pajares & Schunk (2001)；Pintrich& De Groot (1990)；Schunk & Zimmerman (1994)；山田・堀・國田・中條 (2009)；Zimmerman & Bandura (1994)；Zimmerman & Martinez Pons (1990)

17) Ching (2002)；Ohno, Nakamura, Sagara & Sakai (2008)

段階でどのような目標を立て（目標設定の頻度、目標の内容や具体性）、目標達成までの学習計画（具体的な学習行動や達成に要する期間の計画）、目標達成の可能性の検討などを含んでいる。そして目標の達成に向けた学習プロセスにおいて、自己調整学習方略が適用され、その結果として遂行が向上すれば、自己効力感が高まる。そして自己効力感の高まりが動機づけとなり、学習者は自己調整学習方略を適用し続けようとするものと考えられる。このように自己調整学習の3つの構成要素には相関関係があり、またこれらがうまく機能するためには、その基底に動機づけの存在があると言える。

(3) 循環的機能と発達段階

では、自己調整学習はどのような条件のもとで機能するのだろう。社会的認知モデルの自己調整学習は、図3のような「予見」「遂行コントロール」「自己省察」の3段階の循環的なプロセスを提案している[18]。

この枠組みは、言語教育が学習プロセスをメタ認知（metacognition）、認知（cognition）、情意（emotion）を下位プロセスとしてとらえていたもののうち、メタ認知が「予見」、認知が「遂行コントロール」、情意が「自己省察」に相当している。「予見」の段階は、実際の遂行に先行するもので、活動の下準備をするプロセスをいう。学習者は、この段階で何らかの目標をもち、程度に違いはあれ、課題に対する興味や自己効力感を持っている。そして目標を成し遂げるために方略の選択など、具体的にどのように学習をすすめていくかについて計画を立てる。「遂行コントロール」の段階は、学習中に生じるプロセスであり、注意や活動に直接影響を与えるプロセスのことである。ここでは、予見の段階で練り上げられた計画を実行する。また遂行がうまくなされるように、注意の焦点化、自己教示、自己モニタリングが行われる。「自己省察」の段階は、遂行後に生じる自らの努力に対して反応をなすプロセスのことである。自分の学習成果が基準をどのくらい満たしたかについて自己

---

18) Schunk & Zimmerman（1998）

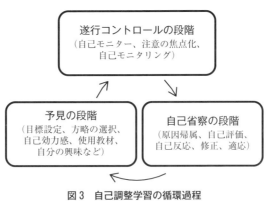

図3 自己調整学習の循環過程
Schunk & Zimmerman (1998) をもとに作成

評価を行い、なぜうまくいったのか、あるいはうまくいかなかったのかについて原因を帰属させる。方略に問題があると判断するとそれを修正し、次回うまく遂行がなされるよう適応行動が起こる。また、「自己省察」の結果は次の「予見」の段階に反映され、循環的なプロセスとして成立していく[19]。こうしたプロセスが有効に働くためには、遂行コントロールの段階で自己モニタリングをするだけでなく、学習を上で常に自らの学習行動がうまくいっているのかどうかをモニターし、うまくいっていなければ自分が苦戦している問題やその原因を把握し、注意を焦点化したり、あるいは再び「予見」に立ち返って方略の適用を自らに指示したりすることが必要となる。

　さらに、Zimmerman and Schunk (2001) は、自律した学習者がはじめから他の学習者より優れていて学習を調整していく能力があるのではなく、自己調整する力は4つのレベルで発達すると考えている（表1）。つまり、はじめは社会的な起源から発達していくが、時間の経過とともに自己を起源とするものに変化していく。はじめの「観察的レベル」と「模倣的レベル」では主に社会的な影響を受ける。例えば、これらの段階では、社会的モデリング、学習指導、課題構成、励ましによってスキルや方略の獲得が進んでいく。こ

---

19) 伊藤（2009）

第1章　分析の枠組み

表1　自己調整する力の発達

発達のレベル	社会からの影響	自己からの影響
1）観察的レベル	モデル 言葉による説明	
2）模倣的レベル	社会的ガイダンス フィードバック	
3）自己制御されたレベル		内的基準 自己強化
4）自己調整されたレベル		自己調整的なもの諸過程 自己効力感 信念

Zimmerman & Schunk（2001）をもとに作成

の観察的レベルで、方略の主たる特徴を学ぶことになるのである。そして、次にスキルを伸ばしていくために、フィードバックを伴う実践練習が必要になる。学習者は活動を単に真似るのではなく、モデルの全体的な様式や型を模倣し、学習者の遂行がモデルのそれの形式全般にかなり一致するものとなると、模倣的レベルに達すると考えられる。

　Zimmerman and Schunk（2001）によると、この2つのレベルの主な相違点は、観察的学習が観察的レベルでの習得を指すのに対し、模倣的レベルではこれに遂行能力が伴うものである。そして、次の2つのレベル「自己制御されたレベル」と「自己調整されたレベル」では影響源が学習者自身の側に移った段階であると考えられている。特に、自己制御されたレベルでは、同じような課題をする時に学習者が独立して方略を使うことができ、方略の使用が学習者の中に内在化されていく。しかしこの段階において、課題をすすめる上で効率性を基準として遂行を内的に調整するという行為はまだ見られない。最後の自己調整されたレベルに至って、学習者は個人的な条件や文脈的条件の変化に合わせて組織的にスキルや方略を選択・適用することが可能になる。このレベルの学習者は、自らスキルや方略の使用に関して判断し、状況の特徴に応じて調整を加え、個人的な目標や目標達成への自己効力感を通じて学習の動機を維持していくことができるのである。このことからも、

学習成功者の自己調整の様子を正確にとらえるには、彼らがある特定の段階でどのような学習をしていたのかに注目するだけではなく、それぞれの学習段階と彼らの自己調整をする力の発達とを摺り合わせて見ていくことが必要になる。

(4)　言語学習場面への応用

　自己調整する学習者たちの特徴として、積極的に学習に取り組む[20]だけでなく、学習は自発的動機づけと行動のプロセスを必要とする積極的活動であり、自分でやり遂げるものであるとみなしている[21]。そして学習の中で、認知的、情意的な側面を調整（covert self-regulation）し、観察可能な行動を調整し（behavioural self-regulation）、学習のための環境や条件を調整（environmental self-regulation）しながら、つまり学習の様々な側面を管理することによって目標を達成する傾向がある[22]。また、方略の使用に関して彼らは、異なる条件、目的、状況、場面で最適な方略を選択することが報告されている[23]。この最適な方略とは、（a）学習者の目標やニーズに合い、（b）学習環境や社会文化的な文脈にふさわしく、（c）学習者の学習スタイルでうまく働き、（d）学習に積極的に働きかけるものを指している。Schunk & Zimmerman (1994) は、彼らが最適な方略を選択することができる理由として、行動の自己モニターの正確さ、方略的思考の高い処理能力の点で、他の学生より優れているということを指摘している。さらに、Malpass, O'Neil, and Hocevar (1999) は、自己モニターする際に、彼らが方略の使用と学習結果の間の関係に気づきを示し、使用した方略が結果（成功あるいは失敗）と因果関係にあるかどうかについて考えることを指摘した。しかし、彼らはあ

---

20) Griffiths (2008)；Malpass, O'Neil, and Hocevar (1999；2006)

21) Zimmerman (1986)

22) Malpass, O'Neil, and Hocevar (1999)；Oxford (1990)；Zimmerman (2000)

23) Ehrman, Leaver, and Oxford (2003)

る場面において最適に働いた方略がつねに有効であるとは考えず、あらゆる
目的や環境において最適な方略は存在しないということも理解している[24]。

　上に述べた自己調整をする学習者の特徴は、メタ認知、方略、学習の機会
といった認知的なもの、動機づけや自己効力などの情動要因、学習者要因や
教授法など第二言語習得理論の様々なモジュールを含んでいる。そして、そ
れぞれのモジュールは個別のものとして独立して存在するのではなく、関連
領域を共有することで互いに影響を与えている。自己調整学習に見られるこ
のような社会認知理論の側面からの検証は、近年、言語教育において主軸と
なっている構成主義的な観点からの外国語教育と同様の志向性をもってい
る。そのため、教育心理学の分野で展開された後、Dörnyei（2005）や
Oxford（2011）、竹内（2010）らにより、外国語教育学の分野において導入さ
れている。これらの研究は、自己調整学習の概念を取り入れ、学習プロセス
をメタ認知、認知、情意の下位プロセスと、学習者を取り巻く環境からとら
え、学習者が教室外を含む学習環境において行動を調整していく能力、つま
り、自己調整能力（Self-Regulatory Capacity: Tseng, Dörnyei, & Schumitt, 2006）
に対して、これらがどのように関係するかを解明しようとしている。例えば
Tseng & Schmitt（2008）の動機づけに基づいた語彙学習モデルは、自己調
整学習の理論を援用している。ここで挙げられている学習プロセスの各段階
（pre-actional, actional, post-actional）は自己調整学習プロセスにおける、予見
の段階、遂行コントロールの段階、自己省察の段階に対応している。これは、
このモデルの基になっている Dörnyei（2005）の動機づけプロセス・モデル
が、自己調整プロセスの理論的枠組み[25]を参考にして作られたためであり、
そのような理由から、第二言語学習における学習プロセスも自己調整学習理
論に根ざすと言える。そして、これまで一般的に使われていた "learner
strategies" という用語に加え、"learning strategies"[26] かたびたび用いら

24）Hsiao and Oxford（2002）; Cohen and Macaro（2007）

25）Corno & Kanfer（1993）; Kuhl（1987）

26）Cohen and Macaro（2007）

れるようになり、より「学び」に焦点がおかれ、学びの中に方略を位置づけようとするようになった。また、方略は "strategies" と名詞で使われることが多かったが、それが形容詞化されて "strategic learning"[27] や "Strategic Self-Regulation: S2R"[28] という用語が使われるようになり、認知・メタ認知のプロセスにのみ意識が向けられるようになっていた方略を方略使用に影響を与える様々な要因との関係の中でとらえるようになってきた。つまり、微視的に方略とそれにかかわる個々の要因を探ろうとすることから、自己調整学習の視点を援用することで巨視的にいろいろな要因の「関連性」を探るよう移行する傾向にある。そうした流れの中で、Oxford（2011）は第二言語学習の方略に関連する S2R モデルを提唱している。S2R モデルは、認知方略（cognitive）、情意方略（affective）、社会的方略（sociocultural-interactive）という 3 つの方略と社会文化的文脈の中の相互作用をとらえようとしている。このモデルが説明する社会文化的文脈における方略の柔軟性を図 4 に示す。3 つの方略（認知・情意・社会的）が歯車のように噛み合い相互に影響する様子を示し、それぞれの歯車を取り囲むように 3 つのメタ方略（メタ認知・メタ情意・メタ社会的）が描かれている。このモデルは従来の方略研究の枠組みを踏襲し、第二言語学習の認知・メタ認知的プロセスに注目するだけでなく、"a complex web of beliefs, emotional associations, attitudes, motivations, sociocultural relationships, personal interactions, and power dynamics"[29] と言及されているように、方略に与える影響を研究の対象としていく必要性を象徴している。これにより、方略と複雑に影響する様々な要因の「関連性」に目が向けられるようになる。第二言語習得における方略研究から発展した S2R モデルは、「関連性」「柔軟性」「新しいメタ知識の概念」をキーワードとし、いろいろに異なる学習者の幅広い学習文脈に対応する枠組みを提案し、方略を学習のプロセスを下位プロ

---

27) Tseng, Dörnyei and Schumitt（2006）
28) Oxford（2011）
29) Oxford（2011), p. 40

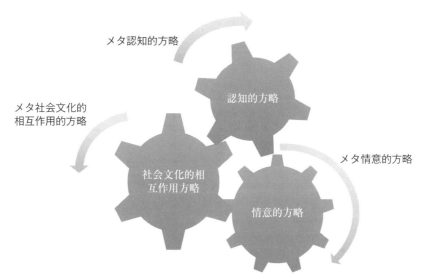

図4　S2RモデルにおけるL2学習のための方略とメタ方略（歯車と矢印による比喩）の相互作用
（Oxford, 2011, p. 17 を参照して筆者が日本語に改変）

セスとの相互関係の中で包括的にとらえようとする自己調整学習の概念を含んでいる。このように、自己調整学習の概念は、学習のプロセス、およびプロセスにおける様々な要因の関連性を説明できるような統合的なフレームワークとして近年言語教育の分野に導入されてきている。

　しかしながら、学習一般を対象とした自己調整学習理論を言語学習に応用する際には、言語学習とその他の教科の学習形態の違いにも目を向ける必要があるだろう。他の教科が学校での学習を中心とする一方で、英語は学校以外の環境でも学習・習得することが可能である。学習者によっては、教室での学習よりも教室外での学習を中心としている者もいるかもしれない。教室外での英語学習環境は非常に多様である。この多様さには「質」と「量」という2つの側面がある。まず、量の面では、今日の学習環境は膨大な映像メディアやインターネットが身近でしかも安価であり、学習リソースが手に入れられないということはまずない。他方、質の面では、教室外での学習は他

者からの管理を受けることが少なく、学習者が自ら豊富な種々の学習リソースから自分の学習スタイルや興味にあったものを選ぶことができる。そして、多様な学習環境の中で、何がどのように選択的に使用され、それらを使った学習がどんな頻度で、またどれくらいの時間が費やされているのかは学習者ごとに異なる。したがって、教室外を含む言語学習行動の全てを対象として、各学習者がどのように自らの学習を管理し、その結果、自律性が高まり学習目標が達成されるのかを考察するために、自己調整学習の理論が取り入れられることは非常に意義深いと言える。

　竹内（2011）は、自己調整学習の概念を適用した今後の言語学習研究や実践の方向性を示していく必要を指摘し、以下の点を重要なポイントとして言及している。

　　1)　目標設定のあり方
　　2)　メタ認知サイクルの導入
　　3)　認知処理と足場かけの役割
　　4)　情意面へのはたらきかけ
　　5)　メタ認知、認知、情意など下位プロセス間の相互関係
　　6)　学習環境の整備

　ただし、自己調整学習は様々なモジュールを含み、それらが相互に作用することで自己調整学習が生起してくる。今後は、竹内（2011）が挙げる6つのポイントのいずれかに分析対象をしぼって考察をすすめるのではなく、調査対象者をしぼり、自己調整学習の理論を用いることで様々なモジュールを総合的にとらえようとする研究が必要になると考えられる。

(5)　自己調整学習の課題

　自己調整学習の研究は、主に海外の研究によって自己調整学習方略の有効性が示唆されてきているが、日本人学習者を対象とした研究は不十分であ

第1章　分析の枠組み

る。また、自己調整学習の枠組みは包括的であるため、海外の研究でもその妥当性が十分に検討されているとは言えない。さらに、自己調整学習の観点が日本の高等教育にどのように導入することができるかという点も問題である。例えば大学という文脈を考慮した場合、自己調整学習方略の調整がどの時点で何を調整するものなのか。また、授業内で動機を調整することと授業外でのそれを調整することは求められる調整能力に差があるのではないだろうか。もし、そうならば、自己調整学習方略がどの状況と関連しているかを明らかにした上で、その有効性を検討していく必要もある。さらに、授業内／外の学習を関連させることが学生の成長に寄与することが指摘されていることから[30]、日常生活との関連から自己調整学習を検討することが重要であると考えられる。次に、自己調整学習を構成する3つの構成要素（自己調整学習方略、自己効力感、目標への関与）を提示する Zimmerman (1989) のモデルの妥当性についても検証がなされるべきであろう。このモデルによると、自己効力感が学習方略の使用に影響を与え、それが学習結果に影響を与えることが前提となっている。しかし、岡田（2007）が指摘するように、このモデルは因果関係が十分に検討されているわけではない。このモデルでは自己調整学習方略が成績との正の相関関係を示すこと[31]、自己調整学習方略が学習動機よりも強く正の影響を及ぼしていること[32]を論拠としている。つまり、自己調整学習のモデルの因果関係の妥当性については、今後縦断的な調査を基に検討する必要がある。最後に、学習者特性を考慮した研究をすすめていく必要があるだろう。先行研究から、内発的動機や自己効力感の高い学生は、自己調整学習方略を使用し望ましい学習結果を示すことが明らかになっている[33]。しかし、たとえ自己効力感が高かったとしても、ふさわしい学習方略を身につけていなければ望ましい学習結果にはつながらず、自己効

30）溝上（2009）

31）Zimmerman & Martinez-Pons（1986）

32）Pintrich & De Groot（1990）

33）Schunk & Zimmerman（2007）

力感が下がることも考えられる[34]。さらに、大学生の場合、動機は選択する授業科目によって異なる。専門科目であれば学生の学習動機は自律的になりやすく、逆に一般教養科目や全学共通科目であれば他律的になりやすい。このように、英語活動の位置づけと学習者の特性（年齢・習得レベル・ニーズ・性格・学習スタイルなど）を考慮したうえで、自己調整学習を検討することが必要である。

　以上より、自己調整学習の理論が学習に対する有効性を全て説明するものではないことが指摘できる。確かに、学習に対する省察を行う上でメタ認知は重要であるが、学習プロセスの全ての時点でメタ認知が最も有効であるとは限らない。逆に、学習へ没頭することが高い学習効果を生み出すことも指摘されている。例えば、Csikszentmihalyi（1990）のフロー理論では対象への没頭が、動機の高まりにつながることが指摘されている。このような点を踏まえ、現時点では自己調整学習について以下のような課題が挙げられている。

　1)　自己調整学習方略の精査
　2)　Zimmerman のモデルの妥当性の検証
　3)　文脈／学習者の特性を考慮した自己調整学習の検討

2 状況論的アプローチとその学習観

　1970 年代中頃から、文化人類学を中心に、様々な文化圏における徒弟制の研究（メキシコの産婆・リベリアの仕立て屋・アメリカのスーパーの肉屋・アメリカのアルコール依存者の断酒）が行われ、それが心理学者の関心を呼び、共同体における新参者（学習者）の認知過程や共同体の質の変化などに関心が移行した。さらに、その後、発達心理学や認知心理学における文化・歴史的

---

34) 瀬尾・植阪・市川 (2003)

アプローチ[35]の重要性が広く認められるようになった。学習者の学習過程が注目されるようになると、学習とは単に、教師・学習リソース・学習者の関係性によって成立するのではなく、"Learning in Doing" という言葉で示されるように、「行為をすることによって学習が成立する」という考え方が認知されてきた。ここでの「行為」とは、ある具体的な社会的環境の中に埋め込まれた共同体の中で行われるものを指す。そこで行われる学習は社会的なものであり、日常生活の中で参加している社会の実践経験から学習が行われていると考えると、「学習」という行為は特定の目的性を持った活動であり、それは、その活動の根ざす状況に埋め込まれたもの（situated）であるという議論に発展する。そして、新参者が古参者たちの行う文化や社会に参加していくことが大きな動機であり、学習と「参加」は切り離せないものととらえられた。ここに、学習が状況に埋め込まれたものである、という「状況に埋め込まれた学習＝状況論的学習論（situated learning）」の考えが生まれることになった[36]。

　そして、「状況に埋め込まれた学習」という用語は、Lave & Wenger（1991）によって広く知られることとなり、この中で「正統的周辺参加（legitimate peripheral participation）」や「実践共同体（communities of practice）」などといった諸概念が使われている。Lave & Wenger（1991）によると、この世の中で状況に埋め込まれずに学習されるものは何一つ存在しない。すなわち、人間が生きていくなかで、特定の場所を占めずに生活することはあり得ず、人間が行う全てのことは状況に埋め込まれた行動なのである。さらに、Lave & Wenger（1991）は、全ての「学習」はただ単に受容するだけではなく「関係的」であると指摘している。このように考えると、人間が行う活動は全て「状況に埋め込まれ」、場所や状況との関係においてその都度生成されていると考えられるのである。

　また、状況論的学習観では、人々の日常的な活動、および、人間の行為を

35）Cole（1996）

36）田中（2004）

支える多様な道具に注目することが強調されている。例えば、Brown,
Collins & Duguid（1989）は、学校での「学習」がその学習内容が埋め込ま
れている「本物の活動」とは異質な形で行われていると批判した。ここでの
「本物の活動」とは、「その文化で普通に行われている実践」のことを指す。
言語は実際の使用の文脈に埋め込まれ、人間は日常的な言語使用という文脈
を通してその学習をするのに対して、学校での外国語教育では形式的な語彙
の定義から学習をはじめる。これについて Brown らは、言語をはじめとす
る道具の使用を学習するということは、学習者がそれを用いる本物の活動、
およびそれに付随する世界観や文化を身につけていくことであり、活動への
参加を通して、道具の使い方だけでなくそれに付随する実践上の意味の学習
も行われるべきであると強調している。
　このような状況論的学習観に立ち、Lave & Wenger（1991）は、学習を単
に脱文脈化された知識やスキルを獲得することとしてではなく、それらが埋
め込まれている実践において何者かになること、すなわち成員性を獲得しア
イデンティティを構成することと切り離せないものとしてとらえている。本
節では、状況論的学習観について、このアプローチの重要な概念、さらにそ
うした見方を採用することで、どのような研究上の発展が見込めるのかを概
観する。

(1)　正統的周辺参加

　「本物の活動」、すなわち学習の「本物性」に着目し、学習者は状況に埋め
込まれた実際の使用において知識やスキルを獲得していくととらえる状況論
的学習観は、「正統的周辺参加（legitimate peripheral participation、以下 LPP）」
の概念に基づいている。LPP とは、「学習者がその分野での熟達者の行うほ
んもののプロジェクトに学習の最初からかかわり、ほんものの熟達者のする
ことを直接観察し、プロジェクトの周辺でできることから活動に従事しなが
ら学習をすすめ、熟達するにつれて徐々に中心的な活動に移行していく、と
いう伝統技能の継承に典型的に見られる学習形態である」[37]。また、LPP は、

第1章　分析の枠組み

それを構成する3つの要素、「正統性」、「周辺性」、「参加」によって次のように規定される。参加者の知識へのアクセスがどのように認められているのか（正統性）、そのとき参加者は実践共同体、あるいは成員性のどこに位置づけられるのか（周辺性）、そのとき参加者はどのような参加形態をとるのか（参加）、を統合することによって、複雑な参加の軌道を明らかにすることを目的とする[38]。「正統性」という語が選ばれたのは、参加者にとって学んでよいことは何か、すなわち、彼らのアクセスがどのようなことがらに対して認められているのかという問題に注意を促すためである。同様に、「周辺性」という語が選ばれたのは、参加者がどのような機会を通じて実践へ参加しているのか、その時彼らは多様な成員性のどれに位置づけられるのか、といったことを問題にするためである。逆に、「中心性」という語を避けた理由として Wenger は、それが参加の軌道の終局点を想像させてしまうことを挙げ、その代わりに参加者が実践により深く関与した状態を「十全的参加（full participation）」と呼んでいる。そして、実践共同体への参加が「周辺的参加」から「十全的参加」へと順に移行する過程において、参加の過程は複数あり、それらの目指すものも複数ありうることを示唆している。Lave & Wenger (1991) は、LPP について、学び手の学びを分析する1つの視点、学び手の学びを理解する1つの方法であると述べている。すなわち、LPP 概念を用いることで、「実践共同体」への参加という概念を複雑に織り込まれたベクトルの集合体としてとらえることが可能になる。

(2)　実践共同体

Lave and Wenger (1991) では、学習を「実践共同体」への「正統的周辺参加」のプロセスととらえている。「実践共同体」とは、そこで行われている社会的実践に固有なものを理解するのに必要な「場」[39]のことであり、実

37）今井・野島（2003）, p.230
38）田中（2004）

践の目的やその意味が生み出されていく集まり[40] のことである。田中（2004）によれば、実践共同体は、安定した物質的空間ではない。実践共同体には、輪郭のはっきりしないものもあれば、曖昧なものもある。きちんと組織化されたもの、拡散しているもの、喧嘩ばかりしているもの、ばらばらでまとまりのないものなども含まれる。Brown & Duguid（1996）は、実践共同体とは、本来このように曖昧で整然とは組織化されていないものであると言及している。

　では、LPP が起こる実践共同体とはどういうものだろう。それを知るためには、まず、学習者が実践共同体の「正統性」を認めるということがどういう意味であるか考える必要がある。これは、学習者自身がこれから参加しようとする実践共同体が「本物の」知識が得られる「本物の」活動をしているかを確認するという行為であると言える。そして、正統性の観点から参加形態をみると、自らがかかわる活動の実践において自身を傍観者ではなく「参与者であると認識する」＝「その実践共同体に正統性を認める」ことであると言える。すなわち、それは「他人事としての活動」から「自分事としての活動」へと変化するプロセスとしてとらえることができる。したがって、LPP の考え方にもとづくと、学習者が実践共同体の成員としての「正統性」をいかに確保するかが非常に重要であることがわかる。そして、学習者が「正統性」を認める実践共同体、すなわち、LLP が起こる実践共同体とは、活動内において固有で有意味な目的的活動[41] を実践しており、そこに学習者が正統性を認め、「参加の意思」が生じることで、次第に実践により深く関与していく場であると言える。本書では、英語学習の場を実践共同体とみなし、本研究の協力者たちは、実践共同体に参加し得たため、学習に成功することができたと仮定して論をすすめる。

39）伊藤他（2004）

40）田中（2004）

41）Brown, Collins & Duguid（1989）

(3) 学びのトラジェクトリ

　LPP で用いられる「トラジェクトリ（trajectory）」という概念は、弾丸やミサイルの軌跡などを示す用語である。Wenger（1998）は、学びにおけるトラジェクトリという用語を、弾丸やミサイルのメタファーを用いることで、固定化された経路や目的地を示すものでなく、また予め設定したり想定する経路を示したりするものでもなく、不断の動きを示すものとしてとらえている。LPP では、学習を単に脱文脈化された知識やスキルを獲得することとしてではなく、それらが埋め込まれている実践において何者かになる複雑なプロセスであるととらえている。また、学習者が正統性を認めた実践共同体に参加していく過程であるととらえ、このときの学びの営みの中での「学び手の変化の軌跡」のことを「学習トラジェクトリ」と呼び、それを検討の対象としている。このように、実践共同体における学習は、新参者である学習者が共同体の活動に対して、社会的実践を通じて参加を深めていく、それも直線的なものではなく、実践によってその参加はその都度意味づけられ、変わり続ける。そして、変わり続ける参加の位置と見方こそが、参加者の学習のトラジェクトリである。

　本書では、こうした LPP で使用されるトラジェクトリを援用し、外国語環境で英語を学習する学習者を対象とし、以下トラジェクトリとは彼らの学習経験トラジェクトリを指すものとする。

(4) 正統的周辺参加の分析的視座

　本書は、学習成功者にとって英語能力が飛躍的に伸びた、あるいは大きな成果があった学習の文脈にのみ焦点を当てるのではなく、現在学習成功者となった者たちが学習を開始した頃から現在までを一繋がりの学習経験の中で見ていこうとするものである。そのため、幼少期あるいは青年期から英語に触れることになった学習成功者の場合は、社会化の過程を認知発達・言語発

達・社会スキルの発達、情意や学習態度などの内的変化を統合して解釈をすすめていくことが必要になる。その際、LPP の視座を用いることで、これらを統合的に見ることができる。さらに、LPP 概念に言語学習を応用するならば、学習者の英語学習場面のアクセスや英語学習の機会がどのように認められているのか（正統性）、そのとき学習者は実践共同体のどこに位置づけられるのか（周辺性）、そのとき学習者はどのような参加形態をとるのか（参加）ととらえられる。こうした視点は、本書における研究が FL 環境の英語学習成功者を対象としているために、とりわけ重要になる。なぜならば、英語学習者の多くが、FL 環境では英語学習のための効果的で十分な機会が得られないと考えているからである。こうした学習者に対して、FL 環境で学習を続け学習に成功した者の参加の軌道を示すということは、いかに身近な活動で LPP が起こり、実践共同体の成員となり、最終的に学習の成功に結びつけることが可能であるかを示すのに非常に効果的である。また、FL 環境の言語学習のすすめ方に悩んでいる学習者が、学習成功者のトラジェクトリを知ることで、自分の理想のトラジェクトリを描けるようになることも期待される。

　最後に、LPP が用いるトラジェクトリという概念を使用することで得られる視座を次の 2 点にまとめる。1 つ目は、学習者は過去の様々な経験を蓄積した存在であることに注意を払うことができるということである。例えば、過去のある時点で起こった出来事はその時点における学習者の行動や学習観を左右するだけでなく、その後のそれにも影響を与えている。また、諸々の経験は、学習者が新しい学習場面にどう取り組むかを決定するための判断材料となっている。当然、諸々の経験には、成功経験も失敗経験も存在する。学習者のトラジェクトリは、そうした様々な経験によって構成されている。つまり、学習経験は、学習が順調に進むときもあればそうでない時もあり、様々な経験によって構成されているのである。そのため、仮に、学習成功者の成功経験に焦点を絞ってその秘訣を探ろうとするならば、学習成功者のトラジェクトリの一部を構成する成功経験に焦点化した場合、その成功経験を導き支えた、それ以外の学習経験を見失ってしまうだけでなく、個々

の経験の間の関連性を探求することはできない。2つ目に、学習を状況に埋め込まれたものととらえ、学習が埋め込まれている実践において、学習者の参加の軌道に着目することができる。LPP が言うトラジェクトリは、質的研究で用いられる「ストーリー」とは異なる。ストーリーは、学習者が何をどのように学習したのかを物語的に構成するものである[42]が、トラジェクトリは、実践共同体に文脈化された知識やスキルを獲得していく軌道、すなわち実践共同体への参加の軌道を内包する。FL 環境での外国語学習において、学習者が、FL 環境に存在する英語学習の場、すなわち実践共同体に対していかに正統性を認め、参加の意思を持ち、十全的な参加者となり得るか、という部分は重要視しなくてはならないだろう。そのため、本書では LPP で言われるトラジェクトリを援用し、外国語環境で学習・習得する学習者が、英語の学習と使用が並行して起こる実践共同体への参加を通して学習成功者になっていく様相を描く。

---

42) やまだ（2004）

第 **2** 章

質 的 研 究

第 2 章　質的研究

1 ｜質的調査の見直し

　従来の外国語学習成功者に関する研究や方略研究は、Oxford（1990）によって提案された SILL を中心に、自然科学的手法を用いる研究が主流であった。しかし、VanLier（2004）が「全体は個の寄せ集めより大きい」と指摘しているように、学習者の学習の文脈から切り出した産物の寄せ集めで「学習者の行動調整」を語るのは、全体像を見誤る危険性がある。これまでに、外国語（そのほとんどが英語）の達人とされる人々がどのような学習方略を使ったかという自叙伝的な文献はいくつか存在するが、研究者の視点から外国語学習成功者の方略に関して自叙伝や個別の事例を通時的に扱う質的研究は少ない[43]。このような指摘は、これまでの方略研究における自然科学的な手法に疑問を投げかけていると言えるだろう。

　佐藤（1999）は、こうした研究手法の背景には、社会における近代主義的人間観、すなわち個人主義的な能力観が存在していることを指摘している。例えば、従来の研究において、学習結果の良し悪しによって学習能力を判断し、学習成績の良い者、あるいは学習に優れた者を学習成功者とみなし、そうでない者を学習失敗者あるいは学習遅滞者とみなしてきた。そして、学習成功者が使用する方略を他の学習者に応用することで全ての学習者の学習能力を高めることが可能であると考えられていた。また、実際の方略研究においては、方略をメタ方略・メタ認知方略・情意方略などに分類し、方略の効果や使用頻度を数値で示すとともに、数値に反映されない方略使用の質は排除されている。つまり、人やそれを取り巻く環境のうち、数値化できる部分にのみ着目し抽出した後に、それらの相関関係や因果関係などといった側面だけを分析してきた。そのため、数値化できない、もしくは数値化されない文脈依存的なローカルな事実を結果に反映することができない。このような文脈依存的なローカルな事実を反映できるのが、質的調査法であるとやまだ

43）竹内（2003）

41

（2004）は主張している。やまだの指す文脈依存的なローカルな事実とは、方略を学習の文脈に位置づけて観察すると見えてくる様々な関連要因のことであり、自己調整学習が機能するための重要な要因の1つとして方略を捉え、自己調整学習が含む様々な要因を関連づけて学習の解釈をすすめる必要性を指摘している。Ushioda（1994; 1996）は、より統合的な視点から方略や学習を理解することができる研究手法とはどんな手法があるのかという問いに対し、質的な調査手法は有効な手法の1つであると提案している。また、学習者が置かれた時間的・地域的な特性をとらえ、彼らを取り巻く文脈に依存している現象を理解するためにも、質的調査手法が適切であると言える。

(1) 質的研究の特徴

Merriam（1998）は、質的調査の特徴として、次の5点を挙げている。

1) 「われわれの日常世界は、人びととがその社会的世界と相互作用しあうことによって構築されている」という視点にもとづき、質的調査を行う者は、人びとが構築してきた意味を理解することに関心を示す。
2) 調査者自身がデータ収集と分析の主たる道具である。
3) 通常はフィールドワークを伴う。
4) 帰納的であり、現行理論を検証するより、むしろ抽象物や概念や理論をつくり上げる。
5) プロセスや意味や理解に焦点をおくのであるから、質的研究の成果は、十分に記述的（richly descriptive）なものである。

また、Creswell（1998）は、質的調査は社会あるいは人間の問題を探求することであり、独特の調査方法論の伝統にもとづく理解のための調査過程であり、研究者は複雑な全体像を構築し、そこで使われる言葉を注意深く観察し、調査協力者の観点を詳細に報告し、しかも自然なセッティングで研究を行うことであると述べている。

第 2 章　質的研究

　　　Qualitative research is an inquiry process of understanding based on
　　distinct methodological traditions of inquiry that explore a social or human
　　problem. The research builds a complex, holistic picture, analyzes words, reports
　　detailed views of informants, and conducts the study in a natural setting.
　　(Creswell, 1998, p. 15)

　そして、質的調査でよく使用される手法として、Creswell（2007）では表
2 のようにまとめている。これらの方法は、人間がある現象に対してどのよ
うに意味づけ・解釈を行うかを明らかにしようとする。さらに、Flick（1995）
は、質的研究を行う際は、具体的な事例を重視して、それを時間的・地域的
な特性としてとらえようと考え、また、人々自身の表現や行為に主眼をおい
て、それを人々が生きている局所的な文脈と結びつけて理解しようとした。
同様に、やまだ（2004）は、「質的研究とは、具体的な事例を重視し、それ
を文化・社会・時間的文脈の中でとらえようとし、人々自身の行為や語りを、

表 2　質的調査で使用される頻度の高い 5 つの研究手法

研究手法	焦点	適した研究課題	データ収集法
ナラティブ研究 （Narrative research）	個人の生活の探求	個人の経験の語り を必要とする	主として面接と記 録物
現象学 （Phenomenology）	経験の本質の理解	生き生きとした現 象の本質の記述を 必要とする	主として個人面接 だが記録物、観察 も使用
グラウンデッド・セオリー （Grounded theory）	フィールドからの データに根ざした 理論の構築	参加者の視点から 理論を構築する	主として 20～60 名の個人面接
エスノグラフィー （Ethnography）	文化を共有するグ ループの記述と解 釈	あるグループに共 有された文化の傾 向の記述と解釈を する	主として観察と面 接だが別のデータ も取りうる
事例研究 （Case study）	1 つ以上の事例の 深い記述と分析	ある事例について 深く理解する	面接、観察、記録 物などの複数デー タ

(Creswell, 2007, p. 79)

43

その人々が生きているフィールドの中で理解しようとする」[44] としている。筆者は本書において、個人がこれまでに経験した出来事やその中で直面した問題を、当事者たちの解釈や自分自身の人生や生活への意味づけなどといった当事者自身の視点、すなわち具体的な事例を重視し、それを時間的・局所的な特殊性の中で理解した上で、詳細に描写し把握しようとする。

(2) 物語的な理解

　質的調査では、人々の社会的な経験、知識、また社会との関係を統合的に把握し、「物語的」に明らかにすることを目指している[45]。しかし、「物語」という概念により、なぜ、人々の経験や知識、また社会との関係が統合的に把握できるのであろうか。羅（2005）は、台湾における日本語学習者の学習動機について、ライフストーリーの手法を用いることで、学習者の動機の変容を物語的にとらえようとしている。また、Miura（2011）は、6人の日本人英語学習成功者（英語圏滞在経験者を含む）の英語学習の動機の変容についての事例研究を行う中で、学習者の経験を物語的に描写している。

　Plummer（1995）は、人間はどこに行ってもストーリーを語り、意味を創出すること—自分と周囲の世界に意味を与えること—が求められている、としている。

　また、やまだ（2000）は、私たちは人生を歩む時、常に自分たちの経験を積極的に解釈していると述べている。すなわち、私たち人間は日常生活において、いつでも、どこにいても自分の経験を語り、そして自分と周囲の世界に意味を与えることが求められている。そして、そのストーリーを通して、自分の周りに存在する、また自分が存在している世界を創作しているのである。さらに、認知心理学者の Bruner（1985）が提案した「ナラティブモード（＝物語的概念）」について、Polkinghorne（1995）とやまだ（2000）は、人

---

44) やまだ（2004），p. 8

45) Bruner（1990）；Creswell（1998）；加藤（2002）；李（2004）

間が物事を考えるモードの1つであると述べている。このナラティブモードとは、人間が2つ以上の出来事をどのように関係づけているかを、陳述・意味関連から探求する概念のことである。つまり、「ナラティブモード」の視点に立つと、陳述・意味関連から語り手が2つ以上の出来事をどのように関連づけていくのかを理解することができるのである。また、個々人ごとに出来事への意味づけが違うという考えにおいて、質的手法の援用により、学習者の数だけ存在する各々に異なったトラジェクトリの全体像が把握できるであろう。さらに、自己調整学習は、その人の様々な経験を意味づけることで学習を調整していくものであり、すなわち、様々な活動や出会い、達成、挫折などを意味づけられた経験として蓄積し、絶えず再構成しながらすすめられるのである。そして、この意味づけられた経験を理解するためには語りや物語の概念が重要である[46]。

　このように考えると、日常生活の出来事を理解するには、物語的解釈のあり方に着目しなくてはその本当の姿をとらえることができないと考えられる。つまり、学習者にとって、学習は日常生活の営為であるため、個々の学習者が語る学習経験（＝トラジェクトリ）を理解するには、ストーリーや語り、物語といった「物語的概念」を含めた調査・分析が不可欠であることがわかる。

　インタビューをもとにストーリーや語り、物語といった「物語的概念」を含めた先行研究として、外国語学習成功者と学習遅滞者の特性と方略使用について成人学習者のインタビューと教室内学習の参与観察で詳細に記述しようとした Naiman, Fröhlich, Stern & Tedesco（1978）、7人の外国語学習成功者を成功者に導いた要因の解明と成功者に共通する要素を特定しようとした Stevick（1989）、スペイン語を学習するニュージーランドの大学の1年生である Simon と Harry を対象に、スペイン語初級プログラム履修時における彼らのスペイン語学習に対する目標設定、信念、学習方略について考察をした Cotterall（2005）、台湾人日本語学習者の動機の変容をインタビューから物語的に理解しようとした羅（2005）、6人の日本人英語学習成功者の学習動

---

46) 溝上（2001）

機の変容を描写した Miura（2011）がある。これらのうち、以下では羅（2005）
と Miura（2011）がどのように調査・分析を行ったかを簡潔に紹介する。

〈羅（2005）〉

　羅（2005）は、個人の内的な心理プロセスである学習動機の生成や変化を
理解するためには、その個人が生きている社会から受ける影響も考慮する必
要があると述べ、従来の研究では学習者の心理がとらえられていないと指摘
している。そして、学習者の視点を取り入れた質的調査方法によって、「学
習者にとっての学習動機とは何か」と「人が『積極的に』学習するか否かに
ついて、学習動機以外にどのような要因があるか」を明らかにするため、「社
会的文脈」「他者の存在」「自己形成」という 3 つの観点を設定している。羅
は、質的調査手法とは人々の社会的な経験や、知識、また社会との関係など
を統合的に把握し物語的に明らかにしようとするものである、という
Bruner（1990）や Creswell（1998）の示唆から、学習動機を物語的に理解し
ようとしている。そして、そのために、ライフストーリー・インタビューを
研究手法に用いている。羅はライフストーリー・インタビューについて、次
のように述べている。ライフストーリー・インタビューは、他のライフヒス
トリー法と同様に、「生きられた現実」、「主体の経験の主観的な意味やアイ
デンティティ」つまり、個人的なものを社会的なものに関連づけて解釈する
ことを主眼としている。そして、ライフストーリー・インタビューはその視
点に加えて、「何が語られたのか」だけではなく、「どのように語られたのか」
にも関心を向けているという特徴を持つ[47]。言い換えると、ライフストー
リーは、「必ずしも、『語り手があらかじめ保持していたもの』がインタ
ビューの場で明らかにされる、という訳ではなく、語り手とインタビュアー
との相互行為を通して構築される[48]」ものであると考えている。

　羅（2005）は、ライフストーリー・インタビューで収集したデータの分析

47）羅（2005），p. 45
48）桜井（2002），p. 28

の際、「ストーリー領域」と「物語的世界」という分析概念を使って分析を精緻化しようとしている。これらは、桜井（2002）が取り上げたヤングの概念「物語世界」、「ストーリー領域」、「プロット」であり、桜井はこの中で、ライフストーリー・インタビューでは過去の時空間〈あの時・あそこ〉の出来事や体験が、インタビューの場という現在の時空間〈いま・ここ〉において語られるものであり、それぞれの語られたストーリーは〈ストーリー領域〉と〈物語世界〉から構成されるとしている。そこで、羅は、〈ストーリー領域〉とは、インタビューの場という〈いま・ここ〉において語りが構築されていく相互行為の過程を指し、〈物語世界〉とは、インタビューの内容において〈あの時・あそこ〉における登場人物が経験した出来事を筋（プロット）によって構成するものを指すと考え、これを分析概念とした。

　羅は、分析結果の提示にあたり、学習者のインタビュー・データを物語的に提示している。学習者の視点から学習動機をとらえるということを重視するために、分析結果の提示は学習者の〈物語世界〉に焦点が当てられている。つまり、インタビューで語られたそれぞれの学習に関連する出来事をプロットによってひと繋がりに構成された物語〈物語世界〉によって学習者の視点から物語を眺めることで当事者の心理プロセスを理解しようとしている。また、ライフストーリー・インタビューが調査者も分析対象になるという視点から、調査者を調査対象者の〈物語世界〉の登場人物としてとらえている。

〈Miura（2011）〉

　Miura（2011）は、日本人英語学習成功者6人の学習経験を事例に、伝記的に記述することで、彼らの学習動機のトラジェクトリ[49]（変容や維持）が

---

49) Miura（2011）では、trajectory（トラジェクトリ）という用語の定義をしていない。"motivational trajectory（動機のトラジェクトリ）"をとらえることが研究目的であることより、Miura の指すトラジェクトリとは、日本語の「軌道」、つまり流動的な動機が通る経路を明らかにしようとしていると考えられる。これは、本研究が用いるトラジェクトリという用語が持つ意味とは異なる。

どのように描かれるかを観察している。Miura は、学習動機を流動的な特徴を持つものととらえる一方で、外国語学習のプロセスで非常に重要な役割を担っていると考えている。そして、研究の目的について、日本人英語学習成功者の動機の変容と学習経験を、彼らが経験してきた学習の文脈に基づいて探究することであると述べている。この目的のために、Miura は学習経験のなかで学習動機の変容に着目した縦断的研究や、自叙伝的研究、事例研究を参考に研究手法を検討している。その結果、それぞれの調査協力者のこれまでの学習経験を個々のインタビュー（フォローアップ・インタビューを含めた計3回）により収集、E-mail によるフォローアップとフィードバックを行う事例研究を採用している。さらに、インタビュー以外にも、学習者による動機の変化の内省的報告（The Motivational Level Chart）もデータ収集の手段として使用することで、動機の高低がどの出来事と関連づけられているかを観察しようとしている。Miura は、個々の調査協力者を１つの事例と考えることで、当事者の学習の全体像を把握する全体的な視点と、当事者の学習プロセスで起きた出来事を詳細に観察する局所的な視点から分析をすることが可能になると考えている。また、このように事例研究の長所について述べる一方で、データから得られる結果の一般化や、データの収集・分析に関する客観性や妥当性の問題などに触れている。そして、それらにできる限り対応するために、Yin（2006, 2009）が提案した、事例研究のデザインと方法論のための体系的アプローチを援用している。Yin（2009）では、事例研究デザインが基本的な４つのタイプに分類されている（図５参照）。Miura は、このうち、複数の事例に関して複数の局所的な視点で分析を行うタイプを選択している。

　Miura（2011）は、２つのタイプの分析を行っている。１つ目は、それぞれの調査協力者の学習史と動機づけの変容を調査するために個人を対象とした事例研究である。6 人の調査協力者を個々に特有な学習の文脈をもつ１つの事例とみなし、個々のインタビュー・データから、学習動機とそれに影響を与えている様々な要因を統合的に関連づけた物語を構成している。これは、インタビューを実施し、データを文字化し、学習者の学習の全体像（English Learning History）を捉えた学習史を構成することを含み、個々の調査協力者

の詳細な分析（issues investigated in the individual case studies）がなされている。学習史は、調査協力者を主人公とする物語的な記述がされている。2つ目は、複数の個々の事例を扱う集合調査（collectivestudies）である。6人の調査協力者から集められた6つの事例研究の結果から、学習成功者の動機に関する共通パターンを抽出しようとする（issues investigated in the collective analysis）ものである。Miuraはそれぞれの学習者の報告の中で、学習成功者の学習動機は他の学習者と同様に困難や問題に直面することで低下することもあるが、学習成功者はそれを乗り越えることで結果的に動機が維持されていること、また個々の事例で相違はあるものの、いずれの学習成功者にも動機づけの源（人、モノ、コト）の存在が確認されていることに言及している。

2 | 事例研究

　本書は物語的概念を重視し、学習成功者3人の事例について詳細に解釈するために最適な方法として、事例研究の手法を採用する。事例研究の定義は研究者によって異なり、事例研究に関する唯一的な手法は定まっていない。Yin（2006, 2009）は、事例研究とは解釈的に研究を行う「手法」であるとし、Stake（2007）では、事例研究とは調査方法の選択というよりはむしろ、研究者が何を研究するかといった「研究対象の選択」により規定されるものであると考えている。しかし、YinとStakeは、事例研究とは、質的研究（解釈的）、量的研究（実験的）のいずれにも位置づけられるものであるとする点で一致している。表2で示したように、Creswell（2007）は、事例研究を質的研究で用いられる頻度の高い5つの手法の1つとして挙げ、データ収集方法には、面接、観察、記録物などが存在するとしている。また、事例研究は、心理学、医療、法律、政治などの多岐にわたる分野の研究でたびたび使用されている。また、事例研究は対象の規模も多様である。例えば、最少単位の個人を対象とするものもあれば、特定の集団や組織、あるいは特定のカリキュラムやプログラムを対象にするものもある。

(1) 事例研究のメリット

　事例研究を行うことで、研究者は、複数の要因が複雑に埋め込まれた文脈[50]において、現象をそれが起こっている文脈と関連づけて詳細に観察することができる[51]。また、Duff（2008）が事例研究の "a high degree of readability（読みやすさ／読み応え）" について言及するように、事例研究とは、特定の分野の特定の対象に関して深い分析を行うことによって、研究者が新しい視点を得たり、新たな疑問点や問題点を提起したりすることで新しい方向への研究を展開させていく可能性も持っている。第二言語習得研究で事例研究を行う先行研究として、コスタリカの成人英語学習者の事例を扱うSchumann（1978）や、日本人の成人英語学習者の事例を取り上げて文化変容の様子を捉えようとする Schmidt（1983）がよく知られている。このことからも、事例研究が外国語学習研究において、有効な調査手法の１つであると言える。Naiman et al.,（1978）は外国語学習者の事例研究において、１人の学習者を１つの事例とみなすことができると述べている。それぞれの学習者は、常に実際的な文脈の中に生きており、当事者の学習は、様々な要因が複雑に埋め込まれた実際的な文脈の中で起こっている。そして、これら要因や要因間の相互作用は、学習者が自らの学習を調整しながらすすめていく学習行動（自己調整学習）に強い影響を与えている。外国語学習と自己調整学習は、学習が起こる文脈と密接な関係性にあるため切り離すことはできず、事例研究を行うことである学習者の文脈における自己調整学習方略、自己効力感、目標への関与を具体的に観察することができる。

　以上のような利点もある一方で、少なからず事例研究にも問題点が指摘されている。例えば、調査対象に対して深い分析を行うことができるという利点を活かすためには、その対象は特定の文脈に限定された少数を扱うことに

50）Merriam（1998）
51）Yin（2009）

第 2 章　質的研究

なる。また、そうした少数の調査対象者の分析により導かれる結果の一般化
や、より多くの対象者／文脈における適応性、さらには、データの分析にお
ける調査者の主観性が問題（データの妥当性・信頼性）とされることもある。
こうした問題にできるだけ対応するために、事例研究を行う上で研究の手続
きを明確に示すことが求められる。

(2)　事例研究の分類

　Duff（2008）は、事例研究の利点を活かしながら事例研究の妥当性の問題
に対応するために、事例研究を行う際には全ての手順（調査協力者の選定、イ
ンタビュー、データ分析）が明らかにされている必要があると述べている。ま
た、信頼性の確保について、研究目的を達成するに十分に相応しい調査対象
者を選定すること、1つよりは複数（1人よりは複数人物）の事例を扱うこと
が重要であるとしている。さらに、Yin（2006, 2009）が提案する体系的なア
プローチは、事例研究の実用性向上に効果的である。Yin（2009）は、事例
研究を体系的に4つのタイプに分類している（図5）。
　事例の数によって、1つの事例を扱うもの（single-case designs）と複数の
事例を扱うもの（multiple-case designs）の2つに分け、さらに1つの事例に
対して1つの分析単位をもつもの（holistic: single-unit of analysis）と複数の分
析単位が埋め込まれているもの（embedded: multiple units of analysis）に分け
ている。1つの事例を扱うものはその事例が極めて特殊な場合に相応しい
が、複数の事例を扱うものの方がそれぞれの事例を比較検証したり複数の事
例間からパターンを導いたりすることが可能になるため、一般的に好ましい
とされる。1つの事例に対して1つの分析単位、すなわち1つの照明で全体
を広く照らして分析をすすめる方法は、事例で起こる現象の全体的（holistic）
な性質を調べる場合に相応しい。一方、複数の分析単位、すなわち複数のス
ポットライトで焦点化された部位を照らして分析をすすめる方法は、局所的
な観点（embedded）についてより詳細に調査を行う場合に用いられる。英語
学習成功者の学習動機の変容について事例研究を行った Miura（2011）は、

51

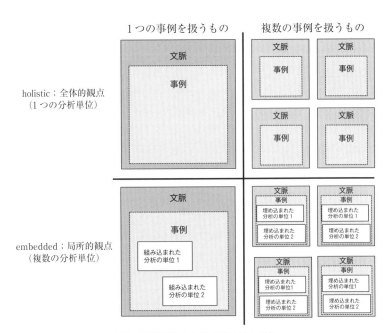

図5 事例研究のための基本的な分類
(Yin, 2009, p. 46 を筆者が日本語に改変)

Yin (2009) の複数の事例研究のタイプを組み合わせることで、データを多角的に捉え客観性の確保に努めている。

さらに、Yin (2009) は、詳細で明確な事例研究の提示の仕方を提起している。事例研究を体系的な手続きに則ってすすめることで、研究の主要な目的や関心、そのために事例が扱う対象者、データの収集方法、分析などの手続きを明確化することで、調査結果の妥当性を高めることができる。また、研究の手続きを示すことで、研究の復元性 (replicability) を高めることができる。このような条件を満たすために、事例研究は一般的に、以下の手続きの記述が求められる。

・an overview of the case study project (project objectives and auspices, case study issues, and relevant readings about the topic being investigated),

事例研究プロジェクトの概要（プロジェクトの目的と見通し、事例研究の課題、調査課題について関連のある先行研究）

・field procedure（presentation of credentials, access to the case study "sites," language pertaining to the protection of human subjects, sources of data, and procedural reminders），
フィールドにおける手続き（信頼性の提示、事例研究の「現場」へのアクセス方法、調査協力者保護のための倫理、データ収集源、その他手続きに関連する詳細）

・case study questions（the specific questions that the case study investigator must keep in mind in collecting data, "table shells" for specific arrays of data, and the potential sources of information for answering each question）, and
事例研究の質問（調査者がデータ収集の際に常に念頭においておくべき特定の質問、収集データを整理するために事前に準備しておく「データの入っていない表」、それぞれの質問に答えるための情報源）

・a guide for the case study report（outline, format for the data, use and presentation of other documentation, and bibliographical information）
事例研究報告の指針（概略、データの形式、その他の資料の使用や提示、文献情報）

（Yin, 2009, p. 81 日本語訳は筆者による）

（3） 対象者の人数と調査回数

　一般的に質的調査法の研究は、量的調査法の研究で扱う調査対象者数より人数が少ない。そのため、質的調査法に位置づけられるライフストーリー・インタビューが扱う調査対象者数も少ない。しかしながら、調査対象者を何人とし、またどの程度の回数インタビューを行うべきかということについて

は、従来のライフストーリーの分野においても明確な規定はない。水野
（1995）では調査対象者を1名とし、またDaniel（1997）は30名であり、調
査対象者は1～30名の範囲の調査が多いようである[52]。そして、具体的な調
査対象者数の決め方は、その調査の目的によるところが多いようである。徳
田（2004）は、ある人の詳細な個人史を描きたいのであれば、1名に対して
長時間にわたるインタビューが複数回必要であり、ある特定の属性の人々に
関して何らかの特徴や共通のパターンを捉えたいのであれば、より多くの調
査対象者にインタビューをする必要があるだろうと述べている。そして、徳
田は後者の場合、最低人数を5名とした上で、10～20名前後の調査対象者
に対して1～2時間のインタビューを2～3回行うのが妥当だとしている。ま
たDaniel（1997）は、自分の調査経験をもとに、ある属性の人たちの特徴や
共通のパターンを探るためには、15名のライフストーリーがあれば可能で
あると述べている。

　上記のことを踏まえ、学習成功者ごとに異なる学習のトラジェクトリから
FL環境で英語学習の自己調整の様子を捉えようとする本書の目的を満たす
際には、1名の調査協力者でもよいということになる。しかし、複数の協力
者（＝複数の事例）を扱うものの方がそれぞれの事例を比較検証したり複数
の事例間からパターンを導いたりできるため、一般的に好ましいとされてい
るほか、より多くの異なる学習成功者のトラジェクトリを示すことで、より
多くの英語学習者が共感できるトラジェクトリの形態（モデル）を提示する
ことが期待できる。現在英語を学習する者の一人でも多くが、本書で提示す
る異なる複数の調査協力者のそれぞれの学習環境における具体的な学習の取
り組みに共感し、それを参考にすることは、本書が目指すことの1つである。
よって、複数の調査協力者を扱ううえで、個々のトラジェクトリを筆者が詳
細に分析できる人数として3～4名程度が適当であると考え、調査対象者と
そのデータの収集を目標とした。

　次に、インタビューの回数について、徳田（2004）は、調査者が1名であ

52）Daniel（1997）；中野・桜井（1995）、谷（1996）、桜井（2002）

る場合、2〜3回以上行うのが妥当であると提言するが、調査対象者数が複数である場合について言及していない。しかし、調査対象者数が1名の場合でも複数でも、これまでの人生における経験について語ってもらう時に、その人自身が過去を振り返り、わずか1〜2時間のインタビューで全体像、さらには出来事の詳細を全て語りつくすことはできないだろう。一方、桜井（2002）は、インタビューの時間を長くすることで調査協力者に大きな負担が生じるだけでなく、調査者側の注意力が散漫になることを指摘している。Kavle（1996）と高橋（1998）は、インタビュー回数について、少なくとも2回は必要であろうと考えている。これらを踏まえ、本書ではフォローアップを目的として、最低2回のインタビューを実施することにした。まず1回目では、経験や現象の全体像を語ってもらい、2回目は1回目のインタビュー後に曖昧な部分をカバーし、1つの大きなトラジェクトリを充実させるために行う。つまり、1回目のインタビューを文字化し、データを繰り返し読むなかで、2回目のインタビューで質問する内容をまとめる。また、こうして準備した質問項目を設定することで、筆者のこれまでのデータに対する解釈が反映され、これらを2回目のインタビューで質問することによって、協力者の実際の経験と筆者の解釈を摺り合わせていこうと考えた。

(4) ライフストーリー・インタビュー

ナラティブのモデルに位置づけられるライフストーリーには、筆者が自らの経験について記述する場合（自叙伝）と、他者がある対象群を1つの事例として取り上げ記述する場合がある。後者は、事例研究として扱われることが多く、ライフストーリーの手法で事例研究を扱うものがあり、本書はこうしたライフストーリーの手法で事例研究を扱おうとするものである。

ライフストーリーの手法は、ライフヒストリー（生活史）、オーラルヒストリー（口述史）、ライフレビュー（人生回想）などの手法と類似し一部重なっているが、核となる部分の相違として、ライフストーリーはナラティブのモデルに位置づけられる[53]。そして、ライフストーリー研究では「語られた事

55

実」に関心をもち、どのように人生経験が構成され、意味付けられた内容が記憶の誤りで歴史的事実とずれていたとしても、その人の「語り・物語」として分析する[54]。さらに、ライフストーリーの目的は、社会構造的関係のパターンをあきらかにするためのデータの1つであり、〈いま―ここ〉で語り手と聞き手の相互行為によって構築されるストーリーそのものに焦点をあて、理解・解釈をする作業に従事することである。これに対して、ライフヒストリーやオーラルヒストリー研究では、「歴史的事実」により関心をもつ[55]。また、ライフヒストリー研究では、大きな歴史のなかで個人の歴史に関心をもち、それを調べる手段の1つとしてインタビューや語りが用いられ、語られた内容の裏付けとして各種の資料や史的考証を重視し、歴史的事実と照らして真偽をチェックすることで再構成する。ライフヒストリーの目的は、あくまで歴史的再構成である[56]。

　ライフストーリーをはじめとする質的研究は、その成果を一般化することを目指すのではなく、個別な学習者の事例だからこそもたらされる、他の外国語学習者に与える影響も指摘されている。例えば、藤原他（2006）は、語学教師の経験世界をストーリーという形式で再構成し、それを他の教師が自らの経験世界に重ね合わせることにより、新たなストーリーを生みだすというライフストーリー研究の循環性を指摘している。言い換えれば、ライフストーリー研究は、その受容者となる読み手にとって、その具体性ゆえに自らの実践経験との重なりを見出しやすく、その結果、他の学習者がその事例と自らの実践経験を対照させ振り返る契機を提供する可能性が生じるとする。本書におけるライフストーリー研究の読者は、語り手である学習成功者の個別事例との対話から、自らの経験との類似性を見出し、自らの経験を振り返るきっかけを得ることで、さらに自らの経験の異なる見方を発見し、その後

53）やまだ（2007）
54）やまだ（2007）
55）Mann（1992）
56）江頭（2007）

の実践につなげていく機会になると考える。

　また、Dewey によると「経験というものはいずれもみな動きゆく動力」[57] であり、出来事は決して切り取られたものではなく、「過去」「現在」「未来」と繋がる時の流れの中にある。また、やまだ (2007: 126-127) は「物語と時間は深い関連をもつ」と述べ、「過去」は「現在」と照合されて絶えず再編成され、読みかえられて変容していくものであると説明している。そして「物語の時間は逆行したり、回帰したり、循環したり、止まったり、いろいろな流れ方をする」という。本書に登場する 3 名のトラジェクトリもまた、研究者のインタビューの中で協力者たちが何度もその経験を語り直し、その度につくり直されてきた物語なのである。ライフストーリーはナラティブのモデルに位置づけられるため、ナラティブの手法の志向性を共有している。それはつまり、研究者と協力者とのコラボレーションによって作り上げたストーリーの解釈をし、個人と社会両方を強調しながら内的と外的なバランスに注意し、出来事を現在、過去、未来という時間の流れの中で見ながら最終的なストーリーを書いていくというプロセスと結果全てを含む手法である。本書において、学習成功者となった調査協力者がどのような自己調整学習を行っているのかに限定するのではなく、（学習開始時から現在にいたる）学習者の発達と外国語の発達を並行してとらえるという研究の視点は、経験を 1 つの連続体ととらえるライフストーリーを利用することで得られると考える。

3 ｜ 本書の事例研究

　先述したように、事例研究は信頼性、妥当性、実用性、透明性において疑問視されることがある。しかしながら十分に計画された手続きに沿って事例研究をすすめることで、こうした問題を最大限に抑制することができる。研究の手続きには、調査のデザイン、調査対象者、データ収集（ライフストー

---

57) Dewey（2004; 1938), p. 52

リー・インタビューやフォローアップ・インタビューの形態、インタビューで用いた質問の内容)、分析方法、結果の提示についての詳細な情報が含まれる。

(1) 調査のデザイン

　本書では、3名の調査協力者の事例を対象とした3つの事例を扱っている。図6では、Yin (2009) の研究デザインに則って事例研究を行った Miura (2011) を参考にスキーマ化された事例研究の構造を図示した。3名の調査協力者それぞれの事例を個性的でユニークな英語学習の文脈をもつものとしてとらえ、そうした個々に特有な文脈の中でトラジェクトリを位置づけている。さらに、トラジェクトリを分析するために、自己調整学習の構成要素である「自己調整学習方略」「自己効力感」「目標への関与」を3つの分析単位として用い、また、これらの分析単位が単にトラジェクトリを上から眺め渡すための視点として持ち込まれるのではなく、学習者のそれぞれの文脈の中に埋め込まれていることが描かれている。これにより、学習者のそれぞれの文脈の中で学習経験トラジェクトリをとらえ、さらに焦点化した分析単位に注目することで、トラジェクトリを構成し支えている特に重要なモノ、コトを詳細に分析することができる。このように、3つの分析単位は学習者のそれぞれの文脈の中に埋め込まれている、すなわち分析単位とストーリー全体は関係的である。そのため、埋め込まれた分析単位は、全体への解釈にもとづいてミクロな分析単位を詳察しようとする。

　Miura (2011) では、2つの分析単位 (1：motivational change　2：change of perceived self) を設定し、それぞれについて事前に検証する仮説を立てている。例えば、動機の変化に関して、「英語学習の中で、学習成功者は一度あるいは複数回の動機の低下現象を経験するが、彼らはそれを乗りこえてきている」という仮説をたて、ストーリー中で動機の変容に着目している。本書は、予め設定した仮説を検証しようとするのではなく、学習経験トラジェクトリの考察をすすめる中で徐々に見えてくる理論を帰納的につくり上げようとする。そのため、ある学習成功者の学習がどの理論／仮説によって説明さ

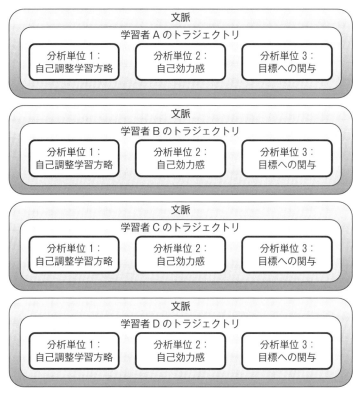

図6 体系化された事例研究の構造
(Miura, 2011, p.102 を参考に作成)

れるか(あるいはどの理論／仮説で説明することができないか)は、トラジェクトリが構成されてそれを分析することで次第に明らかになってくるものとなる。調査は、インタビューで語られる内容(学習にかかわるモノ・コト・人、調査協力者に関する略歴など)をもとにトラジェクトリを1名ずつ詳細に記述し再構成していくことからはじまり、最終的にでき上がった3名のトラジェクトリを比較し分析することで共通のパターンを析出する。

(2)　調査対象者

　対象者は、はじめ自己・他己推薦により 8 名集まったが、本書で定義する英語学習成功者として挙げた条件を全て満たすのは 3 名となり、その 3 名に限定して調査をすすめた。表 3 では、彼らの属性を示している。協力者の本名が明らかにならないよう、本人の希望する仮名を使用している。また年齢と職業は調査開始の段階で申告されたものである。

　次に、本書における学習成功者とはどのような学習者を指し、何を根拠に今回の調査協力者が学習成功者であるとみなすか明らかにしておく必要がある。竹内（2004）は学習成功者を対象とした著書で、学習成功者の英語運用能力として、テストで測定したフォーマルな裏付けがある場合と、求められる立場（職業など）と関係させ、ある特定の場において求められる十分な活動ができる能力を有していると判定する根拠がある場合があると述べている。そのため、学習成功という語の定義に差は生じることは認めざるを得ない。しかし、差はあるが、一般の外国語学習者が目標とすべき水準をはるかに越えた学習成功者から得られたデータを対象として議論をすすめることが本書の趣旨である。本書では学習成功者を、英語が母語として話されている地域に長期滞在（継続 2 ヵ月以上）した経験がなく、自宅でも英語との日常的な接触がなく、個人の努力により日本で英語学習をしてきた日本人英語学習

表 3　調査対象者の属性

	性別	年齢*	英語学習開始年齢**	英語学習年数***	職業
ケン	男性	22	5 歳	18 年	大学生（理系）
ゆり	女性	31	5 歳	26 年	大学院生（文系）
学	男性	32	12 歳	21 年	エンジニア

＊　　　年齢は調査開始時の年齢を指す。
＊＊　　英語学習開始年齢とは、形式に関わらず英語に触れ始めたときの年齢を指す。
＊＊＊　英語学習年数は、必ずしも年齢が高くなるほど長くなるわけではない。例えば、幼少期に両親の影響で英語に触れ、その後数年の空白を経て、青年期の学校英語教育から英語に触れる場合もある（各協力者の英語学習の機会の時系列表参考）。

者のうち、テストによる測定で、英検 1 級取得、あるいは TOEIC950 点以上、かつヨーロッパ言語共通参照枠（Common European Framework of Reference for Languages: CEFR）が提示する Can-do 記述文に具体化した自己評価フォームで「読む」「聞く」「話す」「書く」4 技能全てにおいて C1[58] 以上（熟達した言語使用者）の者とした。

　また、2 回目の調査（フォローアップ・インタビュー）の際に、英語語彙力を調べる VST: Vocabulary Size Test（Nation, 2007）も行った。VST は、Nation（2001）で提案された VLT: Vocabulary Level Test の弱点や妥当性について検証を行い、複数のバージョンを経て妥当性と信頼性は高いと考えられている（Beglar, 2010）。このテストは短時間で英語学習者の語彙力（受容語彙力[59]）を簡単に測定できるため、英語教育界では研究・教育の両方で頻繁に用いられている。VST は The British National Corpus（BNC）の使用頻度情報にもとづき、ワード・ファミリー換算[60]して、最も頻度の高い 1,000 語ごとに 14,000 語を 14 のレベルに分け（1 K〜14 K）、それぞれ 10 語ずつを四肢択一で選択させる形式（Nation and Beglar, 2007）である。以下は、日本語—英語バイリンガル用の問題のうち、レベル 10 K の問題の一例である。

　AWE: They looked at the mountain with **awe**.（太字は原文より）
　　a.　心配

58）CEFR における、自己評価は A1・A2（基礎段階の言語使用者）、B1・B2（自立した言語使用者）、C1・C2（熟達した言語使用者）の 6 段階に分けられる。それぞれ は、A1（Breakthrough）、A2（Waystage）、B1（Threshold）、B2（Vantage）、C1（Effective Operational Proficiency）、C2（Mastery）と分類されている。共通参照レベル（全体的な尺度）は巻末付録参照（吉島他　2004: 25）。

59）受容語彙とは読んだり聞いたりする時に既知語として習得している語彙のことであり、発表語彙つまり、話したり書いたりする時に自らが産出することができる語彙とは異なる。

60）ワード・ファミリー換算では、語幹を知っていれば、派生語（変化形や接頭辞・接尾辞など）も知っていると推定する。

b. 興味

c. 驚嘆

d. 尊敬

　調査対象者のVSTの結果、10,000以上のワード・ファミリーの語彙知識があると測定された。英語非母語話者の博士課程の学生が習得しているワード・ファミリーが9,000程度で、高等教育を受けた英語母語話者が20歳になるまでに身につけるワード・ファミリーが20,000である（Nation, 2001, p. 9）ことを考慮すると、調査対象者の語彙知識は極めて高いと言えるだろう。

　表4は、調査対象者の英語能力に関してまとめたものである。

表4　調査対象者の英語能力

	テストによる測定（　）内は取得年	VST (Nation, 2007)	CEFRを用いた自己評価
ケン	TOEIC 970点（2009）	12,000	読む：C2　聞く：C2 話す：C1　書く：C1
ゆり	英検1級（2008）/ TOEIC 960点（2008）	10,000	読む：C1　聞く：C1 話す：C1　書く：C1
学	TOEIC 970（2004）	10,000	読む：C1　聞く：C1 話す：C1　書く：C1

(3)　調査の概要

　調査にあたり、次の6つの手続きを踏んだ。

1) インタビュー調査前面接

2) 調査の同意書

3) マインドマップ

4) ライフストーリー・インタビュー

5) フォローアップ・インタビュー

6) データの整合

第2章　質的研究

〈インタビュー調査前面接〉

　インタビュー調査とは別に、調査意図や協力内容の説明、調査以外のカジュアルな話をする機会を設けた。この日は、調査者が自身の英語学習経験、本研究にいたった理由などを話すだけでなく、調査以外の雑談をすること、また、調査協力者か調査者のいずれかが主に話を一方的にすすめるのではなく、対話型のコミュニケーションをすることで、調査対象者が研究者に対してできるだけ話しやすい環境を作るよう努めた。当日の会話はレコーダーに録音せず、協力者と別れてすぐに、面接の際に気づいた点や疑問に思った事柄などをノートに書き留めた。インタビューのデータを一次資料とすると、これらのメモは二次資料として位置づける。また、実際のインタビュー調査の後に取ったメモも同様に二次資料とし、トラジェクトリの作成に使用する。論文の読み手も調査協力者のトラジェクトリを読むことで、彼らの物語について知ることができる。しかしながら、物語の語り手に直接会い、話を聞いた調査者と物語の読者では、物語の語り手に関して知り得る情報の質は異なる。語り手本人とインタビューを通して時間を過ごし、調査協力者との間でライフストーリーを作り上げた調査者だからこそ知り得る物語の語り手に関する内容がある。例えば、ある出来事について話をする際に、どれほど語り手の表情が生き生きとし、力強く語られたか、また、語り手によっては、会ったばかりから緊張した様子がほとんど感じられず親しく話をしてくれる協力者や、会って時間が立つにつれて話す量が明らかに増えた協力者など、調査を通して調査者が知ることのできる事実である。こうした内容をトラジェクトリを構成する際に統合的に盛り込むことで、読者が語り手の人物像をよりイメージしやすくなるであろうと考えた。

〈調査の同意書〉

　調査当日は、できるだけリラックスして話ができるよう、ホテルのロビーや、カフェなどでくつろいだ雰囲気を作り出した。調査の概要と目的を再度簡単に説明した後、調査の同意書（巻末付録参照）に記入を依頼した。その中で、インタビューを通じて提供された情報に調査者以外の第三者が触れる

ことはないこと、また研究成果の報告では協力者から収集したインタ
ビュー・データにおいて、個人名や機関名が出ることはないことを伝えた。
また、質問に答えたくない場合には、答えなくてもよいことやインタビュー
調査への協力を中断したい場合には、その旨を申し出るといつでも中断でき
ると言う点を確認し、協力者の署名をもらった。

〈マインドマップ〉

　これまでの英語学習に関する場面、出来事やその時の印象、関わった人物
などを思い起こす作業において、記憶を整理する補助としてマインドマップ
を作成してもらった。A. Jenkins（2004）は、管理経営学を専攻する学生143
人を対象に68名を統制群（マインドマップ不使用）、75名（マインドマップ使用）
を実験群とし、時間制限のあるブレーンストーミングの際、創造的アイデア
がよどみなく出てくる度合い（Fluency）を定量的に測定した。その結果、
実験群の場合には全員が創造性テストで前者が全てアイデアを出し切ったと
感じたのに対し、後者はアイデア数が多く、さらに書き続けられる感触を得
たと報告している。本研究の調査は、マインドマップの効果をはかるための
ものではなく、出来事を整理したり関連づけたりすることでできる限り多く
のアイデアを引き出すマインドマップの有効性を評価し、調査協力者の思考
を助けるツールとして位置づけた。そのため、マインドマップは、場合に
よっては論理的な一意性や分岐を無視して自由に派生させてもよいと伝え、
そこに関連している些細なこともつけ加えるよう依頼した。また、Bailey et
al.（1996）や Tse（2000）が自叙伝における記述プロセスが内省を助ける効
果を指摘しているため、本研究では、インタビューの前に「書く」作業をマ
インドマップという形式で組み込んだ。

〈ライフストーリー・インタビュー〉

　協力者にはマインドマップを見ながら、ライフストーリーの手法で、過去
の英語学習経験を思い出せる範囲で語ってもらった。その際、Clandinin &
Connelly（1990, 2000）の A three-dimensional Approach の 3 つの側面をで

きるだけ具体的に話してもらうようにした。3つの側面とは、「相互作用 (interaction)」、「置かれる場 (situated within place)」、「時間的な概念の連続体 (past, present, and future)」である。「相互作用」とは個人と社会との相互作用の関係のことであり、個人を理解するには個人を取り巻く環境や社会からの影響を無視することはできないということを意味している。そして「置かれる場」は、出来事がどのような場所で起きているのかを具体的に詳しく知っていることが、それを理解する上で必要となることを指している。最後の「時間的な連続体の概念」は、協力者の持つ経験を、過去、現在、未来という時の流れの中でとらえようとするものである。協力者には、ある程度古い出来事から順に話してもらうようにしたが、ライフストーリー・インタビューは語り手に自由に語ってもらうことを主眼にしている[61]ため、関連性のある出来事が同時に語るなど、話しやすい順番で話してもよいことを伝えた。ある出来事や経験について、A three-dimensional Approach の3つの側面が不明瞭な場合、1つの語りが終了してから新たな質問として尋ねることにした。

　調査中に話したくないことは答えなくてもよいということを確認した上で、筆者は協力者に対して、学習を継続する中でスランプや、過去の苦い経験や失敗談についてもできるだけ具体的に話が聞けるように質問をした。このような経験は、学習困難者や学習遅滞者にとっては「悩み」であり、それを第三者に語るには精神的な負担が伴うことが考えられる。しかし、本研究の調査協力者の場合、英語学習の成功者としての自らの英語学習経験を語ることになるため、過去の苦い経験や失敗談も成功談の中に位置づけられ、比較的協力者の精神的な負担が少なく、調査者が協力者と十分によい関係を構築することができれば語られやすいと考えた。

　インタビューの最中、問題の提起や質問は調査者から一方的に行うのではなく、協力者から調査者にされることもあった。これにより、調査者と協力者のラポール（信頼関係）構築にもつながると考えた。さらに、調査者が自

---

61) 桜井 (2002)

らの経験や考えを話すことで、協力者が思い出す経験や話すのを躊躇ったことを話してくれるということもあった。

　ライフストーリー・インタビューは各調査協力者2〜2.5時間程度に及んだ。持ち帰ったデータを文字化し、それを繰り返し読むことで見えてきたさらに追求する必要のある点や曖昧な点はリスト化し、後日行うフォローアップ・インタビューに備えた。このように、本研究では、インタビューを予め決めた計画や形式に沿って行うのではなく、その場に臨機応変に、かつ自由にやり取りを行い、そしてデータと深く付き合い、データ収集と分析を行き来し、語りのなかに如何に語り手の視点を見いだすかということを心がけた。ライフストーリー・インタビューとフォローアップ・インタビューの概要は表5に示した。

表5　インタビューの概要

	時間	内容
ライフストーリー・インタビュー	2〜2.5時間	英語学習に関する経験をできるだけ時系列沿って語ってもらう。また、その中で感じたこと、印象に残っていることなどを詳細に聞く。
フォローアップ・インタビュー	0.5〜1時間	ライフストーリー・インタビューを文字化したデータを協力者に確認してもらう。また、それらの内容について具体化したり、経験と経験を関連付ける質問をする。さらに新しい経験について聞く。

〈フォローアップ・インタビュー〉

　フォローアップ・インタビューは、ライフストーリー・インタビューの調査日から2週間から3週間後に協力者と予定を調整して実施した。調査開始の際に、今回の調査協力で提供するデータは、調査者と協力者が共同でつくり上げる構築物であることを伝え、最終的に調査者によって書き上げられたストーリーやその分析結果を協力者に開示し、確認してもらうことを伝えた。そして、ライフストーリー・インタビューを文字化したデータを渡し、その内容で補足したい点があれば話してもらった。その後、調査者がフォ

ローアップ・インタビュー用にまとめた質問項目のリストをもとに、半構造化インタビューを行った。それぞれ 0.5～1 時間で、前回のインタビューで詳細でなかった部分をより掘り下げて質問したり、新しい情報の聴取、一度目の話とズレはないかを確認した。また、協力者から引き出したい事柄のうち、一度目の話で語られなかったことをフォローアップ・インタビューで補った。2 回の面接で協力者の語りから時系列に沿ったトラジェクトリを構成するための十分な情報と、「自己調整学習方略」、「自己効力感」、「目標への関与」という 3 つの分析単位について以下の具体的な事柄を引き出そうとした。

1) 時系列に沿ったトラジェクトリ
    ・いつ、どのように英語学習を開始したか
    ・幼少期の家庭環境で英語に触れる機会がどのように与えられていたか
    ・学習動機に良い、あるいは悪い影響を与えた出来事は何か
    ・どこで、どのように英語の学習環境が与えられていたか
    ・英語学習やその取り組み方について特に影響力のある人物はいたか
    ・英語以外の言語（L3）学習の経験とその影響
    ・学校英語教育や、大学受験制度など教育制度の影響
    ・現在の英語学習の取りくみ
    ・将来の英語学習の到達点
    ・英語学習以外で興味のあることや趣味
2) それぞれの協力者の自己調整学習の変化
3) 自己調整学習をすすめるために用いた方略
4) 自己効力感を高めるどのような機会があるか
5) 自己効力感が感じられない場合の対応
6) 目標がいつ、どのように設定されているか
7) 目標達成に向けてどのような計画が立てられているか

インタビューの中で、協力者が調査のための質問に応答していると感じな

いように、形式的で手続き的な問い方をせず、できるだけ自然な対話が作り出し、実際の場面を思い出す支援をするよう心がけた。以下は協力者が用いた質問形式の例である。

- その〜はどんな所／状況／雰囲気だった？
- 〜をするきっかけとなったのは何／誰？
- そこに行ってみよう／それをしてみようと思ったきっかけは何だったと思う？
- そのときの目的／ゴールはなんだった？
- そこでその後の自分にとって重要になるような人物はいた？
- その場には、他にどんな人がいた？
- 自分にとってその場は何だった？どんな存在だった？
- そこで何か難しいなと感じたことはあった？
- なんでそれを続けた／続けられたと思う？

　以下は実際のゆりのインタビューの会話データの一部を抜粋して紹介する（「調」は調査者、「ゆ」はゆり）。会話の中で、海外テレビドラマシリーズを使った学習活動についてゆりが話し、調査者が活動を継続することができた理由を尋ねている。一度目の質問ではそれに対する回答が得られなかったため、できるだけ自然な会話の中で再度同じ質問をしている。

　　調：それって、何で続けられたんだろう。だって台詞の暗記ってかなり大変でしょ？
　　ゆ：今は確かに暗記って、今はもう無理。うん、無理。脳が若くないから丸暗記なんて無理だと思う。でも相手がいたからかな。
　　調：うん、でも相手って、例えば誰？
　　ゆ：学校の友達。その頃、（ビバリーヒルズ高校白書が）流行ってたから、家で観てる人多くて。共通の話題とかネタになってたんです。
　　調：あ〜、なるほど。けっこう周りの人も観てたっていうことか。じゃあ、ドラマを共通のネタに話すことがあったということかあ。

ゆ：そうそう、私は主人公の誰が好きだとか、自分もああなりたいとか、誰と誰
　　が別れたのがショックやとか、髪型がへんとか可愛いとか、あれはありえへ
　　ん、とか。私が真似するのを期待して、カツラとかもってくる友達もいたし
　　（笑）

調：（笑）なるほど、じゃあ、みんなで共通のネタとしてみんなの前で披露して
　　たってこと？

ゆ：うん、そうそう。

調：うんうん。でも、他にも暗記して一緒に真似をする友達って？

ゆ：いや、それはいなかったです。私だけ。

調：え〜。でも、友達に見せるためだけが目的だったら、それ続けるのって大変
　　だと思うけど、なんでそんなに長い間続けられたんだろう。

　学はフォローアップ・インタビューの際、前回のライフストーリー・イン
タビューについて振り返り、「（今後どのような学習をしたらよいかという学習計
画について真剣に取り組んできたが）過去の学習経験や当時の自分の心理につ
いてこれほど真剣に考えたり振り返ることはなかったため、今回の調査協力
を通してはじめて自分の英語学習の道のりや、自分の学習習慣（癖）が見え
てきたことは興味深い」と語った。さらにゆりは、一度目のインタビューの
後、改めて自分の学習への取り組みを見直すと同時に、「欠点がある自分で
もこれだけ上達できたのだから、欠点は克服できるという視点で他の学習者
に伝えてほしい」と述べた。また、ケンは、「（自分なりに）学習の努力だけ
じゃなくて工夫をしてきたつもりだけど、他の調査協力者（学習成功者）が
どのような学習をしてきたのか知りたい」「他の調査協力者と会う機会が
あったら楽しいと思う」と述べ、お互いの学習経験を共有し、今後の自身の
学習の継続に活かしたいという意欲的な態度を示した。

〈データの整合〉

　二度のインタビュー（ライフストーリー・インタビューとフォローアップ・イン
タビュー）をそれぞれ文字化し、また電話やメールから得られる情報を統合

して、語られたストーリーのピースを出来事の順に配置し、最終的にそれぞれが関連性をもつ時系列のストーリーを構成した。三度目の面接では、この段階ででき上がったストーリーと調査者の解釈をまとめたものをそれぞれの協力者に読んでもらった。そして、自らの経験が時間軸に沿ったストーリーとして再現されているか確認してもらった。またストーリーとして読むことで、出来事間の関連性が明確になり、これまでのインタビューで語られなかった点で気づいたことがあれば、それについても話してもらった。この三度目の面接は、各協力者20〜30分に及んだ。

(4)　分析のプロセス

〈文字化〉

　持ち帰った録音データは、それぞれの協力者の事例研究のために文字化した。協力者一人分の全てのデータを1つのファイルとして Microsoft Word に調査者の質問と協力者の応答の両方を文字化し、面接での状況を伝えるために必要な説明は調査者の判断で加えた。これらは、面接の場で直接協力者と接する調査者のみ知り得る情報である。例えば、調査者の質問に対する応答の際に、どのような反応が観察されたか、あるいは、会話の中で沈黙があった場合、それが意図するものといった状況的判断によるものを含んでいる。さらに、録音データを文字化したものと、E-mail や電話でのインタビューの全て用いて経験を時系列に配列した。

〈学習経験トラジェクトリの構成〉

　時系列に並び替えたデータを何度も読み返し、それぞれの学習成功者が自身の学習環境の中で自ら学習を調整する様子、学習環境を整備していく様子が描かれている部分、また彼らの長期にわたる英語学習を成功へと導いた鍵となる重要な出来事や人物と自身のかかわりに関連する発話に注目した。

　ライフストーリー・インタビュー時の発話、調査者の質問に協力者が応答する形式の発話を時系列に並べたものを読み手によりわかりやすく、読みや

70

すいものにするため、トラジェクトリを構成した。トラジェクトリ構成の作業では、散文体談話である「語られたナラティブ」から「ストーリーとしてのナラティブ」へ組み直した。個々の協力者に関する個人的な背景、時系列に配列した文字化データ、中でも特に注目することにした発話、調査を通して録音データ以外から得られた協力者に関する資料（二次資料）を統合し、出来事の関連性と語り手の視点に注意しながら1つの大きなストーリーとしてのトラジェクトリを記述した。その際、語り手の表現やことば遣いをできるだけ残し、調査者の解釈で表現に修正を加えることは避けた。一方、話し言葉の中をそのまま書き言葉にした際にわかりづらいと思われる場合は、語り手の意味内容をより明確にするため、内容をできるだけ変えることのないように言葉を補うなどの手を加えた。以下は、インタビュー調査のデータやその他様々な二次資料をもとに最終的に構成した1人目の学習成功者、ゆりの学習経験トラジェクトリを紹介するために一部抜粋したものである。

　　ゆりが英語に触れ始めたのは5歳のときだった。近所に住むゆりの2歳年上の友達Yの母親の紹介で、ゆりの母親は英語学習教材のカセットテープを毎月定期購買することにした。テープのA面とB面にはそれぞれ25分のストーリーが収録されていて、どのストーリーでも英語を喋るクマのぬいぐるみ、チャビーが主人公だった。内容の5〜10%程度がチャビーの発話で、その部分のみが英語で残りの登場人物と語りは日本語だった。そのため、ゆりは英語のテープを聴くというより、日本語の物語の中に部分的に使われている英語を聴くことで、十分ストーリーを理解して楽しみながら英語に触れることができた。また、喋るクマの存在とそのクマの話す不思議なことばは、5歳のゆりが憧れる魔法のような世界に合致し、ゆりの興味にすっぽりはまっていた。そして、自分にもチャビーのようなぬいぐるみがいればなぁと空想の世界に浸りながらいつも聞いていた。

　　その時の私にとってはすごい楽しかったというか、想像するだけでウキウキするような話で、ストーリーが自分の世界にフィットしてたんだと思う。今思い起こすとあり得ない話で、全然没頭できないけど、当時はねぇ〜、子どもだっ

たから。

（第 3 章　ゆりのトラジェクトリより）

　この中で、ゆりが母親によって与えられた英語学習教材を通して、学習という意識を持つことなく英語に触れ始めたことを述べている。実際のゆりの発話には、これが彼女の英語学習経験に如何に大きな影響を与えているかは明確に言及されていないが、物語を構成するにあたり、この出来事がその後のゆりの学習態度に影響を与える重要な出来事と位置づけた。また、こうしたインタビューの発話をそのまま物語に持ち込んででき上がったものが、語り手本人が読んだ時に自分の経験として不自然だと感じることがないか、フィードバックをもらい、修正した。その結果、語り手の意味内容に忠実で、かつ読み手に読みやすく理解しやすいトラジェクトリを構成した。

　質的研究手法の 1 つである自叙伝も、1 人の学習者を対象として、当事者が経験した学習の文脈の中で起こる現象を詳細に記述するというその特徴から、事例研究としてみなすことができる（Fu, 1995; Lvovich, 1997; Miura, 2007）。自叙伝と事例研究の決定的な違いは、研究／調査者の立場である。自叙伝の場合、物語は学習者である調査者本人によって語られるが、事例研究の場合、物語はある学習者の研究を第三者である調査者によって語られる。本研究では筆者が学習成功者のトラジェクトリを第三者として記述するため、事例研究として位置づけられるが、トラジェクトリを記述するにあたり、自叙伝のもつ情景が浮かび上がってくるような生き生きとした記述ができるよう努めた。

〈分析の手順〉

　ライフストーリー・インタビューにおけるデータの分析方法に定まった方法はないが、桜井（2002）や徳田（2004）は長時間、数度にわたる面接のデータをいかに整理して理解をすすめていくかが最も重要であると指摘している。また、徳田は、分析の際の重要な点について以下のように述べている。分析を行う際に、長時間にわたる面接データをどのように整理し、その上で、

分析上の観点を明確化することが鍵となる。面接データの整理については、語りを時系列や主題ごとに並べるなどして、語り全体の構成や内容を整理・把握することが必要であり、さらに、分析観点の明確化については、文字化した資料を何度も繰り返し読み返し、自らの問いを精錬していくことが求められるだろう。分析プロセスにおいては、「内容（何が語られたか）」、「構造（どのように語られたか）」、「意味（各事象が全体の文脈にどのように位置づけられているか）」に注目し、各対象者の語りの特徴をまとめるとともに、対象者間の比較を繰り返し行い、それらの共通性や差異の詳細を明らかにしていく。

　さらに、データの分析は一方向に向かって段階的に進んでいくのではなく、データ整理と分析の間を行き来することも大切である。必要に応じて再度データを収集する可能性もある。このように、定まった手順に則った分析手法が存在しないということは、分析結果がより精錬化されているということであると指摘されている[62]。

　本書では、時系列に配列された１つ１つのトラジェクトリを何度も繰り返して読み、分析に入る前に、インタビューのデータを整理し、何度も読み返し、いろいろな角度から眺めて語り手の視点にピントを合わせるよう心がけた。そして、語り全体の構成や内容を整理し、把握し、「学習成功者はなぜ、どのように成功したのか」を解く手がかりを手繰り寄せていく。分析の作業では、トラジェクトリを分析するための３つの分析単位、「自己調整学習方略」「自己効力感」「目標への関与」にかかわる学習行動について、「何が語られたのか」「どのように語られたか」「各事象がどこに位置づけられているか」に着目した。さらに、学習者が語るそれぞれの出来事について、「相互作用」、「置かれる場」、「時間的な概念の連続体」[63] という３つの側面に注意を払うことで、出来事を詳細かつ統合的に理解しようとした。そうすることで、学習成功者がいつ、どのように、誰と関わり、どんな学習環境を選択的に整備し自己調整学習を実践しているのか考察しようとした。そして、３つ

62）高橋（1998）、Creswell（1998）

63）Clandinin & Connelly（1990; 2000）

の分析単位について、トラジェクトリに含まれる複数の出来事や学習行動から吸い上げられる抽象化概念をカテゴリー化した。また、分析は、収集したデータを複合的に構成したトラジェクトリを中心に行う一方で、筆者のメモ（面接中に気づいた点を記したメモ）、音声データ、フィードバック、必要に応じて行ったメールや電話での追調査など生のデータに立ち返り、これらの間を行き来して分析をすすめた。また、トラジェクトリが含む重要な概念である、参加の軌道を明らかにするために、各協力者のトラジェクトリを通して、どのような学習の機会が与えられ、どのような場面に学習に参加をしていたかを概観する表[64]を第3章で示した。

　これらの手順で明らかになった個々の学習者の自己調整学習の様相に関する分析結果にもとづき、考察では、「学習成功者はなぜ、どのように成功したのか」について議論する。本研究の分析単位である、自己調整学習方略、自己効力感、目的への関与という3つの観点から、自己調整学習方略が他の要因との関連の中で学習成功をどのように導くのかに着目した。そして、どのように自己調整を行うことで学習の継続が可能になっているのを3名の個別のトラジェクトリについて観察し、また事例ごとの共通点を探る。

〈各事例の提示の仕方〉

　第3章では、3名の協力者の事例を次の3段階で提示している。

1）　協力者の属性
2）　学習経験トラジェクトリの提示
3）　英語学習機会を時系列に紹介

　まず、筆者が協力者と知り合ったきっかけ、協力者の基本的な属性について紹介した。また、彼らがインタビューの場でどのように振る舞い、インタ

64）ケン、ゆり、学のそれぞれについて、表題「ケンの / ゆりの / 学のトラジェクトリで観察された英語学習機会」を作成。

ビューの雰囲気や様子、筆者が彼らからどのような印象を受けたかを述べる
ことによって、調査者のみが知り得るデータには反映されない協力者に関す
る情報を本書の読者と共有することができると考えた。次に、本研究の中心
となるトラジェクトリを紹介した。トラジェクトリは、数回のインタビュー
調査の中で収集されたマインドマップ、録音データ、文字化データ、調査時
のメモ、電話やEメールでのやり取り、協力者のフィードバックにもとづ
いて作成したものである。最後に、トラジェクトリの分析では、観察された
英語学習機会を時系列にまとめた表を提示した。そしてトラジェクトリや表
を利用して、3つの分析単位「自己調整学習方略」「自己効力感」「目標への
関与」からの分析をすすめた。「自己調整学習方略」については、自己調整
する力の発達を表したグラフを用いて、特に発達が大きく見られる時期にど
のような自己調整学習方略の使用されているのが分析した。「自己効力感」
は、その高まりや変化、文脈や状況に極めて依存しているため、学習環境に
おける特異的な状況や場面、また課題や活動に関して、学習者本人が自己効
力感を感じていたかどうか（問題を解決できる、あるいは対処する自信があると
感じる）は異なる。したがって、各協力者のトラジェクトリと本人の評価に
基づいて自己効力感の変化を4つのレベル（4. できる＞3. できるかもしれな
い＞2. できないかもしれない＞1. できない）で示すことで分析を行った。「目
標への関与」については、各協力者がどのような目標をどのように設定して
いるかに注目した。自己調整学習方略と目標への関与については、調査で語
られた協力者の声をできる限り忠実に表に転写した。自己効力感について
は、協力者自身に、文脈や状況においてその時に感じていた自己効力感を時
系列に1〜4のレベルで紙面に回答してもらい、それにもとづいて表を作成
した（巻末付録参照）。

　続く第4章では、各協力者の事例について詳細に分析した結果にもとづ
き、学習成功者の自己調整学習の様相を議論する。また、個別の事例で作成
した表を統合してみることで、共通点を探ろうとする。

第 **3** 章

事 例 研 究

1 | 「イベント型学習」のケン

(1) 人物紹介

　現在 22 歳のケンは R 大学の工学部の 4 年生であり、調査協力者の中で最も最年少である。ケンの家族は父親の仕事の都合で、ケンの姉の恭子が 4 歳までアメリカで過ごした。その後、帰国して 1 年後に生まれたケンは海外に滞在した経験はない。しかしながら、調査協力者の中で英語母語話者を含め非日本語母語話者の友人が最も多く、親密度も深い。その多くは大学のキャンパス内で出会う留学生である。

　調査を行った 2009 年の 1 年間、ケンは毎日研究室の実験と英語関連の行事で忙しく過ごしていた。調査協力に関しては興味を持って積極的に調査に協力してくれたが、調査の後も用事があるということで忙しく去っていった。二度目の調査後には、留学生の友人たちとのたこ焼きパーティーに筆者を招待してくれるなど、非常に外向的で大人数での交流を楽しむ性格であることも窺われた。インタビューの中で語られるように、ケンは大学入学後、キャンパス内で英語に触れられる環境を最大限に利用していることが分かる。そして、日本人の友人から「ケンの英語はすごい」と認識されていることを素直に受け入れ、「(自分は) 英語が得意である」と認識していることが伝わってきた。調査の頃、ケンは R 大学卒業後のアメリカ留学を希望しており、入学許可と奨学金をもらうために TOEFL の高得点を取得することを目標に、キャンパス内での留学生たちとの付き合いから英語を学習するだけでなく、授業外の空き時間を全て英語の学習に充てていた。インタビューの日にも、いつも持ち歩いているという自作の英単語カードを見せてくれた。

　ケンの調査は本人の予定と希望によって、大学のキャンパスにあるカフェテリアで実施した。ユーモアを交えてコロコロと軽快に話が展開し、相手を楽しませるのが上手いという印象を受けた。

表6　ケンのプロフィール概要

性別（年齢）	男性（22）
英語学習開始時の年齢	5歳
英語学習期間	12年
主な英語学習方法	映画、教会の英会話クラス、TOEFLの勉強　留学生や日本に滞在している外国人との交流
大学学部の専攻	工学部
海外旅行・滞在経験	なし
英語以外の言語学習経験	なし

（2）　ケンのトラジェクトリ

〈小学校時代〉

　ケンの両親は、ケンの姉の恭子が幼少期の4年間アメリカで過ごしたこともあり、恭子とケンの英語教育には積極的だった。恭子が10歳、ケンが5歳の頃、両親は英語学習のためのカセットテープを購入した。ケンの家族は週末や長期休暇には家族で出かけることが多く、両親はその際に必ずと言ってよいほど、車内で子どもたちにテープを聞かせていた。恭子はちょうどその頃から中学で英語を勉強し始めていたため、テープの後に続いて上手に声に出していた。ケンは姉のように上手に繰り返すことはできず、姉の真似をすることで、姉にも両親にも褒められていた。ケンにとっては、褒められることがなによりも嬉しく、テープを反復して聴く行為そのものも楽しい思い出として記憶に残っている。5歳の頃に英語に触れ始めたとはいえ、ケンはこの学習活動を自身の英語学習活動としてほとんど評価することはなく、あまりテープの内容についても具体的に覚えていない。

〈中学時代〉

　ケンは中学に入ってからの英語学習についてより具体的に話しはじめた。英語は好きでも嫌いでもなかった。しかし、姉は英語の成績がよかっただけでなく発音もよかったため、姉のようには英語ができないことにコンプレッ

第 3 章　事例研究

クスを持っていた。また、英語にかかわらず成績がよい姉に対し、ケンは学校の勉強が嫌いで、学業優秀な学生ではなかった。サッカー部に所属していたケンは放課後の部活や昼休みに友達とグラウンドで遊ぶのを日課としていた。試験の前には、クラスメートと同じように勉強はしたが、どの科目もきちんと理解して知識を定着させるというより、丸暗記して試験に臨み試験が終われば忘れてしまった。ケンはその頃の英語学習についてこのように述べている。

> 正直、試験で赤点を取らなかったらそれでいいと思ってて。だから、あんまり授業は聞いてなかった。先生が席順に当てていくから自分が当てられる所だけは準備したりとか。…英単語も歴史の年号も、なんとか一夜漬けで脈絡もないような無茶苦茶な詰め込みの暗記して。だから、苦労して覚えても、定着しなくて、すぐ忘れて。だから、中間とか期末（試験）では点が取れても、範囲関係ない実力試験とかになると、全然ダメ。

ケンは中学 2 年生に上がるまで、どの科目も学年平均以下の成績だった。成績を心配した母親の勧めで、知り合いが経営する近所の個人塾に通うことになった。塾では数学と英語の 2 科目を勉強した。学校の勉強と連携した授業ではなく、市販の問題集を使って問題を解いていくというものだった。学校でも塾でも毎週、単語と文法問題の小テストがあり、周りの友達が勉強するためケンも勉強した。ケンが入学した中学では卒業までに英検 2 級の取得を目指すということが英語科の目標になっていた。ケンにとって英検は苦手な実力問題そのものであった。しかし、中学 3 年生の頃、英語と数学に関しては平均点が取れるようになっていた。ケンはこれを塾のおかげだと考えている。塾は少人数制で先生が厳しかったため勉強したが、学校では最低限のことしかせず、授業はほとんど聞いていなかった。中学 3 年の初めに、学校で仲の良い友達 2 人が英検 2 級に合格したこともケンの学習動機となり、ケンは学校でも塾でも少し真面目に英語の勉強をするようになったことを自覚している。友達の成績がいつも学年で上位であったことはケンの学習動機と

81

なっていた。特にそのうちの1人は同じサッカー部であり、部活だけが学業を疎かにする理由にはならないことをケンは多少なりとも自覚していた。この頃の自分の勉強の仕方について、自分なりに葛藤があったことを次のように述べている。

英語って暗記だと思ってたんです。他にどういう風に勉強したらいいかわからなかった。だから何回も繰り返して問題集をして、答えを覚えてしまうんだけど、ちょっとでも問題が変わるといきなりわからなくなる。基本的なルールをまず押さえるっていうのを飛ばして、いきなり問題の暗記をしてしまってて。自分としては勉強頑張ってるのに点数取れない、みたいな感じで。記憶に残る暗記の仕方じゃなくて、その場しのぎの暗記しかしていない気がしてて、自分の勉強の仕方が嫌でした。

中学3年生になると、ケンの英語の成績は学年平均だった。ケンは高校受験をせず、付属の高校に進学し、高校に入って間もなく2級を取得した頃を思い出して次のように述べた。

2級は取れたけど、別にできるようになってきた実感は全然なかった。文法もリスニングもスピーキングもリーディングも、とにかくどれも自信が持てるほど良くなかった。長文はずっと苦手なままで。高校に入ってますます長文が長文になって、授業で説明されたらわかる気がするけど、最初から自分では読めなかった。でも、なんとなく高校で成績が上がったのは、できる奴と一緒にいたからだと思う。いつどうやって勉強してるのかとか、ノートの書き方とか教科書の線の引き方とか、真似して。仲のいい奴とめっちゃ差があるのはやっぱり嫌で。友達がよかったんだと思う。一緒に過ごす時間が多いと、こんなもんなんかな〜と思って自分も勉強するようになって、いい影響になってたと思う。

このように中学から高校に進学する移行期間で、ケンは自分の勉強の仕方には不安を持っており、自分より成績のいい友人から勉強の仕方を吸収しよ

うとしていた。あまり勉強が好きでなかったケンを学習に向かわせた動機は、当時仲の良かった友人の影響であった。こうした動機に加えて、仲のよい友人に置いていかれることは受け入れられないケンの性格が学習行動に結びついたようである。ケンは成績が良かった友人の学習のすすめ方を観察して、一緒に時間を過ごすなかで模倣し、徐々に勉強の習慣がついていったことが窺われる。

〈高校時代〉

ケンの高校は入学と同時に進路選択をしなければならない進学校だった。文系コース選択者の多くは女子で、同じ高校を卒業した姉も文系を取っていたため、文系を女子の選択コースだと考えていたケンは理系コースを選択した。その結果、必修科目が増え苦労することになった。ケンは、勉強はそれほど嫌いではなかったが、高校の授業は嫌いだったと述べている。英語だけでなく、多くの科目においてケンの学習を支えたのは、医学部を目指していたケンの友人であった。

> 友達と点数を競ったりとか、勉強するのは嫌じゃなかったけど、授業はだるかった。中学と比べたら、点数が取れるようになって、やったらその分結果が自分に返ってきてた。じゃないと、頑張り甲斐がなかったと思う。やっぱり、自分にとっては、友達が医学部目指して、できる奴だったから。そいつが一番仲のいい友達として、身近にいたのはやっぱり影響、いい影響になった。

高校2年生になる頃には、学校は受験対策の体制に入っていた。進学校に通っていたケンは、当然みんな大学に進学するものだと思っていた。そのため、授業が受験対策中心になることに不満はあっても、それは仕方のないことなのだろうと思っていた。

> 高校が進学校だったんです。でも、他の高校のこととか知らないし、そんなもんだと思って、大学に行かない選択肢は自分になくて、大学行けないとかあり得な

いと思ってて。だから受験勉強するのは当たり前と思って、勉強した。

　受験勉強に対するそうした認識のために、進学校の他の友達と足並みをそろえた学習をした。英語にかかわらず、ケンがこの時期他の科目の学習に取り組んだ理由は大学受験に合格するためであった。ケンは、中学の時とは違う大手進学塾に通いはじめ、そこで出された宿題や授業のための予習、学校の課題など、言われたことをできるだけその通りにやった。塾で勧められた参考書があればそれを購入し、模試の結果が返ってくると弱点を克服するために、何をどのように勉強すればよいか、塾の先生や学校の先生に聞いた。こうしたケンの行動や態度から、学校でも塾でも先生との良い関係が築かれており、また先生からのアドバイスを信頼して取り入れていたことがわかる。

　　自分で計画立てて勉強するとか…あんまりやってきてないです。学校で、この時
　　期までにここまで終わらせなさいとか、塾でもこれをとにかく夏までに仕上げ
　　る、みたいなことを言われるから、その通りにやりました。自分の弱点が何で、
　　今の自分が何したらいいかっていうのは、先生に聞くのが早いと思って。どっち
　　かっていうと、期限までにこれしなさい、じゃあその次はこれ、みたいな方がや
　　る気になる性格なんです。成績を見せたがらない人もいるけど、成績を早く伸ば
　　したり効率よく勉強するためには、見せて、何か言ってもらった方がいいと思っ
　　てたんで。

　このように学習の計画に関して他律的であり、信頼する先生の存在が大きかったことが窺える。そして、先生の指導通りに学習を実行することを当然のこととして受け入れていた理由について、ケンはサッカー部の経験に触れて説明した。

　　サッカー部がそうだったんで。部活より勉強っていう雰囲気の学校だったから、
　　部活漬けみたいな生活には全くならなかったけど。でも部活中は、コーチが厳し
　　かった。他の部活の顧問より体育系質が強くて、言われたことをするっていうの

第3章 事例研究

が普通。単純というか素直というか。まあ、逆に言われないとしないんだけど、言われたら、しなきゃって、真面目にやってました。

　そして、ケンは大学受験の勉強に高校2年から真剣にとりかかり、R大学工学部への進学を第一希望とした。先生との関係が他の学生と比べて強いということを除くと、大学進学を目指して受験勉強をしていた点では、日本の多くの高校生と変わりないように思われる。英語学習は、塾と学校で、市販の英単語帳と文法問題集、英文精読のための英文法参考書、何冊もの長文問題集と過去の入試問題を使って勉強していた。

　　受験勉強がいずれ終わるってことが想像できない毎日でした。とにかく毎日勉強
　　してました。今またあの生活をするのは絶対無理。やっぱり、好きとか嫌いとか
　　楽しいとかじゃなくて、その時はそれが当たり前と思って逃げないでその時期を
　　切り抜けるっていうのが力になってたんだと思う。

　大学受験を迎えるまでケンが自ら計画を立てて学習をすすめる様子は見られず、大学受験に合格するしか道はないという脅迫的な観念が約2年間の受験勉強の継続を可能にした。先生に指導される通りの勉強をして結果が伴うと、ケンの先生の指導に対する信頼は一層深まった。このように、高校3年間を通して、学習への取り組みは一貫して他律的であり、ケンの学習の進行は信頼する誰かにモニターされていたことが窺える。また、これまでの英語学習への取り組み方が、他の科目と一律であることを考慮すれば、ケンにとって英語が特別な科目ではなかったこともわかる。

〈大学入学〉

　ケンは、第一希望のR大学工学部に入学することができ、受験勉強という勉強期間から解放された。工学部のケンは一般教養課程の英語の授業を大学の1年生と2年生で履修した。受験勉強に比べると、授業は易しく、毎回出席すれば単位が取れる授業だった。週に2回、リーディングとライティン

85

グの授業があり、高校の授業と変わらない形式だったが、ケンはライティングの授業は好きだった。これまでライティングに力を入れて勉強したことはなかったが、自分で知っている単語を実際に使って英作文以上の長いエッセイを書いて、それを評価してもらえるのは嬉しかった。しかし、こうした英語の授業はケンの英語に対する態度を劇的に変えるものではなかったようである。

　　　授業は普通です。嫌いじゃない。与えられたものをするっていうのに慣れてたし、与えられる量が半端ないっていうのにも慣れてたから、逆に、自由に何かするみたいな大学の授業はラクだし、楽しいかもしれないけど、はっきり、何をしたらいか言ってくれた方がいいと思いました。

　ケンはが英語に接触する他の機会は大学の授業以外にあった。学籍番号が近く、共通の必修科目が多い友人リョウ（仮名）とは入学後すぐに仲良くなり一緒に過ごすことが多かった。リョウは映画鑑賞が趣味であり、洋画も邦画もよく見た。ケンはこれまで夕方テレビで放映されるロードショーをたまに見ることがあったが、それらは日本語音声に吹き替えられたものだった。ケンが自分で DVD を借りて映画を見ようと思ったことはそれまでほとんどなく、ましてや映画館に行くのは半年に一度アクション映画を見る程度で、字幕よりは吹き替え版を好んで観ていた。ケンはリョウの家に集まって飲み会やテレビゲーム、映画鑑賞をするようになると、映画を見る頻度が増えていった。映画鑑賞が趣味のリョウは吹き替えで洋画を観なかった。ケンにとって、原語で映画を観ることは不便にさえ思えた。

　　　え、英語で観るの？　って。だって、吹き替えだったら、なんか食べながらとか、何かしながらでもわかるじゃないですか。でも、英語だったら、ずっとテレビ観て字幕を追ってないとダメじゃないですか。中学、高校で英語勉強してても、それと実際の英語は違ってて、実際に映画の英語が自分にわかるとか、そんなん思ったこともなかったし。

第3章　事例研究

　そして、このような日本の英語教育で習得する英語能力の限界に対する信念の根拠として、ケンは英語が得意な姉の存在について言及した。

　　姉は英語が得意で、発音もいい。子どものときにアメリカにいたからだって思ってました。多分、帰国してから努力したんだと思うけど、やっぱり日本で勉強するだけなのとは違うんやろな～って思ってました。学校で勉強するだけじゃ、うまく話したりとかはできるようにならないって。姉が英語できることが逆に自分には無理って思う原因になってたんだと思う。

　このように英語に関して英語が得意な姉を持つことでコンプレックスを感じてきたケンにとって、海外に行ったことのないリョウが映画を英語使われている英語を理解しようとしていることは、新しい発想だった。ある時、リョウが何度も観たことがある映画を一緒に観ている時に、字幕がなくてもわかるのかと尋ねてみると、リョウは「なんとなく」と答えた。ケンには「なんとなく」わかることがかっこ良く思えた。リョウにDVDを借りて自分も家で何度も観てみたことについて述べた。

　　3、4回観たら、「なんとなく」わかる気もしたけど、内容を覚えてるからだろうし、「なんとなく」わかるの「なんとなく」がわからないと思った。映像があるし、話しの流れがわかってるからわかるんだろうしって思うと、結局「なんとなく」すら台詞はわかってないような気もして。でも、何回か観た映画をかけてる時に、後ろ向いて（テレビ画面が見えない状態で）何か違うことしてたんですよ。画面観てないのに、そこの場面で何が起こってるかが英語を聞くだけでわかって。映画で英語勉強っていうのもありだなって、ちょっとわかった気がしたんです。

　このことがきっかけで、ケンは、映画を利用した英語学習をするようになった。また、入学してしばらくすると、工学部の留学生のティム（仮名）との交流がはじまった。ティムはベトナムからの1年間の交換留学生だった。工学部の必修科目でケンとリョウは、ティムと同じクラスだった。最初

87

のうちは話すことはあまりなかったが、授業中に同じグループに分けられて活動をしたことから話す機会が増えていった。ちょうどその頃についてこのように述べている。

> 自分のことは棚に上げますけど、ティムの英語（ベトナム語アクセントのある英語）は本当に何を言ってるのか、正直わからなかった。でも、英語ネイティブじゃない者同士だから、逆に英語勉強してる者同士だから難しすぎる表現は使わなくて、お互いに通じたんだと思う。

ティムと話すようになったことは、英語を初めて「使う」経験となった。そして、相手が英語母語話者ではなく、同じく英語学習者であることからケンはいくつか大切なことに気がついた。1つ目は、母語が異なる非英語母語話者である自分とティムがコミュニケーションを取る手段は英語であること。2つ目は、学習によって習得した英語は実際にコミュニケーションの手段として使用できること。3つ目は、日本の英語教育は他の EFL 環境の国の英語教育に劣っていないということである。日本語がまだ流暢に話せないティムには日本人の友達より、留学生の友達が多かった。休み時間にキャンパス内でティムが他の学部の留学生と立ち話をするのを見かけたことが何度かあった。ケンはその中の1人の女性のことが、一目見た時から気になっていた。アメリカ人留学生で法学部に在籍しているリンダ（仮名）だった。その後もたびたびキャンパス内でティムを通してリンダに会う機会はあったが、それ以外の接点はなく挨拶をする程度だった。ケンはティムに頼んで留学生の集まりに参加させてもらった。そこでリンダが R 大学の ESS サークルに参加しているとわかると、自分も ESS サークルに入った。ケンが ESS に入ることはリンダの存在なくして起こりえなかったことが次の発話からもわかる。

> 友達になりたかったというか、あんな彼女がいたらいいなあと思って。（リンダのことを）全然知らなかったから、少しでも知りたくて。（ESS の）活動の中で、

第3章　事例研究

自然な感じで話せたから自然に距離が縮まってよかったんだと思う。それがない
と、知り合うきっかけもない相手だったし。

　ESS では、次第にリンダ以外の留学生や先輩たちに次第に馴染んでいっ
た。活動は休むことなく参加し楽しかったが、あまり積極的に何かを提案す
ることはなかったようである。ケンは他のメンバーと比べて英語能力に秀で
ているわけではなかった。メンバーと打ち解けていくうちに、英語を使って
活動をする恥ずかしさは消えていった。また、滑稽な表現や表現の間違いが
みんなにウケて、その場が和むことの方が嬉しかった。ケンは活動後にはみ
んなで夕食を食べにいくことを提案し、人数を集め、店を決めるなど率先し
て行動していたことから、ESS の中でムードメーカーとなっていたと思わ
れる。活動は週に 2 回だけだったが、ケンはキャンパス内で留学生の友達に
会うと一緒に過ごすこともあった。スラスラとは英語を話せなかったが、一
緒にいる日本人の友達は、ケンに外国人の友達が多いことやリンダと親しそ
うに話す様子を見てケンの英語能力には一目置いていたようである。ケンは
このときの状況を次のように話している。

　　友達は、留学生の友達がいることがすごい、みたいな奴が多かったから。普通に
　　大学内で会った時に話すと「すげーな、お前」って思われてました。あと、友達
　　がリンダのことを可愛いって言うのも、嬉しかった。みんなが憧れるような子と
　　友達、みたいな。

　ESS の活動をはじめて 1 年近く経つ頃には、英語を使うこと、間違って
も話をすすめていくこと、そして辞書に頼らず自分が伝えたいことを英語で
表現することに慣れた。ある時、キャンパス内の留学生たちと ESS のメン
バーで交流会が行われた。これは留学生たちが提案したもので、その後、月
に 2 回、希望者が参加する形で継続的に行われた。この交流会を通して、ケ
ンは ESS に参加していない留学生たちとも知り合うことになった。ケンは
この頃に友人関係についてこのように述べている。

89

日本人と留学生の友達の数が同じくらいになってました。日本人は ESS つながりか、学部の友達で、決まったメンバーだけど、留学生の友達は、友達の友達、またその友達みたいに、どんどん広がっていった。しかも、イベントとか何かを一緒にする場で知り合うことが多かったから、打ち解けやすかったと思う。あと、（交流会の場で）知ってる人が増えるほど、楽しくなった。多分、共通の何か話題とかネタが増えていったんだと思う。初めて来る人（留学生）がいたら、自分から話しかけに行く余裕があったとは思う。英語が上達してるかはわからなかったけど、その場で自分が話すことが多くなっていった。その場に馴染む、自分にとって話しやすい場になる、口数も増える、フィードバックも多くなる、確かに、なんとなく上達してた？　そんな感じに思う。

　ケンはリンダに会うために交流会に行っていたが、徐々にその場に友達が増えたことで参加する楽しさから足を運ぶようになった。ケンはコミュニケーションの場で英語を使うことを通して、フィードバックをもらうことで自分が英語で言えることと言えないことの差に気づくようになり、英語を上達させたいという気持ちはさらに強くなった。自己紹介など、自分のことについて語ることは新しい人に出会うたびに何度も繰り返してきたため、問題なくできるようになっていた。しかし、英語母語話者の留学生同士が笑いながら話をする中に入っていくことはできなかった。知っている話題には参加することができたが、難しい話になると、対等に話をすることはできなかった。以前は、簡単な話題を英語ですすめていくことにやりがいがあったが、そうした話題は自分が本来話したい内容でもない気がしてきた。それよりは、ケンは海外の授業の様子、大学生の生活は同じなのか、彼女との遠距離恋愛は大変ではないのか、昨日○○（テレビ番組）を観たかなど日本人の友達と話すような話がしたかった。また、日本人の同世代があまり話題にしないような政治や時事問題について話をしている留学生たちの輪に自分が入ることにも憧れた。そして、ことばが壁になって話題を選択する自分の英語能力が悲しく思えてきた。こうした自身の能力への不満から、自分が話したい話題を英語で話せるようになるために、何が必要なのかについて考えるよう

になった。

> 誰とでも話したいことを話せるようになりたいと思った。誰とでも話せるには話せたけど、個人的にもう一歩踏み込んだ話というか、内容的に入り込んだことを話せるようになりたいって思った。だけど、留学生達の話を聞いてて、足りないのは英語能力だけじゃないと思った。政治学部じゃなかったら政治に興味なくてもいいと思ってたし、文学部じゃなかったら安部公房とかカフカとか読んだことなくていいと思ってたけど、ほとんどの留学生が、専門じゃないことについてもちゃんと話ができるんですよ。意見を持ってるというか…。だから、自分が英語を話せるようになっても、そういう話題について自分に知識がないとチャンスはあっても結局対等には話せないってわかったんです。

　ケンは、このように述べ、実際に自分の専門とは異なる様々な分野の英文に触れるようになった。雑誌やインターネットの短いものもあれば、本に取り組むこともあった。書いてある内容がわからなければ、日本語でその話題に関する知識を学習してから再度英語で読んだ。ESS の活動や交流会で英語を使用する機会は、英語を上達させたいという気持ちを高め、日々の学習を継続する原動力になった。また、特に交流会での使用場面において、困難に直面することを通して、自分がどのような英語能力を目指しているのかが明確になっていることが窺われた。

> （交流会には）いろんな学部の人がいて、みんなそれぞれ興味があること違うんだけど、誰とでもかっこ良く話したいと思った。たとえば、相手の専門について自分も少しは意見が言えるとか。表面的なこととか、立ち話レベルの簡単な話じゃなくて。だから、自分が楽しいとか、今まで日本語でも読むことなかった分野の本、法律とか、芸術とか歴史とかそんなのも、とにかく、何でもいいからいろんな英語を読むようにしました。学習者向けじゃない英文って、実際よく使われるのに習わない表現がいっぱいで難しい。でも、途中であきらめないようにしました。自分にとっては楽しんで読むんじゃなくて、勉強のためだと思ってたか

91

ら、逆に続いたのかもしれない。

　こうした多様な分野の英語への取り組みから、ケンが英語に触れる媒体を
楽しみながら活用するのではなく、学習と割り切っていたことがわかる。そ
して、ケンが専門外ながら英語をこれほどまで熱心に勉強するようになった
のには、英語学習のための目標意識が定まったからであると言える。ケン
は、いろいろな話題について自由に議論できるような英語能力の習得を目標
とした。

　　ディスカッションとか、日本人の友達と一緒だとできないじゃないですか。何に
　　対しても、みんなが意見を言ったり、反応があったりするのが、自分の性格に
　　合ってる気がした。授業でもそんな感じなんだろうな〜って思ったら、ほんと留
　　学したいと思った。

　さらに、留学生との交流を通して海外での学生生活に憧れ、自分の将来の
計画の中に留学を位置づけるようになったことで、英語学習の目標は、R 大
学卒業後に海外の大学院に進学することになった。
　また、ケンは 2 年生から英語弁論大会の出場にも挑戦している。ケンは与
えられたテーマについて自分で作った原稿を作成し、留学生の友人に文や表
現の訂正、発音やジェスチャーの指導を頼んだ。ケンは練習に付き合ってく
れる代わりに友達にご飯をおごるなどして、スピーチの練習をした。ケンに
とって、弁論大会のための練習で留学生と過ごす時間は、英語を使用する機
会にもなっていった。さらに、弁論大会と並行して、留学に向けて TOEFL
受験のための勉強をするようになった。ケンにとって、TOEFL の受験費用
が高額であったことも、きちんと対策を立てて準備をすることにつながっ
た。ESS の活動、交流会、留学生たちとの付き合い、英語弁論大会の準備
や練習、英語で本や雑誌を読むことに加え、TOEFL 対策が同時に進行して
いたことを考えると、この頃、ケンが英語学習に費やす時間は相当多かった
と思われる。そして、それらは周りから自然に与えられたものではなく、ケ

ンができる限り英語を話す機会をつくることに努めていたからこそ得られた
ものであると言える。そして、その機会をきっかけにその後も人間関係が継
続していくための努力をしていることが窺われる。

　　自分で機会をつくるように心がければ機会はいくらでもあるんですよ。日本にい
　　たら、全然英語を使う機会がないとか言う人もいるけど、僕はバスの中とかでも、
　　留学生がいたら知らない相手でも話して友達になるようにしてました。普通に毎
　　日外国人って通り過ぎるじゃないですか。電車でもバスでも道端でもどこでも。
　　話しかけたらいいんですよ。教会が主催する英会話の教室とかあるでしょ。あれ
　　も僕何回かですけど、行ってました。まあ確かに留学に比べたら、少ないけど、
　　できるだけ話す機会を作ろうってしてました。それで、話してて、面白いやつや
　　なって思われるというか興味持ってもらえるかなんです。話してお互いにこいつ
　　面白いと思ったら、その場限りじゃなくて、その後も関係が継続していくんで。
　　そのためには、いろんなネタ持ってるかどうかなんですよ。何か聞かれた時に、
　　パッと自分の考えを言えるようにいろんなことについて興味をもって、話題の引
　　き出しをいっぱい作っとく。

　ケンは英語を使うための機会を作ることに加え、TOEFL 対策のために、
自作の英単語カードを作っていた。単語帳カードの束が何十冊にもなり、覚
えた単語のカードは抜いていき、まだ覚えていないものをセットにして持ち
歩くようにした。以前は自転車通学をしていたが、カードを見ながら 40 分
間徒歩で登校するようになった。こうした学習をケンは 1 年間続けた。友達
には「変だ」と言われることも「すごい」と言われることもあったが、留学
を目標に、TOEFL 受験のための勉強を集中的にした。
　3 年生の頃、留学生寮に住んでいる留学生の 1 人から、寮生の世話係（日
本人）を募集していることを聞いた。ケンは自宅から通っていたが、留学生
寮に自分も住んで世話係をするのは楽しそうだと思い、応募することにし
た。そして、世話係としての 1 年間の生活について次のように話した。

93

授業がなくて一日寮にいる日とかあったら、日本語を話すことがないんですよ。
　　自然と英語漬けに自然になって。日本じゃない感じでした。週末は飲み会ばっか
　　りですよ。あれはめっちゃ楽しい。毎日普通の生活が本当に英語でした。

　ケンは1年間の寮の世話係を終え、現在はまた自宅から通っている。英語
学習は留学先で英語に不自由することがないように現在も続けているが、イ
ンタビューの3ヵ月前の受験（TOEFL iBT[65]）では、すでに98点を取得して
いる。また、2009年に受けた二度目の TOEIC の試験では970点を取って
いる。ケンは今も留学生の友人が多く、日本人の友達からは「ケンの英語は
日本人じゃない」と言われるほど、周りから見て留学生との会話に馴染んで
いるようである。

(3)　努力継続型のトラジェクトリ

　トラジェクトリをもとに、ケンのこれまでの英語学習経験において英語学
習機会となったもの、あるいは場面、人物を時系列にまとめた（図7）。横軸
は年齢、縦軸は過去から現在にいたる時間軸をあらわすことでそれぞれの学
習機会に出会う順を示している。図中の斜線枠は、日本人英語学習者が共通
に英語学習の機会として経験するもの、白枠は、ケンのトラジェクトリに特
有なものを示している。たとえば、5歳頃に両親が購入した英語学習教材
テープ、映画の活用、大学の ESS、多分野の英文雑誌や本の活用、留学生
の友人との付き合いや、留学生寮の世話係などは、またなぜどのようにそれ
らが起こったかはケンの英語学習の文脈に特有である。図7から、ケンの英
語学習機会は、幼少期の英語学習教材テープ以外、大学に入学する18歳ま
で多くの日本人英語学習者と変わらないことがわかる。また、英語学習の機

65）Reading、Listening、Speaking、Writing の4パートに分かれ、各30点満点、計
　　120点満点で採点される。ケンが希望していた大学院では90点を入学最低必要条件
　　としていた。

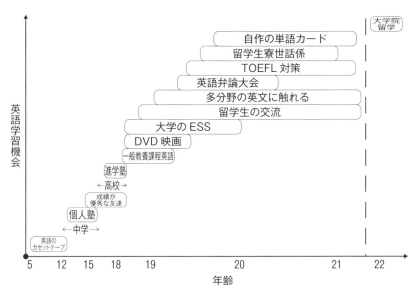

図7　ケンのトラジェクトリで観察された英語学習機会

会が中学、高校、成績優秀な友達、塾であることから英語学習に対する態度は他律的であると言える。一方、大学入学後は白枠で示している英語学習機会が大幅に増えており、様々な活動を通して英語に積極的に触れていることがわかる。その中でも、英語を特別な学習対象と見なしていなかったケンを英語学習に向かわせたのは、アメリカ人留学生のリンダであった。リンダとの接点を求めて入部したESSの活動やそこから広がった留学生との交流会を通して、英語を上達させたいという気持ちが高まり、さらに英語の学習機会が増えた。また、留学生との交流から、留学に憧れ、海外の大学院進学を将来の目標として設定することで、英語学習のために自律的に取り組むようになり、英語弁論大会や多分野の英文に触れるなど英語学習機会を自ら積極的に増やすようになった。ケンのトラジェクトリには、英語学習として位置づけられるものと並行して、留学生との交流や留学生寮の世話係などの機会を得ることで、英語学習を動機づけたり、楽しいと感じる様々な形態の英語学習機会が起こっていることがわかる。

(4) ケンの学習のポイント

　図8は、ケンのトラジェクトリをもとに「自己調整する力の変化と発達」「自己効力感の変化」「目標設定」を図示している。自己調整する力の変化と発達は点線、自己効力感の変化は実線、目標設定は図中のその時期に示した。自己調整する力の発達を表したグラフの中で、特に発達が大きく見られる時期、あるいは発達の面で特徴的な時期にどのような自己調整学習方略の使用が見られるかに注目する。自己調整する力の発達の尺度として、Zimmerman & Schunk（2001）が示す自己調整する力の発達の4つのレベル（表1参照）を用いる。図8から、ケンの自己調整する力は、中学・高校時代は観察的/模倣的レベルであり、大学入学以降は自己制御/調整されたレベルに発達している。すなわち、中学・高校時代は自己調整学習行動の影響源は他者であり、大学入学後にケン自身を影響源として発達している。自律的

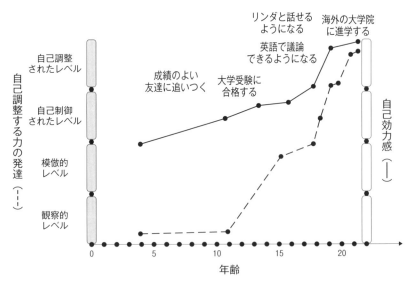

図8　ケンの自己調整する力の変化と発達・自己効力感の変化・目標設定

な学習者へ移行していく際の自己調整学習方略の使用について詳しく分析するために、以下では〈信頼する人物の誘導による学習モデルの形成〉と〈メタ認知的アプローチ〉の2つの観点から述べる。

信頼する他者による学習モデルの形成

（学習初期／中期：5〜18歳）

　ケンは5歳の頃から両親に与えられた英語学習教材の英語カセットテープを聞いていたが、あまり楽しい思い出として語られることはなく、ケンが自らテープを聞きたがるという行動は観察されなかった。姉や両親に褒められたいという気持ちから発音のよい姉の真似をして英語を発音するが、幼少期にアメリカで過ごした発音のよい姉の存在がかえってコンプレックスとなっていたことも学習中期の発話から窺われた。このことから、ケンにとって、幼少期に周囲から与えられた英語学習の機会は自己調整する力の発達には結びつくものではなかったと考えられる。

　ケンの自己調整する力は中学入学以降に発達している。中学・高校時代は、塾では苦手な分野を克服するための学習への取り組み方を信頼する先生に教わったり、成績優秀な友達の学習の仕方を真似している。「成績を早く伸ばしたり効率よく勉強したりするためには、見せて、何か言ってもらった方がいい」と述べていることから、ケンにとって効果的な学習のためには先生の存在が必要であったことがわかる。先生はケンにとって信頼する人物であり、彼らに学習を誘導されることで学習成果が上がると、ますます信頼は深まった。そして、大学受験対策が本格化すると、塾や学校の先生に対して指導やアドバイスを積極的に求めるようになった。また、こうしたケンの学習のすすめ方の背景には、サッカー部で顧問の指示に従うことが身に付いていたことがあり、学習においても信頼する人物の指導に従うという認識が当然のこととしてあったようである。以上より、ケンの自己調整する力は、指導やアドバイスを取り込み、実践を他者にモニターされ、学習モデルを形成

することで発達していったと言える。

メタ認知的アプローチ

（学習後期：18〜22 歳）

　ケンの自己調整する力は、大学入学を期に影響源が学習者自身の側に移っている。映画好きな友人に習い、自宅でも字幕を使った英語学習を実践し、学習が他者にモニターされることはなく、独立して行われるようになった。また、留学生リンダとの接点を求めて参加しはじめた ESS や留学生との交流会を通して、英語能力を高めるための積極的な学習実践が観察された。さらに、「留学生たちと話したい」という願望は、彼らとの親密さが深まると、もっと深い内容について、「かっこよく話したい」という目標に変わっていった。その結果、交流会や ESS を通した楽しい学習と並行して、本や雑誌などの多分野の英文を意識的に読んでいる。それらは娯楽目的の読書ではなく、交流会でかっこよく話したいという目標達成のため、また、将来留学するために必要な英語能力を高めるという目標達成のためでもあった。このようにケンの英語学習には楽しい学習と、目標達成のための一環であると割り切った学習の 2 つが存在していることがわかる。そして特に後者の学習において、特定の能力を伸ばすために、何が必要でそのために何を使って学習をするのが効率的であるか、というメタ認知的側面の自己調整学習方略が使用されるようになっている。また、後者の学習は努力を伴い、必ずしも楽しいものではないが、前者の学習において、楽しみながら「使用」し、使用場面で得られる小さな達成感が後者の学習の継続を支える動機となっていることが窺われる。このような 2 つの学習をうまく循環させるために、英語学習機会との距離や頻度を調整することで学習継続のために必要な動機を調整していたことがわかる。

　また、ケンのメタ認知的側面の自己調整学習方略として、英語学習機会の調整が特徴的である。多くの日本人英語学習者にとって、日本は英語を使用

する機会が少ないと捉えられがちだが、ケンは「自分で機会をつくるように
心がければ機会はいくらでもある」と述べ、その実践として電車やバス、街
中で出会う外国人に話しかけることで英語学習機会を自ら作っていた。そし
て、個々の機会で、相手が自分の話に興味を持つように、「話題の引き出し」
を作っておくことの重要性を認識し、日頃からそのための準備をしているこ
とが観察された。

結果を伴う学習

　次に、自己効力感の変化を考察する。自己効力感の変化は、4つのレベル
(4. できる＞3. できるかもしれない＞2. できないかもしれない＞1. できない)
を設け、調査協力者本人に、トラジェクトリにおけるそれぞれの時点におけ
る自己効力感を答えてもらった、図8は、それをもとに示した。
　ケンはもともとどの科目も勉強をするのは好きではなかった。サッカー部
に所属し、成績優秀な友達と仲がよく、行動を供にする時間が長かったこと
から学習態度も影響を受け勉強をするようになった。活発で明るいケンは学
習結果に対して悲観的な見方をしない傾向があり、ケンの自己効力感は大き
な低下を経験することなく学習後期に向けて高まっていることが特徴的であ
る。ケンの自己効力感の高まりに注目すると、自己調整する力の発達にも変
化が見られた大学受験勉強の頃に変化が見られる。また、大学入学後に自己
効力感が一層高まっており、ケンのトラジェクトリにおいて、自己調整する
力の発達と自己効力感の高まりは比例関係にあると言える。以下では、大学
受験勉強期における自己効力感の高まりについて〈結果を伴う学習〉、大学
入学以降の自己効力感の高まりについて〈複数の英語学習活動〉という観点
から述べる。

(学習中期：17〜18歳)

　大学受験勉強期、進学校に通っていたケンが相当の勉強量をしていたこと
が「とにかく毎日勉強」していたという発言からも窺われる。そして、費や

した努力が結果に反映されることが「頑張りがい」になっていた。学習の実践は他律的であるが、結果が伴うことで自己効力感が高まっていることから、ケンの自己効力感は、学習結果と因果関係があると言える。つまり、自己効力感は自己調整的な学習の遂行過程で高まるのではなく、学習結果を伴うことで高まっている。

また、この時期の学習は大学受験合格という目標達成のためであり、自己効力感は、模試の結果が示す目標達成の実現可能性に非常に影響を受けている。ケンの意識には、高校卒業後の進路は大学進学しか選択肢がなかったことから、ケンにとって受験勉強がいかに大切であったかは理解できる。このために、実際の英語運用能力にかかわらず、志望校への合格可能性（模試での判定）が上がることで、英語に対する自己効力感も高まっている。

以上のことから、大学受験勉強期のケンの自己効力感は、学校や塾の先生による自己調整学習方略の指導の結果、学習結果が伸びたことの副産物として高まっていると言える。

複数の英語学習活動

（学習後期：18〜22歳）

大学入学以降のケンの自己効力感は、模試のような相対評価の結果の影響を受けなくなっていった。竹内（2010）が自己効力感は学習活動のスタートと維持に強く関与していることを指摘しているように、ケンの場合、大学入学以降、これまで挑戦したことのなかった新しい英語学習機会を生活の中に取り入れたり、新しい活動に挑戦している。そして、それらの学習活動の継続期間が長期に及ぶと、自己効力感の高まりが見られる。馴染みのない分野の英文を読んだり、英語弁論大会に参加するなど、新しい活動に挑戦しているにもかかわらず、失敗やスランプの経験がほとんど語られることがなく、一定して自己効力感は高まっている。その理由を筆者は次のように分析する。ケンは大学入学以降、複数の英語学習機会を持っている。仮に、留学生

との交流で大きな失敗経験があったとしても、英語弁論大会で達成感を味わったり、留学生寮の世話係として企画したイベントが大盛況に終わったりすると、成功体験によって失敗体験が相殺され、自己効力感は低下することがなかったと思われる。このように、ケンは複数の学習機会を同時に進行させることで、失敗よりは多くの成功を経験し、自己効力感を高めたと言える。しかし、こうしたケンの学習機会を広げるという行動の原因はケンの内的特性にあるだろう。学習後期のケンの内的特性として、明るく楽観的な性格とコンプレックスの解消という2つが観察された。1つ目のケンの性格的特徴について、ESS の活動では、自分の表現の間違いがみんなにウケることを恥ずかしいと思うことがなく、その場が和むことの方が嬉しかったと述べていることや、バスや電車の中で知らない外国人に話しかけることで英語使用機会を作ることからも明るく楽観的な性格が窺える。仮に、別の学習者がケンと同じ学習経験をしたとき、必ずしも自信を失わず、常に高い自己効力感を示すとは限らないだろう。また、ケンのこのような性格のおかげで、スランプや失敗の経験も、次の学習経験のためのバネとなり、結果的に成功経験の一部として位置づけられたとも理解できる。2つ目に、大学入学以降のケンの自己効力感の高まりは、姉の強大な存在感が薄くなったことも影響していると考えられる。家族仲が良く、中高までは、家族のメンバーとケンの繋がりはとても強かった。そして、幼少期から中高を通して、英語が得意な姉へのコンプレックスを感じていた。しかし、大学で交流会や ESS など交友が広がり、家庭以外に自分の所属するコミュニティーができると、家族よりも友人と過ごす時間が増えていった。その結果、姉の存在が薄くなり、自己と姉を比較することが減ったためコンプレックスがなくなっていったのだろう。

　以上の分析から、ケンの自己効力感は複数の英語学習活動に従事することによって高められたり維持されたりするが、そうした学習行動の原因は内的特性にあることが指摘される。

今、ここ、未来の目標設定

　ケンのトラジェクトリの中では、大きな5つの目標設定、「成績のよい友達に追いつく」「大学に入学する」「リンダと話せるようになる」「英語で議論できるようになる」「海外の大学院に進学する」が観察された。なかでも、目標への関与が様々な自己調整的な行動として観察された「海外の大学院に進学する」について具体的にみる。

　ケンは、大学入学以降、留学生たちとの交流によって、英語を上達させたいと考えてきたが、英語を使った活動は将来の理想の自己像の中に含まれていなかった。すなわち、その場、その時の英語使用機会から身近な目標が設定され、目標達成までのプロセスには目標を再確認し、動機を維持するための英語使用機会があった。しかし、大学院進学については、その性質が次の点で違う。1つ目に、周りに同じように大学院進学のために学習している者はいなかった。そのために、目標達成を支援したり励ましたりしてくれる他者の存在はなかった。2つ目に、学習は楽しいものではなく、TOEFLのスコアを上げるための勉強であった。これは、大学受験のための勉強と類似しているが、他者にモニターされることなく、目標に向けた動機を自ら維持しているという点で異なっている。3つ目として、海外大学院留学の目標は、比較的遠い未来志向の目標である。それ以前の目標は、今、ここの学習活動を通して自然と立ち現れてきたものである。たとえば、「英語で議論できるようになる」という目標は、交流会の参加を通して、自然と上達への願望が生じてきたことから生まれている。そのために、目標と交流会の活動が密接にかかわっており、交流会の活動で高められる自己効力感は目標達成のために遂行すべき学習の継続を支える直接的な動機となっていた。すなわち、自己効力感と目標達成のための学習がうまく循環する環境であったため、ケンにとって自己調整学習は比較的容易であったと言える。一方、海外留学という未来志向の強い目標は、今、ここの学習活動とは密接にかかわっていないため、自己調整学習を行うのは困難である。ケンにとって、精神的な負担は大きくなり、学習を継続していくために学習遂行の強い意志と努力を伴い、将来の計画の文脈で目標を価値づけていることがみてとれる。

第3章　事例研究

2 ｜「理想追求型」のゆり

(1)　人物紹介

　筆者がゆりとのインタビュー調査を開始した2009年11月の時点でゆりは31歳だった。英語以外にベトナム語の学習経験があり、言語学習や言語教育への関心がとても高く、調査にも積極的に協力してくれた。また、他の調査者と比較して、過去の経験について事実を述べるだけでなく、その時なぜどのようにその経緯に至ったのかについて自ら分析的に語った。普段から留学生を相手に話をする機会が多いためか、はっきりと聞き取りやすい声のトーンと話し方で、知的で大人っぽい印象を受けた。しかし、インタビューの中のいくつかのエピソードでは、お転婆な面も見せている。調査が進むにつれ、躊躇することなく過去の経験を語る姿に、明るく活発で外向的な印象を受けた。しかし、本人はインタビューの中で、実際は他人が思うほど社交的な性格ではないと述べている。ゆりは英語で行われるほとんどの活動において、そこで求められる英語能力は十分に獲得していると自覚しているが、更なる上達を望んでいる。

　調査に非常に協力的で英語能力も高いゆりを、調査対象者に含めるべきか筆者は熟考する必要があった。その理由として、ゆりは1年間ベトナムで日本語教師をしていた経験があり、その間の英語学習を考慮すると、終始日本で英語学習に取り組んだわけではないという点である。しかし、英語が母語として話されている地域に長期滞在した経験はない。また、ベトナムの中でもホーチミンやハノイのような外国人が集中する大都市ではなく日常生活にはベトナム語のみが使用される地域に滞在していたこと、ゆりは日常会話には十分なベトナム語を身につけていたこと、ベトナム滞在中も自宅で英語との日常的な接触がなく、新聞や雑誌、インターネットなどで積極的に英語に触れていたことから、日本で英語を学習する場合のEFL環境と大差はない

103

であろうと判断し、ゆりを調査対象者に含めることにした。ゆりのプロフィール概要は表7にまとめた通りである。

表7　ゆりのプロフィール概要

性別（年齢）	女性（31）
英語学習開始時の年齢	5歳
英語学習期間	26年
主な英語学習方法	映画、テレビドラマ
大学学部の専攻	ベトナム語
海外旅行・滞在経験	アメリカ（語学研修・ホームステイ1ヵ月） ベトナム（日本語講師として1年間） カナダ（学会発表1週間） アメリカ（ホストファミリー訪問の旅行1週間） 韓国（観光旅行5日間）
英語以外の言語学習経験	ベトナム語（4年間）

(2)　ゆりのトラジェクトリ

〈幼少期〜英語に触れる前〜〉

　ゆりが幼少期を過ごした町は規模が小さく、近所の人や学校で仲の良い友達とは家族ぐるみで付き合う環境であり、子どもを介した母親たちの付き合いも強かった。ゆりの両親はその中でも教育熱心な方だった。特に母親はゆりが文字を読めるようになった頃から1週間か2週間に一度はゆりと3歳年下の弟を図書館に連れて行き、好きな本を数冊選ばせて自宅で一緒に読み聞かせたり、子どもたちが自分で本を読む機会を与えていた。また、図書館の中には子供用図書のコーナー以外に、紙芝居の上演があり、これもゆりが図書館に行く楽しみの1つであった。図書館では特に英語に触れる活動はなかったが、日頃から母親がゆりと行動を共にすることが多く、その中でのコミュニケーションを通して、ゆりと母親の信頼関係は子どもの頃から非常に強かった。そのため、ゆりは母親の提案を素直に聞き入れ、ゆりの学習の方向付け、態度、興味は母親の影響をとても受けやすい環境だった。

〈幼少期～カセットテープ～〉

　ゆりが英語に触れ始めたのは5歳のときだった。近所に住むゆりの2歳年上の友達Yの母親の紹介で、ゆりの母親は英語学習教材のカセットテープを毎月定期購買することにした。テープのA面とB面にはそれぞれ25分のストーリーが収録されていて、どのストーリーでも英語を喋るクマのぬいぐるみ、チャビーが主人公だった。内容の5～10%程度がチャビーの発話で、その部分のみが英語で残りの登場人物と語りは日本語だった。そのため、ゆりは英語のテープを聴くというより、日本語の物語の中に部分的に使われている英語を聴くことで、十分ストーリーを理解して楽しみながら英語に触れることができた。また、喋るクマの存在とそのクマの話す不思議なことばは、5歳のゆりが憧れる魔法のような世界に合致し、ゆりの興味にすっぽりはまっていた。そして、自分にもチャビーのようなぬいぐるみがあればなあと空想の世界に浸りながらいつも聞いていた。

　　その時の私にとってはすごい楽しかったというか、想像するだけでウキウキするような話で、ストーリーが自分の世界にフィットしてたんだと思う。今思い起こすとあり得ない話で、全然没頭できないけど、当時はねぇ～、子どもだったから。

　毎月次のテープが届くまで、ゆりと弟は1ヵ月間同じストーリーをずっと聞き続けた。はじめの頃は、母親が一緒について、付属の本でストーリーに沿った挿絵を見ながらテープを聴いていたが、母親はゆりと弟が寝るときに、枕元のレコーダーにテープをセットし聴かせるようにした。テープを繰り返し一緒に聞いたという点で弟はゆりと同じ経験をしているが、ゆりのようにストーリーを楽しんで、ストーリーの中の表現を真似したりすることはなかったという。おそらく、ゆりにとっては楽しい内容だったが、弟にとってはそうではなかったのかもしれない。また、友達Yも自宅で同じテープを聞いていたが、途中で飽きてゆりのように継続して聞き続けることはなかったようである。ゆりは母親と本の挿絵を見ながら聴くよりも、頭の中で場面を想像しながら聴く方が好きだった。そして次第に就寝前に自ら1人で

テープをレコーダーにセットして聴くようになり、そうした自主的な行動は
習慣化していった。

　　毎月新しいテープが届くんだけど、その1ヵ月間は毎晩寝る前に同じテープを自
　　分でセットして、再生ボタンを押して布団に入ってた。ほぼ子守唄。あんなに繰
　　り返してて、それでも楽しいと思えたのは、やっぱり子どもだったからだろうな
　　〜。いや、ほんとうに単調な繰り返しが毎日なんだけど、すでに知っている話を
　　リアルに頭で描きながら、自分も参加してる気分で、このタイミングで"Help
　　me out!""Can you pass me the salt?"って言うとか。「おおっ、そんなん知って
　　るん」って親に褒められるし。

　ゆりが自主的にテープを聴くようになってからも、母親はゆりの英語学習
にかかわっていた。ゆりはチャビーのストーリーを気に入り、毎晩テープを
聴くという習慣と学習が一致したが、実際ゆりが全く自主的に取り組んでい
たわけではない。たとえば、ストーリーの中でチャビーが短い歌を歌う場面
があり、ゆりはその部分を母親に暗唱してみせている。母親はゆりが英語の
歌詞を暗記していることだけでなく、英語の発音が上手いと褒めた。また、
ゆりはチャビーの発話である"Can you pass me the salt?"を実際の食卓の
場面で使ってみたり、saltを「マヨネーズ」（英語風にアレンジした発音で）に
置き換えて面白おかしく試している。

　　英語でマヨネーズだとこんな風な音になるんじゃないかな〜と思って。もちろ
　　ん、習ったこともないし、正解も知らないですよ。自分なりに、英語ってこうい
　　う感じの音、というのは頭の中で（イメージとして）あったんでしょうね。実際、
　　その時どう言っていたかはっきりわからないけど、たとえば、マィヨヌウェ〜ズ。
　　こんな感じで。

　両親は英語が流暢ではなかったが、父親は文法については得意だったよう
である。ゆりが英語で何か言うと、簡単な英語でそれに答えてくれていた。

ゆりは自分の英語発話に対して応答があることが嬉しかったし、自分にとって英語＝暗号であったが、ちゃんと日本語のように意味が存在し、それを介して意図が伝わることに感動した。さらに、ゆりにとって日本語とは違う英語の音声的な側面はとても魅力的だった。

> テープで覚えたことって本当に使えるんだなと思った。それが英語っていう外国語という意識は…全く持ってなかったんですけど。なんか不思議な暗号みたいに思ってたんだと思います。たとえば、友達と魔法使いごっことをしたときに、友達がアブダカダブラ～っていうのを聞いて、日本語っぽくない響きに何かワクワクして魅かれたんです。でもアブダカダブラと違うのは、子どもが遊びで使うおまじないの言葉じゃなくて、大人も答えてくれるものだったからなんか嬉しかったんだと思う。

　このようにゆりは英語を外国語として意識して取り組むことはなかったが、意味もよくわからない英単語を繰り返したことで知らず知らずのうちに音から定着させることができた。また、英語のリスニングも発音も得意なのは、この時に耳を育てたおかげであると、この頃の経験を評価している。ゆりはチャビーのシリーズが終了するまでの20ヵ月、約2年間にわたりテープを聞き続けた。

〈幼少期～ようこ先生の英会話教室～〉
　7歳になったゆりは、母親の知り合いの紹介で、近所の40代の女性（ようこ先生）の英会話教室に通うようになった。少人数でアットホームな雰囲気の英会話教室は、ゆりにとって遊びの延長で、楽しい思い出として語られている。ようこ先生は、夫の海外赴任先のイギリスに長年住んでいた経験があり、ゆりはようこ先生からイギリスの生活でのエピソード、クリスマスやお正月の過ごし方を聞いたり、子どもたちの遊びやお菓子、玩具などが紹介されるのを毎回喜んだ。ゆりはようこ先生の教室で最も好きだった遊びは、部屋の中で宝探しをするゲームだと語っている。

先生が英語でヒントを与えて、それを聞いて宝物を探すゲーム。実際に英語を
使って自分がそれに反応できるというのが、かっこよく思えたし、私は友達より
だいたい先に見つけれてた。多分聞き取るのが他の子よりできたから。（友達は
私に）私に、今なんて？って（先生が言ったことを）聞いてた。

　ようこ先生は授業の中で簡単な指示は英語で出していた。当時のゆりは、
自分が指示を理解しているつもりだったが、先生の言うことに耳を傾けると
き、実際どの程度「英語」を理解していたのか覚えていない。というのも、
先生が英語で指示を出すときは視覚的にもわかりやすい声のトーンやジェス
チャーが伴っていたため、非言語的な要素がゆりの理解を支えていたからで
ある。しかし、ゆりは宝探しゲームについて他の友達より得意だったと語っ
ており、非言語的な側面も利用しながら、ようこ先生の英語の指示に友達よ
りも早く反応していたことがわかる。
　ゆりがチャビーのストーリーを聞き続けて養われたリスニング能力は、こ
の英会話教室で際立っていた。ようこ先生は、ゆりの母親に、ゆりは他の生
徒と比べてリスニングの能力が高く、聞こえた音を聞いた通りに再現するこ
とができると伝えていた。さらに、ゆりはようこ先生の口の動きを注意深く
観察するなど、英語の発音に興味を持っているようであった。ゆりはようこ
先生の授業で発音記号を習ったときのことを次のように述べている。

　　英語の発音記号は…友達は言われたからやってるという感じだったけど、でも、
　　私は1枚ずつ発音記号が書かれたカードで発音記号を順番に声に出すのが好き
　　だった。とりあえず後ろに続いて繰り返すんじゃなくて、先生と同じ音を出すん
　　だって思ってました。でもとにかくその頃から、repeat after meって先生に言わ
　　れて、自分が続けて言ったら、ちゃんと発音できてる気がしてた。とにかく、友
　　達の発音とは自分は違うなあっていうのはわかった。

〈幼少期〜ビッキーとの交流〜〉
　ゆりたちが英語を習い始めて1年くらい経った頃、ようこ先生は教室以外

第 3 章　事例研究

でもゆりたちに英語に接する機会を与えてくれた。それは、同世代のイギリス人の子どもとの文通だった。ゆりと友達はそれぞれ一人ずつの文通相手を持つようになった。ゆりの相手は、ゆりと同じ年の女の子でビッキーという名前だった。ゆりはビッキーに 1 ヵ月に 1 回の頻度で手紙を送り、ビッキーはそれよりも多く、1 ヵ月に 2 回の頻度で書いてきた。ビッキーが毎回 2～3 枚の便箋にびっしり文字と絵で埋めつくされた手紙を書くのに対し、ゆりはたくさん英語で書くことができなかった。しかし、ゆりは、ビッキーが色んなペンでカラフルに色づけした封筒が届くのを心待ちにしていた。あるとき届いた封筒は、一部厚く盛り上がっていて、急いで開けてみると、色も形も見たこともないようなキャンディーが手紙と一緒に入っていた。口に入れてみると、これまで食べたことのない外国の味がした。また、ビッキーは手作りのカレンダーや家族写真を同封してくることもあった。ゆりはビッキーとの文通が始まって数ヵ月経つ頃には、学校から帰ると自分から郵便受けをのぞくようになっていた。

　　ビッキーからの便箋と封筒は外国の匂いがした、というか英語を使って生活する
　　世界があることがリアルに実感できた。手書きの文字も、なんか見たことない丸
　　文字みたいな形だったし。自分が言いたいこととか、自分の描いた絵の説明とか、もっとちゃんとできたらなあという気持ちはやっぱり強かった。

　ゆりは手紙に書かれている内容を絵を頼りに理解しようとしたが、もちろんわからないことだらけだった。ビッキーの字は読みにくく、それまでにゆりが知っていた英語のアルファベットとは全く違う形だった。ゆりと友達は、イギリスから手紙が届くたびにようこ先生の教室に持って行って、どんなことが書かれているのか、ワクワクしながら説明してもらった。ゆりはビッキーからの便りを受け取ったら、ビッキーに返事を書かなくてはいけなかった。そしてできることなら、自分の写真や絵や折り紙で作った小さなものの他に、ビッキーのように英語で何か書いて送りたかった。ようこ先生には、手紙の返信を代わりに書いてもらうことができなかったため、ゆりは英

109

語で手紙を書く作業を両親に頼んでいた。ゆりの父親は学生の時から英語が得意で、母親のようにゆりの教育を支援することはなかったが、ゆりが質問をするといつも興味をもってみてくれた。ゆりはビッキーとの文通が当時の自分にとっていかに現実的に困難であり、自分では書きたいことが書けない時に両親（特に父親）がビッキーとの文通に協力的であったことについて次のように語っている。

> あの頃の私の英語力ではどうしてもビッキーに英語で手紙を書くのは無理だった。まだちゃんと文法もほとんど習ってなかったし。それで、親にいつもどうやって書いたらいいか聞いてた。だから、2年くらい、ビッキーの文通相手は正確に言うとうちの父でした（笑）

　文通を始めて半年が経つ頃、ようこ先生の教室に一緒に通っていた友達は英語で手紙を書く負担と、ゆりのように手伝ってくれる親の存在がなく、またビッキーのように筆忠実な文通相手に巡り会わなかったため、徐々に文通相手との交流がなくなっていった。しかし、10歳になる頃には、手紙の内容に新鮮味を失い、親に手助けを求めることも面倒臭くなってゆき、ゆりとビッキーの文通交流の頻度は急激に減った。結局、ゆりが中学生になる前までには完全に途絶えてしまった。ゆりは、ビッキーとの文通がそうした形で終わってしまうことを残念に思ったが、何とか続けたいというほどの強い気持ちはなかったようである。

〈中学時代〜文通の再開〉

　中学生になったゆりは、12歳のある日、自分の部屋を掃除をしていると偶然机の引き出しからビッキーの手紙を見つけた。懐かしさと同時に、一方的にビッキーに返事を書かなくなった形で終わってしまったことに対し、ゆりは後味の悪さを感じた。しばらく悩んだ後、ゆりは2年以上連絡が途絶えていたビッキーに自分で手紙を書いてみることにした。これは、ゆりにとって自分の力で一から英語で手紙を書いた初めての経験であった。文法的な間

第3章　事例研究

違いや可笑しな表現があることは承知の上で、それでも辞書をひきながら単語を並べて書いた手紙を、ゆりは両親に確認してもらうことなくビッキーに送った。返事を期待しながらも、ビッキーと二度と連絡をとることはないのかとも思っていたゆりは、1ヵ月経たないうちに、ビッキーから便りを受け取った時、ゆりは驚き大喜びした。

> ビッキーの近況について、いろいろ変わったことも書いてあった。親の離婚があったとか、環境が変わったこととか。なのに、住所が変わってなかったことがすごい！あと、イギリスの中学校で日本語を勉強してるって書いてた。それで、自分の名前をカタカナで書いて、私の名前は漢字ではどう書くのか、聞いてきて。（ビッキーが）書いてることが自分ではじめてわかったし、はじめての自分の手紙に対する返事で、やっぱりそれは私にとって大きかった！

　ゆりはこの時に、これからはビッキーと連絡を絶やさないで、自身の英語力で文通を今後続けていくようにしたいと思った。同時に、ビッキーが日本語の勉強を始めたことに自分が影響しているかどうかはわからなかったが、違う国に住む同じ年の者同士がお互いの言語を学ぼうとしていることを知るのは嬉しかった。その後のビッキーの手紙の中にはいつも、短い日本語の単語が並べられていたり、学校で日本の節分にちなんで豆まきをした時に豆入れとして使った紙製の袋などが入っていて、ゆりはビッキーが日本語の勉強に向かう姿勢に励まされる気持ちだった。ゆりはビッキーに、日本語で書かれた簡単な本や漫画の本を送った。ゆりはその時の経験を振り返って次のように述べている。

> ビッキーが日本に興味を持ってたからコミュニケーションが難しいというか、言語的に壁のある相手でも話題があったんだと思う。子どもだったし、あんまりよくは覚えてないけど、単純な内容だったはず。しかも、絵で説明したり…。

　ビッキーは日本文化に興味を持つ外国人であり、ゆりは英語を勉強してい

る立場であった。そして、ビッキーにとってゆりが日本との唯一の窓口であると同時に、ゆりにとってもビッキーが唯一の英語を使用する世界との窓口だった。扱う話題の単純さに加え、絵や手紙に同封できる小さな物を媒介とするコミュニケーションのはかり方が12歳の2人にとって自然な形で行われていた。そのために、ゆりは言語によるコミュニケーションの内容にあまり不満を感じることなく、ビッキーとの交流を楽しむことができた。

〈中学時代～英語学習に対する意識の変化との葛藤～〉

　中学時代のゆりは、学校での英語の授業に対して比較的好意的な態度をとっていた。その背景には、ゆりのリスニング能力が他の学生と比べて優秀だったことが挙げられる。ゆりは、リーディングの授業で音読をさせられると、先生からは褒められ、周りの友達にはゆりは帰国子女ではないかと尋ねられた。しかし、中学校の英語の授業実践は好きではなかった。ゆりはこれまで、チャビーのカセットテープを利用した学習やようこ先生の英会話教室の経験から、「英語＝楽しい＝好き」と認識しており、中学での英語の授業に対して高い期待を持っていたが、期待とは異なる教科書を使った文法と語彙のテスト、試験による評価は楽しいものではなかった。それでも英語が嫌いになることがなかったのは、それまでに英語に触れてきた経験のおかげでゆりは熱心に勉強しなくても成績がよかったからである。試験前にある程度勉強すると良い成績を取ることができていたという点で、英語はゆりにとって楽な科目だった。

　しかし、楽だった英語も、中学2年生の後半から3年生になると次第に勉強しなくてはいけなくなった。知らない単語が増え、説明で使われる文法用語（たとえば、不定詞、分詞の形容詞的用法、間接目的語、従属節など）がゆりには堅苦しく難しく感じた。周りの友達はそうでもないようであったが、ゆりには英語が急に難しくなったように思えた。この頃からゆりには得意だと思ってきた英語がわからなくなっていく焦燥感があった。これはゆりの英語学習で、はじめての苦い経験である。

形容詞用法説明してる時も、わかるわかると思って英語の地の文しかみてなかったから、先生が文法用語で文の構造とか説明してるのはよくわからなかった。これまで授業をさぼってるわけではなかったし、そんな真剣に授業聞いてなくても、テストの点は取れちゃってたから。なんか難しくなってきたから聞いとこうと思った時に、なんか説明の意味がわからなくて。

　中学3年の半ばに差し掛かる頃は英語がつまらないと感じていたとゆりは言及している。それまでは、英語は学年でも上位グループに入っていたが（他の科目は中位）、中学3年の夏休みをきっかけに、平均点と同じくらいの点数を取るようになった。もともと教育熱心なゆりの母親は、ゆりの成績を心配して勉強態度を注意するようになり、小言を言う母親に腹立たしく思うこともあった。継続することを決心したビッキーとの文通は、この頃には再び途絶えていた。ゆりは自分にとって将来、英語は必要ではないのではないかと思う一方で、英語ができることに対する憧れはこの時期にもやはり変わらずあった。

英語ができたらかっこいいとそのとき自分が本当に思ってたかはちょっとわからない。やっぱり、それまで英語が得意で、発音よかったから、「周り」にかっこいいと思われてた。それもあって、自分も英語はかっこいいと思ってたのかもしれない。とにかく、英語ができたらかっこいいな～って、英語に対するモヤモヤとした憧れはずっとあった。

〈高校時代～高校英語とドラマ学習～〉

　15歳のゆりは、両親の勧めもあり、近所の年上の友達の多くが通う高校に入学した。教科書の英文は複雑で、長く、予習・復習の負担が増えた。進学校で大学受験に力を入れた学校だったこともあり、ゆりはここでの英語学習が楽しいものになることはないと覚悟していたため、辛く険しいものになったことは、むしろ予想通りだった。高校1年時は、学校で購入した単語帳から単語のテストが毎月あり、結果は廊下に貼り出された。

淡々と説明する先生で授業を面白くしようっていう気がなかった。文法の問題集とか文法書使って、文法にとらわれて英語って規則ばっかり覚えるだけじゃんって。でも、そういう英語って何のためなんだろうって。疑問より不満に思うようになっていって、英語が自分の中に入ってこなくなってしまった。

　ゆりは試験のために勉強をしたが、暗記と小テストの繰り返しに、英文を日本語に訳していくだけの授業に不満をますます募らせていった。また、高校の英語教師の実践的な英語運用能力に対して懐疑的だった。しかし、こうした高校の英語の授業に対する否定的な態度はあるものの、英語の勉強をすっぱりやめてしまうということはなかった。逆に、ゆりは学校の英語学習に対するアプローチと自分が理想とするアプローチの間に分かち難い相違があることを受け入れることで、学校の英語学習と切り離した自ら英語の学習をすすめるようになった。

　　映画で英語を話してるのを見てて、「話せること」に対する憧れが強くて、書けて読めたらそれでコミュニケーションとれるようになるんかと思ったら、（高校の授業のやり方で）根性入れて勉強する気になれなかったんです。だから、学校の授業で英語ができるようになるのはあきらめようって。そしたら試験の結果とか評価も気にならなくなった。でもそうやって開き直ったら、今までは、英語は習うものって思ってたけど、自分でやろうって思えてきた。

　ゆりはもともと海外ドラマやハリウッド映画が好きだった。日本のドラマも観たが、それよりも、欧米の生活様式や服装を見ることができる海外のドラマの方がゆりには興味があった。高校１年生の夏休み頃から、ゆりはアメリカの人気ドラマシリーズ「ビバリーヒルズ高校白書」を欠かさず見ていた。同世代のアメリカの高校生の生活、家族間や恋人同士の会話、お洒落でカラフルなファッションに憧れた。ゆりだけでなく、クラスで仲のいい友達の中にも、同じようにこのシリーズを見て、登場人物の好みなどの雑談が日常的にされていた。海外での生活に憧れ、ドラマから欧米の生活様式を垣間みる

ことを楽しむという点で、ゆりの行動は友人たちと同じであった。しかし、ゆりはビバリーヒルズ高校白書を使って、ただドラマを観て楽しむことを越えた英語学習の実践をしていた。

　　学園ものは、その時の自分が投影できたから…。いいなあ、私もあんな彼氏がいたらなあ、とか（笑）で、私が彼女だったら、ああやって聞かれた時になんて答えようとか、勝手に妄想して。で、とりあえず、もしもその日が来た時のために、ドラマの中の会話を自分でもできるようにしたいと思って覚えるんです。もちろん、全部聞き取るとか無理だし、そのためにビデオに録画して何回も繰り返して見て。好きな場面は、一人二役で芝居できるくらい、完全に。もちろん、イントネーションとか感情移入も込めて暗記が基本です。音と、抑揚と、感情と、表情が合わさって、その状況が自分の中でクリアにイメージできるから覚えられる。なんか感情をちゃんと込めることで、台詞がなんていうか…、単語とか表現が自分の中にストン入って定着するっていうか。物まねなんだけど、でも、自分のものになっていくんです。

　ゆりは特に気に入った場面があると台詞をそっくり暗記して、学校で同じようにシリーズを追って見ていた仲のよい友人らに披露して見せた。ゆりにとって、憧れる世界に自分が参加するシミュレーションをするという行為そのものが楽しかったが、5分程度の場面を暗記するのに1時間もかかることもあった。また、実際に暗記したものを友人の前で再現することは、暗記に費やした努力の成果を披露することができる場であり、ゆりのドラマを使った学習の継続を支えていた。夏に始めたこのドラマ学習を、ゆりは高校1年の間続けた。この頃は、自分が憧れるドラマの登場人物のように話せるようになるために暗記をする、友達が喜ぶから再現してみせる、という2つの理由でゆりはドラマを使った学習をしていた。これにより大量の英文や英語特有の表現を蓄積していったと思われる。その頃のゆりはそれを学習として認識していなかったが、文法規則を暗記するよりずっと意味があると思っていた。2年生のクラス替えで、ゆりは仲のよい友人の多くと別のクラスになっ

115

た。登下校中に顔を合わせることはあっても、教室が離れていたため、休憩時間にも学校で過ごす時間はほとんどなくなった。同時に、これまでにゆりがドラマを使った学習をしていた理由の１つ、友達に披露する機会がなくなった。それでも、ゆりはそれでもドラマの台詞の暗記を継続した。しかし、去年までとは違う変化があった。台詞の暗記を学習として認識するだけでなく、高校の授業での英語学習と自宅でドラマを利用した英語学習が並行して相補的に機能しはじめた。

> 台詞の中に、学校で習ったばっかりの文法とか覚えたての単語が入ってたり、逆に教科書の中に台詞で覚えたばっかりの単語があって、うわっ、このイディオム、（ドラマで暗記した）そのまんまや！って感激することがちょいちょいあって。でもその、ちょいちょいが段々に。暗記の量が増えれば増えるほど学校に内容と重なるってことも増えていったんです。あと、重なるだけじゃなくて、この単語ってほんまはこんな意味なんや〜っていう、１つの単語に対して違う角度から出会ったり。それで、その単語のニュアンスとかコアの意味が深まったっていうことはあったと思う。そしたら、授業を単に聞いてるだけじゃなくて、もっと積極的に授業内のことと授業外のことを結びつけて、頭働かせながら授業受けてるっていう感覚があった。それって、結局、今まで暗記してきた英語表現がどういう風に自分にとって役に立っているのかっていうのがわかる瞬間でもあったし、なんかバラバラなパズルがパチパチ〜っとはまっていく感覚で快感なんですよ。やっぱり、「わかる！」とか「知ってる！」っていう小さい感動があったから、楽しく思えてきたんだと思う。私の場合、そういう感動の積み重ねは勉強の励みになってたと思うんです。

　このように、ゆりは授業内外で得られる情報を縒って主体的に知識を構築するような発見的な学習を行うことで、英語の文法規則、語幹に関する知識、単語のプロトタイプ的意味など「気づき」から英語に関する知識を深めていった。そして、授業内外で学ばれた様々な情報が体系的につながっていく喜びがゆりの学習の動機となっていた。こうして、ゆりが友人に対して暗記

した台詞を披露することがドラマ学習の動機として機能しなくなる頃には、それに代わるものが学習の動機として存在していた。

　高校2年生から3年生にかけて、ゆりは学校での英語の授業のすすめ方を相変わらず退屈に感じていたが、教科書の英文を読んだり、自由に英作文をすることは嫌いではなかった。この時期に通いはじめた個人塾では苦手な数学や生物の他に、英語の授業を取っており、塾の英語では英語長文や教科書の英文を何度も声に出して読む練習をさせられた。今までゆりがドラマ学習でしてきた暗記作業のようにゆりは教科書を何度も読むことで教科書の英文をほとんど暗記した。教科書の英文はつまらなく興味を持つことができなかったが、試験範囲の教科書を全て暗記すれば成績が上がると考えた。実際、暗記するようになると、学校の英語の試験の成績は20点ほど上がり、クラスで上位3位に入るほどになった。成績が上がることを実感するほど、授業のための勉強も一層するようになった。

　　教科書も暗記したら、試験の点数は伸びるだろうと思ってやってみたら、本当に目に見えて伸びた。高校の教科書って結構文が長いから、全部丸暗記は無理だけど、何回も繰り返し読んだら、自然に音で文法的に合ってるか間違ってるかも判断できるようになるんです。暗記した英文がどんどんたまっていくと、実力問題でも、語感？語感なんかなあ…自然に正しい選択肢が選べるようになるんです。単語もそうやって覚えると、一度出てきたものが文章の中で覚えれるから後で意味を思い出すのも文脈の中でなんとなくわかる。

　ゆりは高校2年生の終わりの進路の最終選択で、文系進学コースを選択した。具体的にどの大学に進学を希望するかは明確ではなかったが、大学では英語を勉強したいと思った。ゆりにとって英語はあくまで、コミュニケーションとしての機能を担うものであり、文法や規則にとらわれた学習には相変わらず抵抗感があった。ドラマでこれまでに蓄積してきた英語の知識を繋いで、いつか使えるものに仕上げたいというのがゆりの願望であった。大学で英文科に進学すれば、英語の授業がたくさんあり、文法ばかりでなく、外

国人英語教師とのコミュニケーションの機会もあると考えた。また、留学生と接する機会もあり、話したり聞いたりする英語にも触れることができ、文法積み上げをした英語を実際に使えるための練習をすることができるはずだと思い描いた。ゆりが進路を決める際に英文科を選択する理由は他にもあった。ゆりは英語以外の他の科目があまり得意ではなかった。特に理数系科目は試験勉強を頑張っても、平均点かそれを下回る、時には再試験のメンバーに入ることがあるほど苦手だった。これらの科目と比べると、英語はゆりにとって最初から苦労が少なく、受験勉強に耐えうる得意な科目だった。ゆりにとって得意な英語を伸ばそうと考えるのは自然な選択に思えた。ゆりは、受験勉強さえ切り抜ければ、自分が好きな英語を楽しく勉強できるだろうと信じていた。

　英文科に進学を目指す一方、ゆりは実力模擬試験で、英文科のある志望校を5校書いてみたが、その合格予想判定はC～D[66]だった。苦手な理数系科目が足を引っ張った判定結果とはいえ、得意な英語も全国の受験生と比較すると、突出した成績とは言えなかった。ゆりはその頃の自分の英語能力を次のように分析している。

　　実力問題（主に長文読解）は学校の定期試験でも得意だったんですよ。多分、英文や英語リスニングの中に、知らない単語とか文法が出てくるのには慣れていたんだと思う。わからなくても、わからないなりに知っている知識でなんとかする方法っていうのがなんとなくわかってたと思うんです。その頃の私って、英語能力がそんなに高くなかったけど、英語を読んだり、聞いたり、書いたりするのが他の人よりとにかく早かった。知ってる知識をうまく組み合わせて何かをする作業っていうのが得意だったし、正解がいくらでもある問題は好きだった。文法能

66）A～Eとは、各判定ごとの偏差値により合格可能性を表示している。Benesseの進研模試によると、A～Eの各判定における合格可能生は以下の通りである。A：合格可能性80％以上、B：合格可能性60％以上80％未満、C：合格可能性40％以上60％未満、D：合格可能性20％以上40％未満、E：合格可能性20％未満。

力がある友達よりも、そういう問題は得意だった。ただ、私の弱点は文法。ずっと苦手意識があったし、避けれるものなら避けてきた。模試の結果で、文法問題の成績が悪いのがわかってても、なんか学校で買わされてた文法の問題集を徹底的にやるってほど努力しなかったんですよね。

　ゆりの通う高校では、高校3年生になると、学校行事も削って受験勉強に専念させられた。同級生たちが塾通いで忙しくなり、休み時間も勉強をするようになると、ゆりも受験に必要な科目に加え、嫌いな文法も以前より積極的に取り組むようになった。ゆりは、英語を使いこなせるようになるために、英語科に進学したいと思っていた。英語科に進学すること、それがゆりの英語の学習動機だった。そしてゆりにとって、英語科に進学することは、英語をコミュニケーションのツールとして習得することにつながっていた。ゆりも他の友達と同様に、放課後は塾に通い、英語の他に、数学、生物、世界史のコースを取っていた。塾での英語の勉強は、長文読解（速読と精読）、文法演習、単語帳を使って繰り返し覚える勉強法が中心で、ゆりは他の受験生と特に変わらない勉強をしていた。ただ1つ、ゆりが自分の英語学習のうち効果的だと信じていた方法として音読がある。単語のスペルをノートに何回も書いて覚える学生が多くいたが、ゆりは書いて覚えるのは自分には向いていないと思った。その代わりに、例文の中で情景を思い描きながら、内容に相応しい抑揚や感情を込めて、何度も声に出して読むことで、記憶にとどめることができた。ゆりは、最適な暗記の仕方や学習のすすめ方は学習者ごとに異なり、ドラマや映画、教科書を音読で暗記してきた学習経験から、自分には音読法が合っていると考えていた。

　ゆりは英語以外の受験科目も勉強したが、成績は伸び悩んでいた。一方、英語は、塾でも学校でもトップの成績で、ゆりはますます英語が自分の得意科目であるという認識を深めていった。私立大学の英文科の受験であれば、英語科目だけで受験できるため、合格は間違いなかった。しかし、ゆりは家庭の経済的事情から、国立のQ大学に進学したかった。その場合、英語以外に必須科目があったが、それらが伸び悩んだ。

〈大学時代～ベトナム語専攻＋英語学習～〉

　翌年4月、18歳のゆりは希望通り県外のQ大学に入学し、一人暮らしを始めた。しかし、第一希望の英語科ではなく第三希望のベトナム語を専攻することになった。ベトナムの文化に関する知識は全くなく、自分がこれからベトナムに興味が持てるか不安だった。大学に入ったら英語に専念できると思っていただけに、ゆりは途方に暮れた。また、英語では易しかった発音の習得も、ベトナム語の場合、非常に苦労したことを述べている。

　　（ベトナム語の音声に関して）聞いたことがなかったせいか、初めて聞いたとき変な音だな～って思いました。自分がこれまでに聞いたことがない種類の音がたくさんあるというのはわかりました。英語で発音は何の苦労もしなかったのに、ベトナム語の発音って本当に難しいんです。友達が英語の発音がなかなかできない気持ちがそのとき初めてわかった気がしました。

　ゆりは、ベトナム語専攻の中では自分の英語能力は他の学生よりは高いだろうだと思っていた。しかし、何人かのベトナム語専攻の同級生の英語能力の高さに驚かされた。ゆりのように英語専攻を希望していた者や、帰国子女で英語以外の科目の専攻を希望する者など、英語能力が高い学生がたくさんいた。ゆりは、ここでも自分の英語能力に自信が持てず、またベトナム語の勉強には強い興味が持てなかった。さらに、ゆりはベトナム語を専攻しながらも、自分とベトナム語に必要性も関係性も見いだせず、ただ単位を取ることを目標に必要最低限の勉強をしながら、英語の勉強をしようと考えた。しかし、授業内の毎回の小テストのための暗記や提出課題をこなそうとすると、予習、復習、テスト勉強に加え、週2日はレストランでバイトをするゆりが、自宅で英語の勉強のために十分な時間を割くことはなかなかできなかった。この頃のゆりの生活は、大学、バイト、自宅での映画やドラマの鑑賞が中心になっていた。大学1年生の間、大学の授業には真面目に参加し、人間関係も悪くはなかったが、ゆりにとってあまり居心地のよい環境ではなかった。周りの人と目指すものも違うような気がしたし、授業外で行動をと

もにするような気の合う友達はいなかった。むしろ、バイト先の友人との方が気楽に楽しく話せた。ベトナム語専攻の学生のように英語以外の外国語を専攻する学生の中には、英語サークルに所属して、キャンパス内の交換留学生と交流をしている者もいたが、ゆりは同じように英語を勉強する者が集まる場に参加する気にはなれなかった。また、留学生との国際交流のイベントに参加し、ベトナム人の友達を作ろうとする者もいた。ゆりは、唯一自分の得意科目であった英語に対する自信を失っただけでなく、帰国子女が多くいる外国語学部で実際には帰国子女ではなく、英語が流暢でないにもかかわらず発音が上手いことを恥ずかしく思うようになっていた。自分の英語を曝してしまう英語学習の場に参加することはなかった。その代わりに、ゆりは高校の頃のように、自分の生活の中に英語学習の時間をつくっていった。

　ゆりは、近所のレンタルショップで DVD を大量に借りて週末には一晩中観ることがあった。ゆりの当時のお気に入りは、『アリー my love』という女性弁護士が主人公のラブ・コメディーだった。このドラマは、NHK の深夜番組でも放映されていたが、ゆりは日本語に吹き替えられているドラマを観ることに抵抗があった。どうしても、実際に聞こえる声が口の動きに合っていないことに違和感があっただけでなく、好きな俳優が話す英語を聞きたかった。高校の頃のドラマ学習と異なる点として、ゆりは恋愛ドラマや学園ドラマ以外にも、アクション系ドラマ（『24』）、サスペンス系ドラマ（『X ファイル』）、仕事系ドラマ（『ER 救命室』）などいろいろなジャンルの映画やドラマを観るようにしていた。ドラマ学習の利点としてゆりが強調するのは、1つのドラマのシリーズを通してみることで、登場人物の人間関係がわかり易く、ストーリーが推測しやすく、聞き取る英語の理解力が高まるという点だった。また、登場人物を演じる俳優の話し方や発音の特徴に慣れ、徐々に聞き取りやすくなっていく実感があったと述べている。

　　私にとって、一番英語が聞き取りやすいのはジュリア・ロバーツ。音がはっきりしてるし、口の動きがはっきりしてるから。悲しい内容の話だけど、『グッドナイト・ムーン』ていう映画は何回も観た。1回目は映画を楽しむために観て、そ

の後に何回も観たっていうのは、勉強のため。英語字幕にしたり、字幕を消して
みたり。字幕なしだったらわからなかった部分を確認するために、また字幕を付
けてみて、それからまた字幕をはずして、はっきり日本語の意味がわからないと
ころがあったらまた日本語の字幕で意味を確認して。最終的には、日本語字幕を
見ながら英語を聞いた時に頭の中で日本語と英語が照らし合わせられるくらいに
なってた。この映画に関してはどの台詞も全部聞き取れるっていうくらいでし
た。やってみて気づいたんだけど、一本でも、この映画なら台詞が全部聞き取れ
るっていう映画を作ると、そこからリスニング力はグンって伸びた。その実感が
ちゃんとあった。

　ゆりは、一本の映画を完全に聞き取れるまで、日本語字幕→字幕なし→英
語字幕→字幕なしというように、リスニングのために字幕を活用し、自分な
りに工夫を凝らすことでリスニング力の訓練をした。内容の大意をとらえる
ことで満足するのではなく、細かく深く聞く力を養うことで、最終的にはそ
の映画に関しては映像を見るだけで台詞を復唱することができるほど、正確
に聞き取ることができるようになった。そして『グッドナイト・ムーン』を
確実に自分のものにすることで、どんな英文についても飛ばし聞きするので
はなく、細部まで正確に聞き取る力がついた。そのことにゆりが気づいたの
は、『グッドナイト・ムーン』を完璧に聞き取ることができるようになった
後に、別の映画を観た時だった。知らない単語はあったが、わからない単語
も含めて全ての音を細かく聞き取ることができるようになっていることが実
感できた。ゆりはジュリア・ロバーツが出演している映画はレンタル DVD
で見つけることができる限り全て借り、何度も繰り返して観た。好きなドラ
マ・シリーズもシリーズを通して全て観た。そして、しばらくそれを続ける
と、ゆりはまた自分のリスニング能力の特徴に気づいた。

　　他の俳優（ジュリア・ロバーツ以外）の話はやっぱりなかなか聞き取れないん
　　ですよ。特に男の人の声とか、年配の人の声とかってどうしても聞き取りにくい。
　　ジュリア・ロバーツなら、何を言っても聞き取れるけど、おじさん役者の言って

ることはわからないっていうのがわかったんです。イギリス英語も聞きにくかったし。それで、いろんな人の英語を聞かなきゃって思いました。

　ゆりは、ジュリア・ロバーツが出演していない作品や、それまでに自分が好んで選ばないジャンルの映画（ヒューマン、コメディー、サスペンス、自伝、歴史、ドキュメンタリーなど）も自分の興味が持てる範囲で広げて観るように心がけた。そうすることで、できるだけ多くの役者（英語話者）の英語に触れようとした。それぞれの役者に特有の発声や発音の特徴、ジャンル特有の語彙、イギリス英語やアメリカ英語など様々な英語、老若男女いろいろな人の英語を聞く機会を自ら作るようにした。また、ゆりは映画を観る時間がない日が続くと、ラジオの英会話講座を思いついたときに取り入れることで、生活の中に英語が全く不在になることのないようにしていた。この頃、ゆりが自律して英語学習をすすめることができていたのには、ゆりの言語学習に対する次のような認識があったからである。

　　語学の勉強ってやっぱり継続でしょ。短期間ではテストのための一夜漬けはできても本当に実になるものは身に付かないと思う。だから、やっぱり時間とそれだけの労力がかかるのは仕方ないと思う。要領もあるかもしれないけど、どんなに要領がよくても根気強くコツコツ毎日続けるみたいなそんなイメージ。ただ私の場合は、毎日コツコツしないとダメだっていう先入観を持つんじゃなくて、付かず離れずの距離感で、そのかわり長期間継続する、みたいな英語との付き合い方でいました。ラジオがまさにその例で。最近英語聞いてないな、と思ったらその時に取り入れる。必要な時に1週間とか2週間聴いて、また聴かない時期もある、それでいいんです。毎日それをする、が苦痛になってしまったら私の場合、続けられないんです。だから、「好き」とか「楽しい」って思えるように勉強との距離を保つんです。

　しかし、学習を続けていく中で目標を見失ったり、全く英語を必要としない日常生活で英語の必要性を感じられず、学習が嫌になったりしたことも

あった。その時のことについてゆりはこのように述べている。

　　本当に嫌になったりして、英語との距離がめっちゃ離れても、また身近に英語が
　　あったのはなんでだろう。…なんでかな。やっぱり、自分には英語しかないって
　　いうのもあったかもしれないけど、それよりやっぱりというか、結局、憧れが強
　　かったんだと思う。英語を使いこなして映画の中の俳優みたいに話してる自分に
　　対する憧れ。それが叶いそうにない夢物語じゃあ努力する気にもなれなかっただ
　　ろうけど、私には英語ができる自分がなんかイメージできて、その自分に憧れが
　　あったんだと思います。具体的に何をしたいとかは、なかったです。他の人がど
　　れだけそれに対して憧れがあったかわからないけど、人一倍憧れが強かったと思う。

　ゆりが英語と付かず離れずの距離を保とうとした意識の根底には、やはり
英語が好きであり、英語を使って何をするかという具体的なイメージはなく
とも、最終的に英語を自分のものにしたいという目標があったからである。
ベトナム語を専攻するようになってもそれが揺らぐことはなかった。自分の
英語能力に劣等感を感じても、英語を嫌いになることはなく、できるだけ英
語との接点は絶やさないようにした。その頃の自分の生活や性格について、
ゆりはこう述べている。

　　英語は得意なはずなんだけど、自分よりもずっとできる人がいると、なんかドキ
　　ドキしてしまって全く実力も出せなくなってしまうんです。なんか、中途半端な
　　英語能力に有能感を持てない劣等感？　そんな気持ちがありました。英語科の外
　　ではできる方だけど、でも英語科に入る能力はなかったって。なんか後ろ向きと
　　いうか…ぱっと明るい気持ちじゃなかったです。その頃、心の許せるような友達
　　とかめっちゃ楽しいと思える授業がなかったのも理由だと思う。

　ゆりは、大学の外国語学部で自分を「英語に自信がない自分」と位置づけ
る一方で、バイト先では周囲から「英語ができる人」として認識されていた。
ゆりが働くレストランには外国人客が来ることが多く、ゆりはその都度接客

124

第3章　事例研究

を任されていた。このように、ゆりが自分の英語能力に自信が持てないとき
にも、ゆりの周りには英語能力を高く評価する人の存在があった。こうした
周囲からの高い評価により、さらに英語が上手になりたいというゆりの学習
動機を支え、ゆりが自分の英語学習の形態（映画を利用した英語の学習）が継
続していた。

　ゆりは相変わらず特定の親しい友人を持たないまま、大学2年になった。
この年に、大学の英語サークル（ESS: English Speaking Society）に入った。
きっかけは、4月新入生を対象に各サークルが勧誘活動を行うときに、一人
で歩いていたゆりが新入生だと勘違いされて勧誘されたことだった。ゆりは
それまで自分がサークルに所属することを考えてもみなかったが、友達も少
なく、満足に楽しいと思えないまま過ぎた1年を思うと、生活を変えてみよ
うと考え ESS に入ることにしたのだった。新入生ではないが新参者として
参加することになったゆりを、メンバーたちは歓迎した。しかし、メンバー
の多くが英語に熱心なわけではなく、友達との交流の場としてサークルを利
用している雰囲気に馴染めなかった。サークルの活動日には、5〜7人毎に
各テーブルに分かれ、各テーブルでは部員それぞれが持ってきた新聞や雑誌
の記事について、そのトピックの提供者が中心となって自由に議論するとい
うものだった。活動中、英語表現に詰まると電子辞書を使うのだが、多くの
メンバーは結局日本語で話していた。ゆりは、活動に物足りなさを感じた
が、具体的にどうしたらいいのかわからずにいた。ある時、活動の始めの連
絡事項で、リーダーから大学内で催されているイングリッシュ・カフェ（以
後、Eカフェ）の手伝いをするボランティアの募集のことを聞いた。Eカフェ
は、英語科が主催する留学生と日本人学生が交流を通して文化や言語を学ぶ
という場だった。英語ネイティブの先生がその場を監督しているが、それを
補助するボランティアが欲しいという依頼が ESS に向けてあったのである。
この依頼受けて E カフェに足を運んだ ESS のメンバーはゆりだけだった。
ゆりにとって、サークルでの活動よりも E カフェへの参加の方が充実して
おり、この時の経験を楽しそうに話した。そこには、英語母語話者の留学生、
英語を母語としない留学生、1年間の留学を経験したことがある学生、ゆり

125

のように英語圏に留学したことのない学生、文法は得意だが話すことは苦手な学生、英語は苦手だが上手く話せるようになりたい学生など様々な学生がいた。EカフェはESSの学生よりも真剣に英語を勉強しようとする学生が集まっているようだった。また、自分のように、人前で英語を話すことがどちらかというと苦手だが勇気を出してその場にやってきた学生の期待に応えてくれる場だとEカフェを評価している。

　　ESSよりも、目的が共通の人がいっぱいいたと思う。だから、そっちの方が自分の居場所として違和感なく入っていけたんですよね。日本人同士で英語で話すんじゃなくて、留学生と英語で話をしたり。コミュニケーションの場で、練習して貯めてきた知識を試してみたり、実際に使ってみて通じたり反応があるのは嬉しかった。でも、使ってみたら、周りの反応で、私間違ってるわ～って思うこともあった。知らない表現が出てきたら、できるだけ頭の中にメモって、できるだけ似たような話題とか話の流れがあったら使ってみるようにしてた。

　Eカフェの活動は隔週木曜の17時からの約2時間で、内容はESSと似ていた。先生が時事ニュースなど、最近あったことなど、面白い話をした後に、今日のトピックを提示し、与えられるトピック（たとえば、留学のよい点、最近授業で面白いと思ったこと、思い出に残るクリスマス、死刑制度に賛成か反対か、航空会社のサービスはどう向上できるか、映画『○○』の結末を自分だったらどのように書き換えるかなど）について4～5人のグループで話し合うというものだった。最初の1時間は英語のみ使用し、残りの1時間は日本語のみを使用するというのがルールだった。ボランティアとして参加するゆりの役割は、他の学生のようにグループに入って活動に参加し、日本人学生と留学生のコミュニケーションを円滑にするというものだった。特に、英語以外の言語の使用が禁止されると、言葉に詰まったりうまく発音することができない日本人学生の手助けをした。ゆりはEカフェでの様々なメンバーと徐々に打ち解け、活動後に留学生と日本人学生の何人かでご飯を食べに行ったり週末にグループで遊びに行ったりするようになった。なかでも、ポルトガル語専攻

126

第3章　事例研究

でアメリカに1年間留学経験のある、かなことは映画という共通の趣味、恋愛や将来の夢について話題で盛り上がり、学外でもたびたび会うようになった。ゆりは言語の学習と人間関係についてこのように述べた。

> とにかく外国人と友達になりたいっていう人、いるじゃないですか。外国人だったら誰でもいい、みたいな。私はそれは嫌で。日本人同士でも、性格が合うとか話してて楽しいとか、笑いのツボが合うとか、価値観が合うとか、そういう人同士が自然に仲良くなっていくじゃないですか。なんで外国人だったら、誰でもいいから友達になりたいって思うのか…。相手が外国人でも、日本人の友達をつくる時と同じで、自然に一緒にいて、話をして楽しいと思える友達が欲しいと思ってるんです。だから、かなこが日本人でも外国人でも仲良くなってたと思うんですよ。

ゆりは自分も一度は留学してみたいと思っており、かなこにアメリカでの大学生活の様子について尋ねたことがあった。それまで、ゆりは留学に対してよいイメージしか持っていなかった。また、留学をすれば英語は必ず上達すると信じていた。しかし、かなこの話を聞いて、留学には自分が想像するものとは全く別の側面もあることに気づいた。

> 帰国子女っていったらみんな英語ができるし、留学経験者っていったら英語ができるし、結局現地に行かないと英語ができるようにならないと思ってたんですよ。でも、留学したらしたで、語学力のせいでなかなか現地の友達ができないとか。自己紹介とか1、2回会う程度なら話題もあるけど、それ以上は何を話していいかわからないって聞いて。確かにな～と思った。言葉の壁があったら、なかなか親しくはなれないですよね。なんか、それを聞いて、ふっとビッキー（イギリス人の文通相手）のことを思い出したりして。私が言葉に不自由な状態で留学して、本当にそこでの生活が楽しめるだろうかってちょっと考えた。現地の人たちが日本人に友好的かどうかもわからないし、私と友達になって相手には何かメリットがあるんだろうかって考えると…。それに比べたら、日本にいる外国人は

127

日本に対して少なからず友好的な可能性が高いし、日本人と友達になりたいっていう願望が強いし、共通の話題も見つけやすいから、まだ親しくなりやすいと思う。それに私にとっては、日本にいながら英語で話す方が楽。共通の話題…話の中で店の名前とか、テレビの番組とか、お互いに話題が広がる固有名詞が入ってたり、話にも親近感がもてて、馴染みやすい。私の性格だったら、英語圏でネイティブにガーっと容赦ない英語で言われると圧倒されてかなりヘコむと思う。

　ゆりやかなこが週末に一緒に映画やカラオケや飲み会に行こうと誘うと、いつも何人かの留学生が加わり、グループで繰り出すことが月に何度かあった。留学生の友達が欲しいと思っていたゆりにとって、Eカフェに参加する留学生と親しい友達になることはそれほど難しくはなかった。しかし、一度自分が日本を出ると、海外にいる英語母語話者と自分が友達になることは難しいだろうということが理解できた。ここは日本であり、日本にいる限りゆりは「英語が得意な日本人」でいられるが、日本を出ると「英語を学習中の日本人」として扱われることに気づいた。親しく付き合う友人ができ、学生生活が徐々に楽しいと感じられるようになると、ベトナム語に対する態度も変化していった。ベトナム語への意識の変化には、ポルトガル語専攻のかなこの影響があった。かなこもゆりのように、高校まで英語が得意だった。彼女は将来、外国語を使って仕事がしたいと思ったが、あえて英語や中国語のように多くの人が学習する言語ではなく、マイナーな言語を習得することで貴重な人材となり外交に携わりたいという夢をもっていた。それまで、英語こそ外国語と考えてきたゆりは、英語が得意でありながらもポルトガル語を専攻するかなこと過ごすうちに、ベトナム語に対する態度を徐々に変化させていった。また、かなこからの影響に加え、「これからは英語＋他の言語」が使える人材が求められるということもどこからともなく耳にするようになり、ゆりは自分にとってベトナム語が自分に何か大きなきっかけを与えてくれる言語になるのかもしれないという可能性を意識しはじめた。

　人間関係が充実してきて、いろんなことがうまくいくようになっていったと思

う。人間関係とか環境が変わるとベトナムに対する意識も変わってきたし。自分がやってることに意味があると思えるようになって、楽しめるというかやりがいを感じるようになったんだと思う。自分が変わったというより、周りの環境が良くて、それでいい影響を受けれたんだと思う。

　留学に対する知識や心構えができた大学３年に、予てから希望していたゆりの英語圏留学が実現した。ゆりは、大学の協定校であるアメリカのＭ大学で１ヵ月の夏期海外研修に参加した。現地ではホームステイをしながら、Ｍ大学付属の語学学校に通った。ゆりのホストファミリーは、ポルトガル人の父親とフィリピン人の母親、５歳と８歳の子どものいる家庭だった。アメリカに留学すれば、「アメリカ人」に囲まれる生活ができると思っていたゆりにとって、ホストファミリーが移民であったことは思いがけない出来事であった。ゆりは、この１ヵ月の海外研修の経験について、いくつか興味深い点について語った。まず、アメリカに住むいろいろな民族背景をもつ人々が話すいろいろな英語にはじめて触れ、英語を母語としない多くの人々が英語を生活言語として使用している現実は、ゆりに英語の国際的な地位とそれを操ることの必要性を知らしめた。また、母語のアクセントが強く残った英語がこれほど社会に受け入れられる一方で、社会でどのような位置づけをされているかといった社会言語的な側面についても実感した。ゆりは英語表現につまる場面に直面すると、辞書で調べるより、言い換えられる単語でできるだけ素早く伝えたり、絵を描いたりジェスチャーを活用したりした。そうすることで、コミュニケーションとは言語を単にうまく操ることだけではなく、言語的・非言語的側面を総動員して相手に伝えるものだということを改めて感じた。また、海外でたくさんのことを学んでこようと意気込んでいたゆりにとって、海外は自分が知識を得ることができる場だと思っていたが、自分と出会う現地の人々にとっても日本に関する知識の学びの場であることに気づいた。特に、ゆりのホストファミリーは日本文化に関心があり、子どもは空手を習い、日本のテレビアニメのテーマソングを一緒に歌いたがり、料理好きな母親はゆりに日本料理を習いたがった。その他にも、お盆の話

や、おせち料理の意味、食事中の作法、宗教、祝日や休日など、ゆりはそれまで日本で疑問に思ったことのなかった風習や文化について改めて自分が知識不足であることに気づかされた。

　私がこの海外研修に期待していたのは、できるだけたくさんのことを吸収して帰ること。でも私を受け入れてくれるホストファミリーにも期待というのがあって。私はそれを考えたことがそれまでなかったんです。お金をかけて行って、そこでは学校に通ったり、そこで出会う人から限られた時間の中でできるだけ学んで帰ってこようって思ってた。でも、そうじゃないんだなあということに気づいたんですよ。ホストファミリーの中にはやっぱり、お金が目的で留学生を受け入れる家もあるみたいだし、一緒に研修に行った学生の何人かは、週末ホストファミリーと過ごすのが嫌だっていう人もいたけど、私のホストファミリーは短かったけど私が馴染めるような時間の過ごし方をしてくれたと思う。それに、お互い違うところから来た人たちが寄り添うことで教えたり、学んだりすることすごく興味があったんですよ。もしかすると両親がアメリカで移民っていう立場で、しかも別の国出身だったから、異文化から来た相手に対して寛容だったのかもしれない。大学の授業に参加したり、語学学校に行ってたんだけど、私には学校での思い出より、ホストファミリーと過ごした時間で得たものが、今の自分に影響を与えてると思う。今も毎年クリスマスカードを送ったり連絡を取ってて、学会でアメリカに行った時は会いに行くくらい。

　留学とは現地の文化に触れて学ぶことであるが、学ぶ側は常に学ぶだけなのではなく、教えたり伝えたりする側にもなりうるのだということに気づいたことは、日本人として自分に何ができるか、ということをゆりに考えさせるきっかけになった。そして、このアメリカでの短期海外研修の経験から、将来の職業として日本文化を伝える日本語教師を考えるようになった。海外で異文化に触れることで自分が学びながら、自国のことを伝える、これははじめてゆりが具体的に描く将来の自己像だった。
　大学３年の秋から同級生たちは一斉に企業説明会に参加し、一般企業の就

職活動を始めた。ゆりは理想の自己像を描くことはできたが、そうした理想の自分が活躍できる就職先が思い当たらず、海外に再び出ることや進学して日本文化を専攻することも選択肢として考えはじめた。しかし、海外に出るための足がかりがなく、どこへ行き、行く先で何をするのか見通しすら立てることができないまま時間が過ぎ、日本語教育を専門的に学ぶため大学院に進学を希望した。ゆりはこの決断を機に、日本語教師を職業として将来海外で仕事をしていくという進路を設計しはじめた。4年生になると、ゆりは進学のために必要な勉強を本格的に始めた。まず必要となったのは専門知識に関する問題、外国語能力試験（英語）、研究内容概要書だった。専門知識は日本語教育能力検定試験の対策問題集や、第二言語習得理論をまとめた本を利用して勉強した。和訳や英訳が問題となる外国語能力の試験のための勉強として、ゆりはできるだけ多くのきれいな英文に触れることで表現やスタイルを真似しようと考えた。そのために何を読めばよいか、Eカフェの先生にアドバイスを求め、雑誌（The Economist）や新聞（The Japan Times Weekly）、Penguin Readers を提案してもらっている。そして、ゆりはその時の英語学習について次のように述べている。

> 私は語学の学習って真似だと思うんです。英語の音は私は昔から真似をしてきたおかげで、他の人より発音が上手くできるんだと思ってるんです。身近にヘルプしてくれる人がいなければ、英語母語話者の世界で使われてる何か、何でもいいから、何かを使って、自分も同じように読んだり書いたりできるように、表現とか単語の使い方を盗んできたらいいんだと思ったんです。正式にも使える正しい表現が必要だったから、会話表現を真似るんじゃなくて、できるだけきれいな英語に触れようと思ったんです。でも、自分じゃあ、どの雑誌がいいとか、出版社ごとの英文スタイルの特徴なんかわからないじゃないですか。だから、それは聞きました。Eカフェの外国人の先生に。どんな雑誌がおすすめですかって。

　この頃のゆりは、バイト、大学の授業、Eカフェ、友達との付き合い、英語の勉強をこなしていた。必ず毎日何をどれだけするという決まりを課す勉

強ではなく、以前ラジオ英会話をその都度取り入れていたように、電車移動の時は単語帳を持ち歩くようにし、暇があればこまめに単語帳を開き、まとまった暇な時間が取れれば、The Economist のうち何か1つ記事を決めて、大意を捉えるのではなく正確に読みすすめることを心がけていた。そして精読での文章構造の解釈を自動化させ、そこで使われている英語表現をできるだけ再現できるように、一度精読した文章は繰り返し読み込んだ。

〈大学院修士課程で日本語・日本文化を専攻〉

　22歳で大学を卒業すると、ゆりはS大学大学院に進学して日本語・日本文化を専攻した。大学に入学した時とは異なり、今回は自分の希望した分野を専攻することができたことが嬉しかった。また、目標がクリアになり、その目標に向けて環境を整える計画を自ら立て、それを実行していくことにゆりは興奮していた。修士課程の1年目の秋には日本語教育能力検定にも合格した。

　　　自分がやりたいことがはっきりとわかってきたんです。でも、その中に英語はあまり関わっていないんですよね。英語に関しては、どういう風に自分にとって英語が重要になるかはまだわかってなかった。うん…。ただ、自分の将来のキャリア設計という面では、目標意識がはっきりしてきてて。自分と文化の違う人とのコミュニケーションの場というのが好きで、異文化から私も学びたいし、私も日本のことを伝えたいと思った。

〈ベトナムで日本語教師経験〉

　ゆりは大学院の修士課程修了の頃に、インターネットで見つけたベトナム・メコンデルタ省の日本語学校の日本語教師の募集に応募することにした。それまで、実際に教育経験がなかったため、ゆりは自分が採用されるとも思っていなかった。駄目かもしれないという気持ちで応募したこともあり、周りの友達や家族はまさか本当にゆりがそのままベトナムに行くことになるとは思ってもいなかった。採用通知が届き、ベトナムに行くことを決め

たときには家族は心配し反対したが、ゆりの心は期待で弾んでいた。1年間の契約で日本語教師として勤務するという条件で、9月からの新学期に向けて8月に渡航した。大学1年の時にベトナム語専攻学生であったにもかかわらず、ゆりがベトナムに行くのは初めてだった。修士課程の2年間でベトナム語の勉強から離れていたため、現地での生活をするベトナム語にも自信がなかった。ホーチミンやハノイのような主要大都市とは異なり、ゆりが滞在することになった街のベトナム人のほとんどは英語を話すことができなかった。日常生活での会話は学部の時に勉強したベトナム語を操って意思疎通をはかる他なかった。ゆりの1年間のベトナム滞在では、ベトナム語と英語の学習が同時に起こっている。この状況の中でゆりはベトナム語と英語の自分の能力を比較し、このように述べた。

> 現地のベトナム人になかなか私の発音は理解してもらえなくて。地域の方言もあるし、聞き取るのも難しかった。買い物で何回も恥ずかしい思いもしました。英語の場合、ドラマとか映画から、ある程度状況を想定してどんなことを話せばいいのかわかったけど、ベトナム語に関して、こういう知識は持ってなかったんですよ。学部のベトナム語で、自分が言いたいことを伝えることにそんなに問題はなかったけど、英語と比べると、やっぱりね。引き出しの数が違うと思った。英語だったら、楽に言えるのにって感じました。

こうしてベトナム語でコミュニケーションに不自由をした経験を重ねるうちに、ゆりは英語だったら簡単に伝えられるのに、と強く感じた。そして、英語とベトナム語を比較したとき、自分の英語が外国語としていかに高いレベルで習得されているかに気づいた。また、日本にいるときに日本語の代わりに英語がつい出てしまうということは一度も起こったことがなかったが、ベトナム語でものを言う時に、咄嗟に口から英語が出ることや、ベトナム語の中に英語の単語が混在することがあった。ゆりは、英語の方がベトナム語よりずっと楽に使いこなせると気づくと、英語が話せる日本語学校のスタッフとは英語で話したいと感じるようになった。一方で、ベトナム語学習者と

してのゆりは、ベトナム語習得のための葛藤と戦っていたことが窺われる。

　　ベトナム語では言いたいことは言えてましたけど、ベトナム語大丈夫ですなんて
　　まだまだ言えそうもなかったです。毎日、英語を使いたい誘惑との戦いです。
　　やっぱり、2年ブランクがあったのは大きい。ベトナム語はベトナムにいるうち
　　にしっかりできる限り上達したい。頑張ろうって思いました。

　さらに、日本語教師としての経験から、ゆりは自分の生徒の日本語学習と
自分の英語学習を照らし合わせ、外国語学習における文法の重要性に対する
気づきを示している。

　　自分が（日本語を）教える立場になったときになって、まず読んで理解できない
　　と、それを再現して自分で使うことができないって、生徒（自分の日本語の生徒）
　　を見て気づいた。それで、やっぱり基盤（文法）がないとそのことばは絶対話せ
　　るようにならないなと思って。わかってたことなんだけど、突きつけられた感じ
　　です。それで受験勉強のときよりも根性入れて文法を何とかしようっていう気に
　　なった。映画の学習は絶対に役に立ってたんだけど、でも映画で文法の勉強する
　　のは限界があって。文法的間違いも自然に使われてるし。映画で文法強化はでき
　　ても、それ以上の精度を高めるには厳しい。だから、本当に文法に焦点をあてて、
　　何かいい方法が必要だと思いました。

　ゆりは、自分の好きな俳優が書いた自伝やその人に関する英字新聞やイン
ターネットの記事や雑誌を読んで、書かれていることの内容だけでなく文の
構造もわかるまで読み込むという学習をはじめた。これによって、英語に触
れる時間が大幅に増加した。また「英語に触れる」ということの質に変化が
あった。英語を単に使用するという形ではなく、意識的に学習するという形
で英語に触れるようになった。意識的に学習に取り組まなくては、現地での
くらしの中で、自然に英語に触れられる場面は全くなかったのである。また
ゆりにとって意識的に英語を勉強するということは、嫌いな文法から逃げず

に取り組むということを意味していた。ゆりのベトナムでの生活では、雑誌やテレビを媒介に英語に触れることはできたが、それは日本にいるときと全く同じで、一歩外に出ると、ベトナム語の世界だった。メコンデルタには日本語学校のスタッフで英語が話せる人はいたが、ベトナム在住の英語母語話者や外国人観光客と出会うことはほとんどなかった。文法書を使用してすすめていく学習ではなく、身の回りにある英文記事やインターネットにある英語の記事を読むようにし、できるだけ毎日少しでも英語に触れる時間をとるようにした。文法を意識して読み下し、表現を盗み、違う場面で実際に自分が使えるよう、表現をまとめたノートを作った。こうした学習で、ゆりはベトナムいるこの1年で、ベトナム語能力だけでなく英語能力をも高めることができた。ベトナム滞在中にこれほど高い英語学習動機が維持できた理由について、ゆりはこのよう述べている。

> 多分、海外にいて、言語を習得することの必要性を毎日のように実感してたから、というのがあると思う。ベトナム語オンリーの環境にいて、もちろん、ジェスチャーを使ったコミュニケーションもあるけど、自分の考えとか希望を伝えたり説明するためにはやっぱり言語能力が求められる。日本語学校のベトナム人スタッフとか事務の人は本当に親切で、あったかくて、自宅の夕食に招待してくれたり、仕事の後にもよく一緒に買い物に行ったり映画に行くとか外出することがあったんです。本当にそのお陰で、ベトナム語は机に向かった勉強はしてないけど、(ベトナム人同士の会話に)普通についていけるくらいに伸びてたんです。常に外国語と隣り合わせっていうか、外国語の中で生活をしてたおかげで、ベトナム語とか英語とか言語にかかわらず、「ことばを操る」こと、その素晴らしさを日々実感してたと思う。だからこそ、言語能力を高めたいとか、確実に自分のものにしたいと思ったんです。

〈帰国後に日本語学校で日本語講師経験〉

　1年の契約が終わり、日本に戻った26歳のゆりは知り合いの紹介で日本語学校で1年間、日本語講師として働くことになった。ゆりは、この1年間、

週末などに終日一緒に行動して日本の文化を知る企画（スキー旅行、温泉旅行など）などを通じた学生たちとの個人的な付き合いから、学生と教師という関係を越えて楽しく過ごした。ゆりはこういった機会を積極的に企画した理由についてこのように述べている。

　　私がベトナムにいたとき、そうだったんですよ。なんか、一緒に行動したり、活動したりする、そうしないと、現地の人の振る舞い方とか、考え方とか、ベトナム人がどういう人たちなのかっていうのはわからないんですよ。ことばも同じで、自分で勉強するのでは限りがあって、たとえば、日常的な…たとえば、招待された時に断るときとか、次に会った時にどう振る舞うかとか、相手との距離感とか、そういうものは、一緒に経験をして発見的に身に付いていくもんだと思うんです。だから、教室場面だけじゃなくて、日常のいろんな場面の日本語、たとえば、泊まりがけでスキー旅行に行ったら、朝起きて顔を洗って夜歯を磨いて寝るときまで、その日一日の出来事が全て日本語で進行していくじゃないですか。そうやってみることで、日常生活の細かいところまで日本語で何て言うかを疑問に思ったり。あと、日常生活で自分が言えることと言えないことのギャップに気づいたり。それで、それをその場で解決させることで、そのギャップを埋めていくことができるんじゃないかな〜って。たとえば、私の歯磨き粉を貸したときに、残りがあんまりなかったから、「（チューブを）グッと押して」って言ったときに、その学生は最初、グッと＝good だと思ったらしいんです。日本人だったら、何気なく使うじゃないですか。そういう自然な表現を私はベトナムにいた時に、できるだけいろんな場面とか機会を利用して誰かと一緒に過ごす中で身につけていったんです。だから、そういう学習の大切さはよくわかる。

〈大学院博士課程で日本語教育を専攻〉

　ゆりは、翌年には大学院博士課程に進学し日本語教育を専攻した。ここで知り合うことになった何人かの友達とはゆりはとても親しく付き合い、ゆりのこれまでの交友関係の中で、最も親密で現在も繋がりが強い。研究内容について相談したり、土日にもキャンパスで作業をした後飲みに出かけたりし

た。研究関連のつながりだけでなく、話していて楽しく、笑いのツボや価値観が似ていて、家庭環境も近く、お互いの地元にも遊びに行くなど多くの時間を過ごしている。親しく付き合いのある友達はゆりの性格をよく知っている。それ以外の人にとってゆりは意見をはっきり述べ、怖いもの知らずで、どんな場でも堂々としていると認識されている。ゆりは自分の性格について次のように述べている。

> 自分自身、そんなに社交性があって、自分に自信があって堂々としてるわけじゃない。昔に比べて場慣れしたのはあるかもしれないけど、素の自分は無口ではないけど、でも、周りの状況で話した方がいいと感じない限り、自分から率先して話す方じゃないんですよ。だから、パーティーとか、人が多い所とか、特に知らない人の方が多いとなんか、自分が生き生きしてない気がする。すごい仲のいい友達に対しては、バカなこと言っても、平気ですけど、全体の前でも同じにできるタイプではないんですよ。親しい友達は私の性格知ってるけど、それ以外には社交的だと思われてる。でも結局、周りにそう思われてるからそういう風に振る舞うようになってたのかなあと思う。ドキドキしたりギリギリのところで何とか持ちこたえてる感じなんだけど、周りから評価を受けて期待されてたら、それに応えようというか…期待されてるような「できる」自分を演じようとしたところがあったように思う。お陰で人前に立ったり挑戦する機会が与えられてよかったんだと思う。

博士課程2年目以降からは国内外での学会発表に積極的に参加した。あるとき、国際学会で発表するため、他のゼミの友達や指導教官と1週間カナダに滞在した。英語での学会発表は初めてだった。共同発表をする者もいたが、ゆりは自分の研究テーマで個人発表をした。自分が話す内容は前もって準備できるが、当日、英語での質疑応答にきちんと答えられるか不安だった。ゆりはできる限り予測できる質問に対して答える練習をした。当日、発表時間の30分はあっという間にすぎ、その時に自分がどんな英語を話していたか思い出すことができないが、質疑応答の時に、ゆりは質問の意図を問い返

して確認してから答える余裕があったと述べた。また、ゆりの発表を聞いた
1人の研究者が、発表の後にゆりの英語運用能力を褒めたことは、ゆりに
とって自信をつける経験となった。

　ゆりは、この時のカナダ滞在の後、一緒に行動していたゼミの友達や指導
教官と別れ、7年前に短期留学でお世話になったホストファミリーに会うた
めにアメリカに渡り、1週間過ごしている。

〈学内の日本語講座で日本語講師経験〉

　博士課程3年目から、大学内の留学生や研究生などを対象とする日本語講
座を担当する機会をもらった。ゆりはここで日本語を教えることで、これま
でにない英語環境に触れることになった。ゆりの担当は初級と中級で各クラ
ス20名程度が定員だった。学部留学をしている20代前半の者や、外国人教
員、研究員など様々な年齢と国籍の生徒がクラスにいた。そしてゆりの初級
クラスの中に、ゆりにとって重要な存在となるアメリカ人のエイミーとドイ
ツ人のコニー（ドイツ語母語、英語超級）がいた。エイミーは、国際協力研究
科の研究生で、コニーは理工研究科の博士課程の学生だった。他の学生よ
り年齢が近かったことに加え、講座の中で行った学生発表で、2人は映画や
日本文化体験（京都での舞妓体験、着物の着方や歴史についてなど）など、ゆり
の興味があるテーマについて発表を行った。インターネットオークションで
着物を安価で購入し、着物教室に通っていたゆりが、着付けに関心をもって
いたエイミーに自分が通う着物教室を紹介したことから日本語講座以外でも
会うようになった。もともと、エイミーと仲がよかったコニーもゆりと親し
く話すようになり、3人は、教師と学生という関係ではなく、友達として付
き合うようになっていった。

> 　私にとって、本当に一番英語に触れた時間でした。楽しかったし、楽しかったか
> らこそ、またしよう、また行こうって、一緒に過ごす時間が増えて、そのお陰で、
> また英語に触れられる、そんな環境でした。私にとって、この2人と仲良くなっ
> たのはすごい自然な流れだったんです。

第3章　事例研究

　ゆりは3人で過ごした経験についてインタビューの中で最も楽しそうに話した。2人の日本語が十分でなかったため、3人で個人的に会うときには英語で会話がすすめられた。特にコニーは研究が忙しく、日本語の勉強はゆりが出す課題をする程度だった。しかし、3人でレストランに行くと、3人分をまとめて注文するのはコニーの担当だった。3人が親しくなってから数ヵ月する頃、ゆりは2人が講座で学んだ表現を上手く使えないと、彼らの間違いを笑いながら訂正していた。ゆりはお互いの言語の間違いを「笑う」ときには「笑いもの」にさえしていた。しかし、2人は思い当たる表現や動詞を活用させようとすることで応戦し、ときには以前の自分の間違いをネタにして一緒に笑えるほどの関係だった。2人にとってゆりは、日本語の先生であると同時に友達として同等の立場であった。そして逆に、ゆりが学習者の立場になることもあった。ゆりの英語能力は3人でコミュニケーションする際にも問題ないレベルだった。しかし、ゆりが2人の日本語を「笑いもの」にすると、エイミーがゆりの英語の間違いを突いて反撃に出ることもあった。こうした冗談を交えたやり取りが、ゆりの英語上達を導くきっかけとなった。ゆりは、自分の英語能力をまるごとさらけ出すことができるようになったことについて次のように述べている。

　　中途半端に英語が得意だったし、周りからもできると思われてたから、苦手な文法は使わないとか、言える表現で間違いがないようにさらっと言ってしまう、みたいな癖がついてたんですよ。だから、本当は伸びるために必要な自分のできない部分とか、苦手な部分をさらけ出すんじゃなくて、見せないようにしてきたんです。でも、この頃には、今まで見せないようにガードしてたものが剥がれていって、間違いとか、格好悪いところ、そんな単語も知らないの？と思われるようなこともさらり出せるようになったんです。はっきりいつからかはわからないけど、転機みたいなのはあったと思う。エイミーとコニーに対しても、自分の英語能力の足りない部分を見せるのは恥ずかしいみたいなところが最初のうちはあったはずなんですよ。でも、ある時から…、自分で意識してたわけじゃなくて、なんか自然にそうなったんです。2人との関係というか絆が深まっていった頃に

は、間違いをさらけ出すこともできるくらい平気になってたんです。自分も向こうの間違いを笑うし、お互い様っていう感じやったから。笑われても平気なくらいの関係だったんです。もう、お互いに何人とかいう意識も消えてました。他のアメリカ人とかドイツ人は私にとって、外国人だったけど、この2人は外国人じゃなくて友達なんです。

　あるとき、ゆりはエイミーから相談を受けた。エイミーの研究科の日本人の学生は親切で話しやすいが、どうしても親しい友達になりにくく、エイミーの友達の多くは留学生だった。エイミーは日本に留学しているのだから、日本人の友達がほしいと思っているがなかなか親友といえるような仲のよい友達ができずに悩んでいた。それまで、ゆりは留学生と友達になりたい日本人学生は多いと考えていたため、日本人の友達ができにくいというエイミーの話は不思議に思えた。しかし、同時に、留学生からすると日本人学生は親切で話しかけやすくても距離感があるということにも納得できる気がした。ゆりはこのとき、以前英語圏に留学をした日本人学生が現地で友達ができにくいという、かなこの話を思い出した。

　エイミーとコニーは夏休みやお正月にゆりの実家に泊まりにきた。ゆりの家族は、お盆のお墓参りや年末の一斉大掃除に2人を参加させた。お正月にはお雑煮とおせち料理を食べ、着物を着て初詣にも行った。泊まりに来ている間、ゆりの家族が就寝後も3人は深夜遅くまで話した。

　コニーはゆりと出会って2年で日本の大学での勉強を終え帰国しているが、エイミーは現在も大学院生として日本にいる。ゆりは、エイミーやコニーとの交友関係で、自分の英語能力が伸びたと述べている。そして、現在も3人はSNSでつながっている。

　ゆりは2008年の秋にTOEICで自己最高点960点、英検1級を取得し、翌年2010年、博士課程を単位取得退学する予定でいる。ゆりの英語学習は映画によって基本的に常に維持されているが、その他、様々な学習場面や人との出会いによって、動機づけの面でも維持されてきた。現在、ゆりの英語学習を支える人間関係としてはエイミーとコニーとのつながりが最も強く、

短期留学の時のホストファミリーとの連絡においても途切れることなく、定期的かつ頻繁に英語を使用している。そして、インタビューの最後にゆりは自分の英語学習を振り返ってこのように述べている。

　振り返ってみて思ったんですけど、映画はずっとあったんだけど、映画の他にほとんどいつも、違う場面で誰かとの出会いがあったり、それがなくなっても、また別の機会があったりして、いつもなんか、誰か、英語に触れる場とか、きっかけをくれる人がいたような気がする。どんな人と出会うか、人との出会いに関しては私はラッキーだったんだと思う。英語に触れる機会が多かったとしても、それは自分の力で作ってたんじゃない気がする…。意識的にどういう環境に身をおくかは選んでたのかもしれない。なんとなく与えられてたのか、与えられそうなところに自らいた？　そんな感じもします。

　このことから、ゆりは自分で意識的に効果的に学習ができそうな場や学習によい影響を与える場に身を置こうとしてきたことも窺われる。そして、そうした場で自分の学習を支えた人の影響力にも言及し、必要な際の支援、英語学習への価値づけ、学習動機の維持は周囲との相互作用の中で生まれたものであり、自分が辿ってきた学習の道のりは周囲の環境抜きには存在しなかっただろうと考えていることがわかる。

(3)　ゆりの学習のポイント

　図9はゆりの英語学習経験において英語学習機会となったもの、場面、人物を時系列にまとめたものである。斜線枠は他の学習者に共通するもの、白枠はゆりの学習に特有なものである（たとえば、5歳頃に始めたチャビーの英語音声教材や、ようこ先生の英会話教室海外ドラマを利用した英語学習、短期留学など）。イギリス人のビッキーとの文通は、幼少期に始まり、途中で途絶えたものの、再度インターネットを通じて連絡を取るようになり現在に至っている。映画鑑賞が趣味であるゆりにとって、映画やドラマを活用し

た学習はゆりの英語学習の中心的活動となっている。しかし、短期留学や留学経験者のかなことの英語学習を通じた交流などは、学習機会としての期間は短いが、ゆりの英語学習に対する信念や態度に影響を与えたという点で、ゆりのトラジェクトリを構成する非常に重要な出来事となっている。また5歳から英語に触れ始め、現在に至るまで、様々な学習の機会・形態により、ゆりは途切れることなく英語学習の機会を保っている。なかでも学習機会が最も多い時期は大学生の頃である。それまでもゆりの英語学習の中心となってきた、映画やドラマを使った学習に加え、自主的に英語に触れる機会を増やすために生活に取り入れたラジオ英会話や大学2年生から参加するようになったESS、Eカフェ、そこで出会う友達との交流、念願だった短期留学などが観察された。さらに、その後、語学（日本語）教師という立場と語学（英語）学習者としての立場を経験することで、文法学習に積極的に取り組むために、英字新聞の活用や、留学生のための日本語講座の履修生との交流の中で、単に英語で会話を楽しむだけでなく文法を意識的に向上させようという態度が観察された。つまり、英語学習機会を利用して英語能力をさらに高めるためには、会話の中で使用される文法に注意を払う必要があることに気づき、学習の質が変化したと言える。

　また、留学経験者のかなことの対話を通して、ゆりがFL環境の短所だけでなく、長所を認識していることはインタビューの中ではっきりと言及された。「日本にいながら英語で話す方が楽」であることに気づき、FL環境での英語学習が自分に適しているという信念により、ゆりはFL環境の英語学習に対して肯定的態度を形成していったのだと言える。この時に形成された学習態度は、その後、英語を使用する機会が少ないFL環境の短所に対して、ゆりが学習を継続していくために必要なものであったであろう。図9からも明らかなように、大学生になったゆりの選択的な英語学習機会は増えており、与えられた環境の中で取り入れられるものをうまく活用して自分に適した学習環境をつくることが上手く、常に学習の機会を設け、常に英語に触れる機会を持ち、英語に触れる機会を通して動機を維持していることが窺われる。ゆりのトラジェクトリの大きな特徴は、FL環境での学習においては言

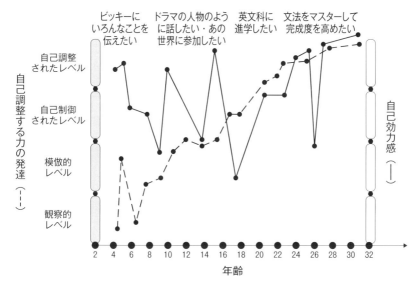

図9 ゆりのトラジェクトリで観察された英語学習機会

※図中に示す人や場面が英語に接触する機会となっていた期間を指しているのであり、人間関係の継続期間を指すものではない。たとえば、現在もかなこは親しい友人であるが、図中大学学部時代のように、かなこと過ごす時間が英語学習の機会とはなっていない。

語の学習成功は困難であるという信念を持たず、FL環境だからこそ共通の話題が豊富にあることに気づくなど、FL環境で外国語を学習するメリットに言及し、それを最大限に活かしていることであると言える。

図10は、ゆりのトラジェクトリをもとに「自己調整する力の変化と発達」「自己効力感」「目標設定」の変化を示している。点線は自己調整する力の発達、実線は自己効力感の変化を指す。自己調整する力の発達を表したグラフの中で、特に発達が大きく見られる時期、あるいは発達の面で特徴的な時期にどのような自己調整学習方略の使用が見られるかに注目する。

ゆりは他の調査協力者と比較して、幼少期から多くの英語学習機会に恵まれている。そして、ゆりの自己調整する力は、幼少期に周囲の大人がゆりの学習にかかわり、褒められることで学習行動が習慣化したことから発達していった。おそらく、ゆりが幼少期に経験した多くの英語学習機会は、周囲の

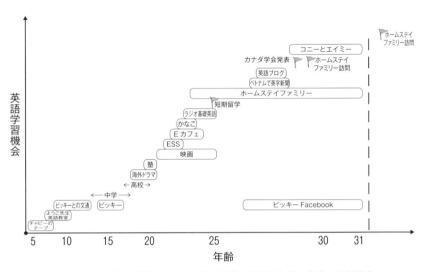

図10 ゆりの自己調整する力の変化と発達・自己効力感の変化・目標設定

支援がなければ自己調整学習の発達に結びつかなかったであろう。また、両親がうまくかかわることで、ゆりは英語学習を楽しいと認識するようになった。一方、中高で始まった英語学習は楽しいものではなく、徐々に学校での英語学習と切り離して自分にあった英語学習をする過程で自己調整的学習が観察された。

他律的な発達

（学習初期：4～11歳頃）

　自己調整学習能力には、社会からの影響と自己からの影響によるものの2つのタイプがある（Zimmerman & Schunk, 2001）。チャビーのテープを聞き始めた頃のゆりの学習行動はゆり自身の意識的な行動ではなく、親の介入、学習支援がゆりの英語学習にもたらした影響であることから、社会からの影響であると言える。図10より、ゆりの自己調整学習能力は幼少期、観察的レ

ベルあるいは模倣的レベルにとどまっているが、この頃の経験は後のゆりの学習態度や自己調整学習能力の発達に影響を与え、ひいてはゆりが学習成功者に成り得た重要な鍵であると言える。

ゆりは5歳から英語の音声テープを毎日継続して聞いたり、7歳から近所のようこ先生に英語を習いに行くなど、英語に触れている。そして、これら全ては教育熱心だった母によって提供され、ゆりはそうした支援を好意的に取り入れている。ゆりがテープを喜んで何度も聞いたのは、教材の内容とゆりの興味が一致したからであるが、見方を変えると、母親の介入がテープの内容に対するゆりの興味を高め、その結果としてゆりの自発的な学習行動が起こったと考えられる。たとえば、母親がゆりと一緒にテープを聞き、登場人物の真似をして見せ、ストーリーについて話し合い、共感し褒めるなど、母親の介入があったおかげでゆりは学習教材に対する興味と愛着を高め、結果的に一人でも英語のテープを聞く学習が習慣化した。したがって、仮に同じ学習教材を与えられていても、周囲から介入が一切なければ、ゆりの興味は喚起されず学習行動は現れなかったかもしれない。また、学習の習慣化には、親が英文を声に出してみせたり、ストーリーの復元をしてみるなど、学習教材を活用した学習のモデルを示していることで、ゆりはそれを模倣するようになっている。

さらに、自己調整学習能力が要請される段階においては、学習内容の楽しさに加え、易しさも重要な点であると言える。この段階の学習者は、目的意識を持って学習に取り組むわけではないため、学習内容が難しく努力を要するものであれば学習対象そのものを嫌いになってしまう可能性がある。楽しんで繰り返し触れているうちに、学習内容の一部が自然に身に着く程度の易しさが理想的なのでないかと考えられる。たとえば、ゆりの場合、日本語をベースとした語りの中に、文脈から意味の推測が十分可能な英語が投入された教材であったということは、ゆりがその教材を楽しく感じた理由の1つとなっている。また、この時期にゆりの中に刻み込まれた「英語＝楽しい」という信念はその後のゆりの英語に対する好意的な態度を支えている。

幼少期のゆりの英語に対する態度を養成したものとして、その他に、よう

こ先生の英会話教室、そこで紹介されたイギリス人文通相手のビッキーが挙げられる。実際は、ほとんど両親が代わりにビッキーに手紙を書いていたのだが、ゆりは英語をコミュニケーションとして使用することに触れ、英語を使用して生活する世界に幼少期から触れていた。英語を使用する世界は架空の世界ではなく、本物の世界として、いつか自分が英語を使った活動をする姿を描いた。こうした幼少期に周囲から与えられた英語との接触経験は、その後のゆりの英語学習への取り組みに反映されている。以上のことより、幼少期に他律的に発達した自己調整学習能力は、ゆりが意識的に手に入れたものではないが、自己調整学習方略を使用しながら学習を継続していくゆりのその後の学習態度や信念の形成に大きくかかわっていると言える。

学習の個性化

（学習中期：15〜18歳）

　幼少期、周囲から楽しく英語に触れる機会が与えられていたが、中学の授業は期待に反して面白くなかった。高校でも、逐次翻訳と文法中心の授業で、ゆりが臨むような授業が与えられなかった。そして、授業で学ぶ英語は、ゆりが理想とする英語活動を可能にするものではなかった。ゆりは、アメリカの映画やドラマの登場人物への憧れからドラマの主人公のように話せるようになりたかった。そこで、与えられた授業を活用するのではなく、ドラマの一場面を再現するドラマ学習として独自の学習形態を作るようになり、自己調整学習がすすめられていくことが観察された。ドラマや映画などテレビメディアを利用する学習は他の調査協力者のトラジェクトリでも学習後期に観察されたが、ゆりの場合、学習中期である点と、台詞を暗記するという点において特徴的である。ドラマ学習の中で、どのように自己調整学習が機能しているかもう少し見てみよう。

　ゆりの自己調整学習方略の1つとして、ドラマが好きな自分に合った学習活動を作り出したことが挙げられる。これは、理想の自己像に近づくために

第3章 事例研究

必要な英語能力を習得できる英語活動が与えられなかったためである。すなわち、ゆりは自身が求める英語学習機会が与えられない場合には、身の回りにあるものを使って自分らしい学習活動を作り上げている（学習の個性化）。さらに、ゆりの理想の自己像はドラマの主人公そのものであり、主人公を演じる自分に理想の自己を見出していると考えられる。そのため、演じている自分の語りが理想の自己の語りと重なり、台詞は単なるセリフではなく、ゆりは理想の自己に一歩ずつ近づいていくように感じていたのだと考えられる。こうして、学習活動を個性化し、学習場面に現実味（本物性[67]）を付与することがゆりのドラマを使った自己調整学習を機能させる鍵となっている。また、ゆりがドラマ学習を長期間継続させた点でも自己調整方略が使用されている。ドラマ鑑賞はゆりの趣味であり、ドラマは学校の友人との共通の話題でもあった。そのため、ドラマ学習には友達の存在も重要な要因だった。しかし、自宅でドラマ学習を実践し、友達にその成果を見せるといったパターンを作ることで、学習活動を習慣化させた点において、ゆりの自己調整学習方略の使用が観察される。このように、ゆりの自己調整学習が機能した背景には、ドラマの楽しさ、俳優に対する憧れ、将来英語を話す理想の自己像、友達との共通の話題といった様々な要因がドラマ学習を継続させる動機として存在したことが窺われる。

　では、「ドラマの人物のように話す」「自分もその世界に入る」という目標を設定したゆりは、英語学習に対してどのような信念を持っていたのだろう。言い換えると、なぜゆりは、将来自分が英語を母語とするコミュニ

67）J・レイブ＆E・ウェンガーレイブ（1993）が提唱した正統的周辺参加の理論では、共同体に正統性（legitimacy）を感じるということについて、自分の活動しようとする共同体が「本物の（authentic）」活動であることの確認であるとしている。そしてその「本物性」を次のように説明している。ある領域の活動は、その領域の文化的行動隊での活動の意味や目的は、過去と現在のその成員の合意によって社会的に構成される。こうした実践共同体（community of practice）における固有で有意味な目的的諸活動が「本物」なのである。そして、こうした活動に参加しようとする意思が生じる時、その共同体に正統性を感じているということができる。

147

ティーに入ることを現実味を帯びたものとしてとらえていたのだろうか。筆者はその理由を次のように分析する。ゆりは、幼少期にビッキーという英語を使用する世界（英語世界）で生活する人物と交流があり、この経験が影響していると考えられる。ゆりの多くの友人にとって、英語世界はテレビスターの世界であったが、ゆりにとってはビッキーの世界でもあった。そのため、ゆりは自分が憧れる英語世界を「手の届かない世界」ではなく、「手の届く世界」と認識していた。しかし、当時のゆりにとって「話せる」ことに対する目標意識が他のスキルより高かったため、ドラマ学習からスピーキング能力と発音の上達以外のどのような英語能力が習得できるかについては、特に意識を払っていなかったようである。また、独創的な学習を自ら作り出しているが、学習の効率性よりドラマへの興味が先行している点において、自己調整学習する力の発達段階として自己制御されたレベルにあると考えられる。

学習の焦点化

（学習後期：25〜31 歳）

　学習後期になると、英語能力をより高めるために必要な学習を分析的にとらえることができるようになった。また、日本語教師としての経験の中で文法学習の重要性を再認識したことで、文法学習への動機が内在化され、メタ認知的に学習に取り組むようになっている。コミュニケーション能力重視の英語学習だけでなく、これまで苦手だった文法に取り組み始める時点では、自己調整学習能力が自己調整されたレベルに達していることが観察された。そして、コミュニケーション能力から文法能力の上達へと意識がシフトしたため、大学内の日本語講座の生徒、コニーとエイミーとのコミュニケーションの中で、文法習得のための具体的で計画的な注意が払われている。たとえば、2 人のアウトプットに含まれる文法に注意を払い、アウトプットで得た文法表現を意識的にインプットで利用し、わからない文法は聞き流さず、そ

の場で解決してできるだけ使うように努力をしている。しかし、こうしたコミュニケーションの中で文法学習をするためには、コミュニケーション参与者間の十分な信頼関係が不可欠であろう。

学習環境の構築

（学習後期：25〜31歳）

　コミュニケーションの中で文法学習を可能にしたのは、ゆりがコニーとエイミーとの間に構築した良好な関係性である。ゆりは、2人に対して自分の英語の「間違いをさらけ出すこともできるくらい平気」であり、間違いを指摘されたり、「笑われても平気なくらいの関係」が構築されていたと言及している。コミュニケーションの中で、目指す能力（文法能力）の上達に意識を向けたのはゆり自身だが、それを可能にしたのは、2人の友人の存在に他ならない。ゆり自身、人との出会いに関して「私はラッキーだった」と述べているように、ゆりの自己調整学習行動は、環境との巡りあわせがなければ起こらなかったかもしれない。しかしながら、その巡り合わせを辿っていく過程で、ゆりが出会った人々とよい関係を構築していく様子も見えてきた。このことから、ゆりの英語能力の上達には、目標遂行のための学習機会の確保や学習のモニターするメタ認知的方略に加え、人間関係の構築を通して学習環境を調整するといった自己調整学習方略の使用が重要であったことがわかる。

　また、ゆりが2人と共有する時間の多さにも注目したい。友人関係の親密度が深まるのに従い、3人が一緒に過ごす時間が多くなったのは自然なことであったであろう。しかし、ゆりは、ベトナム滞在中のベトナム語学習経験を振り返り、「できるだけいろんな場面とか機会を利用して誰か（ベトナム語話者）と一緒に過ごす中で身につけていった」と述べている。そして、帰国後に働き始めた日本語学校の学生たちとスキー合宿を企画し、朝から晩まで「その日一日の出来事が全て日本語で進行していく」なかで、学生たちが目

標言語を経験から発見的に身につけていく必要さを指摘している。このことから、多くの時間の中で、様々な活動を一緒にすることを通して目標言語を習得していくといった学習を、コニーとエイミーと過ごす中で実践していた可能性も示唆される。

周囲の関与

　ゆりの自己効力感の変化について観察すると、まず1つ目の特徴として、英語能力が低い学習初期に自己効力感が比較的高いものの、その後一度低下していることが挙げられる。ゆりの学習初期には周囲の大人がゆりの学習にかかわっており、こうした周囲の関与はゆりの自己効力感に影響を与えている。2つ目に、学習中期では徐々に高まるが、低下することもあり、大学受験の結果から大きく低下している。3つ目に、学習後期は高い英語能力が求められる場に挑戦する不安から自己効力感に変動が見られる。このように、学習初期、中期、後期のいずれにも自信を失い、自己効力感が低下している時期が確認される。

（学習初期：5〜11歳）

　ゆりの幼少期の自己効力感は高い。この頃の自己調整学習能力が周囲からの支援によって養成されたように、自己効力感にも周囲の働きかけがかかわっている。ゆりの母親は、ゆりが「できる」ところを取り上げて褒めた。ゆりは、自らの英語能力の習得の全体像を描くよりも先に、自分は「英語ができる」と感じていた。また、簡単な英語教材を繰り返し使用することで、ゆりは英語は面白いし、簡単だと感じていた。このように、扱う内容が易しかったことに加え、周囲の人に褒められたり、励まされたりしたことで実際の英語能力はさておき、自己効力感は高かったのだと考えられる。

　しかし、ビッキーとの文通が自分の力ではできず、父親に頼らざるを得なかったことで、それまで高かった自己効力感が低下している。しかし、ゆりの英語に対する態度は、自己効力感の低下の影響を受けず、英語が「嫌いだ」

「難しい」「苦手だ」と感じてはいない。幼少期に楽しく触れ始めた英語を「難しい」「嫌いだ」と感じることはトラジェクトリを通してほとんど観察されていない。むしろ、「できない」という自己効力感の低下は前向きに学習する意欲を生み出している。

得意分野での挫折

（学習中期：11〜18歳）

中学入学前に既に英語に触れてきたゆりは、リスニング能力がクラスメートよりもずっとよかった。英語の授業は楽しいと感じていなかったが、ゆりにとって簡単であったため、中学入学以降、自己効力感は高まっている。しかし、中学の半ばになると、それまで授業を熱心に聞いていなかったゆりにとって英文法の説明が急に難解に感じられた。成績も下がったことから自己効力感は低下している。

高校入学以降はますます長文を使った精読になり、ゆりは英語の授業のすすめ方に不満を感じている。そして、学校の英語活動とは切り離したドラマ学習に自ら取り組み始めた頃から、自己効力感の高まりが観察される。同時に、「試験の結果とか評価も気にならなくなった」と述べていることから、この時期のゆりにとって、学校の成績と自己効力感の高まりには相関性はあまりないようである。しかしドラマ学習をはじめてしばらく経ち、授業で学習するものの中に以前ドラマ学習で暗記した表現や単語が出てくる頻度が高くなったのが高校の頃であり、ゆりはたくさん「わかる」「知っている」という経験をしている。また、クラスメートが知らない単語をゆりは知っているということがたびたびあったことも、自己効力感の高まりにつながったと考えられる。

ゆりは学習中期において、英語は得意科目であると認識しており、大学進学を迎えるまでに自己効力感は非常に高くなっている。しかし、大学受験で希望していた英語科に進学できなかったことから自己効力感は急激に低下し

ている。ベトナム語を専攻しながらもやはり英語習得への憧れが強く、英語学習を継続している。この時期にも英語能力は向上したと考えられるが、英語科の学生にコンプレックスがあり、自己効力感はやや低い状態が続いた。しかしながら、この時に大きく低下した自己効力感は、ESS や E カフェなど、英語学習のためのコミュニティーの中で英語との接触機会が増えていくことで徐々に高まっている。

期待と不安

（学習後期：19〜31 歳）

　学習後期には、自己効力感が比較的高いが、現在に向けて一定して高まってはいない。英語能力が上達しているにもかかわらず低下することも確認できる。24 歳で日本語教師としてベトナムで過ごした 1 年間で、ゆりはベトナム語と英語の習得レベルと比較して英語に対する自己効力感は高まっている。大学院博士課程に在籍していた 26 歳では、英語を使った会議や発表の司会、国際学会での英語発表で自分の英語に不安を感じ、自己効力感が低下している。しかし、それを成し遂げることで得られる達成感は次の場面における自己効力感を生み出している。つまり、学習後期の自己効力感の低下は、より高い英語能力が求められる場に挑戦することで不安を感じることにより生じている。しかしながら、ゆりの挑戦の場については、2 つの大きな特徴がある。1 つ目に、ゆりはあまりにもリスクの高い挑戦はしていないことである。挑戦への不安から入念な準備をしており、こうした準備で十分乗り越えられると見込まれる挑戦を経験している。そのため、不安の一方で期待もあるうえに、期待感が不安感を上回るような挑戦には臨んでいない。2 つ目に、挑戦の場において、ゆりは常に学生という立場でであったということである。ビジネス場面での挑戦とは異なり、リスクも低く、他の学生や教師に囲まれた環境での挑戦は、有益なフィードバックを多く受けることができたのではないかと考えられる。

ゆりの自己効力感の変化を学習初期から追うことで、学習初期では英語能力が実際に低いにもかかわらず自己効力感が高く、学習後期には英語能力が高まり、より高度な英語能力を必要とされるために自己効力感が一定して高まらないということがわかった。このことより、実際の英語能力の伸びと自己効力感の高まりは必ずしも比例関係にあるわけではないことが言える。

弱点を克服する目標設定

　図10に示したように、ゆりのトラジェクトリの中では、大きな5つの目標設定、「ビッキーにいろんなことを伝える」「ドラマの人物のように話す」「あの世界に入る」「英文科に進学する」「文法を補強して英語能力を高める」が観察された。

　ゆりの目標設定の特徴として、「英文科に進学する」という短期的な目標と並行して、「あの世界に入る」という長期的な目標が存在していることである。つまり、いつか将来は「あの世界に入る」という長期的で将来志向の目標を学習の中期から持っていたということである。ベトナム語専攻をするようになっても英語学習を継続させていたことから、この目標がゆりの長期的な学習を支えた重要な要因の1つであると思われる。また、「文法を補強して英語能力を高める」という目標について、ゆりの文法学習に対する内的変化が観察され、様々な自己調整的な行動が観察された。

　「文法を補強して英語能力を高める」という目標は、学習後期になってから設定されている。それ以前のゆりは、読み書き中心の高校英語に疑問を抱き続け、文法学習に対して有用性が感じられず避けてきた。しかし、学習後期で文法にきちんと向かい合うようになったのは、文法学習に対してゆりが価値を見出したからである。ゆりは自分の日本語教育経験の中で、「読んで理解できることでないと再現できない」ことに気づき、「基盤（文法）」の必要性について言及している。このことから、日本の英語教育における文法学習の有用性を認識すると同時に、自分が避けてきた文法学習に対する価値づけがなされたと言える。また、ゆりの英語能力は他人から高く評価されていたが、ゆりは、「中途半端に英語が得意」だと自身を評価していることから、

自分の英語に対して絶対的な自信を持っていなかったことが窺われる。そして、この目標を達成することで、英語に自信が持つことができ、ひいては自分に自信が持てるようになると考えたと思われる。その結果として、自己調整学習方略が使用されるようになった。

　これらのことより、学習者が目標に積極的に関与するためには、目標に対する価値を高め、自身の価値観との一致により動機を内在化させることが必要であることがわかった。

3 ｜「習慣型学習」の学

(1)　人物紹介

　インタビュー当時（2008年5月）、32歳の学は、外資系企業に勤務するエンジニアであった。インタビューでは、明快な口調で過去の学習経験を語り、人前で話をするのに慣れている印象を受けた。中高では他の学生と同じように学校の授業と塾に通い、大学では基礎工学部に在籍していた。エンジニアとして働く学と英語学習の強いつながりはインタビューで話を聞いていくまで見えてこなかった。また、英語圏へは短期の留学経験も旅行経験もないが、非英語圏のスイス、ドイツ、イタリアは出張で訪れた経験がある。渡航先では、出張の機会を利用して街のいろいろな観光地に足を運んだが、仕事の都合で滞在期間は1週間程度の短いものである。学の英語力の土台は中学と高校で聞き続けたラジオ基礎英語である。学校の授業よりレベルが高く進度の早い基礎英語のおかげで、英語の成績はいつも上位だった。また、学はコツコツと努力を積み重ね、どの教科も成績がよくないと気が済まない性格であるため、学生時代はどの教科も上位グループの中にいた。そのため、他の教科と比べて英語が特に得意であったわけではない。表8は学のプロフィールの概要である。

第 3 章　事例研究

表 8　学のプロフィール概要

性別（年齢）	男性（32）
英語学習開始時の年齢	12 歳
英語学習期間	21 年
主な英語学習方法	ラジオ NHK 基礎英語講座、映画
大学学部の専攻	基礎工学部、物質応用
大学院の専攻	物質応用
職業	エンジニア
海外旅行・滞在経験	スイス（4 日間）　ドイツ（1 週間） イタリア（5 日間）　いずれも出張
英語以外の言語学習経験	なし

(2)　学のトラジェクトリ

〈小学校時代〉

　学には 3 歳年上の兄が一人いる。両親は学が小学校に入った頃から共働き
で、帰宅が遅く、学と兄は、放課後は学校で友達と遊んでいた。小学 3 年生
の頃から同級生の何人かが近所の公文の教室に通い始めたことで、自分も友
達と一緒に行かせてほしいと母親に頼んだ。子どもの帰宅までに両親が不在
であることも多かったため、母親は学を公文に通わせることにした。学に
とっては、友達と通う公文は、放課後のアクティビティーの一環で、楽し
かった。公文では主に算数と国語の勉強をしていた。学は学校の成績はどの
教科も優秀で、勉強は嫌いではなかった。公文でのドリル学習はほとんど応
用問題が含まれておらず、比較的易しい問題を制限時間内に目標数こなし
て、高得点をとることがやりがいだった。学の両親は学校の勉強や成績につ
いて口出しすることはなく、英語学習は中学に入って学校ですればよいと考
えていたようだ。学は小学校を卒業するまで英語の勉強をしたことはなかっ
た。学がはじめて英語に触れたのは、小学校の卒業式の日に担任の先生の話
で聞いた、NHK のラジオ基礎英語だった。

155

卒業式の後で、先生の話の中に、NHK のラジオ基礎英語のことがあったんです。たしかにあの時の先生のことばがきっかけですね。それでラジオで英語を聞くようになったんです。でも、正直、特に印象深い先生だった訳ではないんですよ。確かに、なんで、って考えてみると、何ででしょうね。多分その時のしんみりした状況とか、先生がなんか大切そうだと感じたんだと思います。

　小学校の先生の薦めで聞き始めた NHK のラジオ基礎英語だったが、学はその先生のことを特に慕っているわけではなかったようである。しかし、学は、後に、基礎英語が現在の自分の英語の土台になったと言及している。また、英語を学習し始めた頃の英語に対する印象を次のように述べている。

兄がいたから、英語が上の学年が習う科目ものだって思ってたんだと思います。イメージとしては、年上が習うかっこいいみたいな、とにかく自分が実際にはじめて英語を習い始める前から、いいイメージを持ってはいました。

　このように、学の目には、英語という科目は中学生になって勉強できるかっこいい科目として映っていたことが窺われ、学はそれを兄の影響だと言及している。

〈中学時代〜授業と基礎英語〜〉
　英語へのよいイメージに加え、自ら取り組んでいた基礎英語のおかげで、中学校での英語の授業は学にとってスムーズに始まった。学の両親は平日の夕方は帰宅が遅いこともあったが、週末の夕食は家族揃って食べた後、よく本屋に出かけた。父親は、学と兄に一冊ずつ本を買ってくれることがあった。学はその時に、コミック本に加え、基礎英語のテキストを買ってもらった。学は基礎英語の放送が始まる 6 時にあわせて毎朝起きるようになったが、学の家族はみんな早起きだった。父親は出勤時間が早く、母親は学たちのお弁当をつくるために早く起き、兄は部活の朝練のために家族の誰よりも早く起きていた。そのため、学一人が早起きをするという生活環境ではな

第 3 章　事例研究

かった。半年ほど経ち、朝の基礎英語が習慣化してくると、父親は学が頼まなくても翌月のテキストを買ってくれるようになり、こうした父の行為は陰で学の学習を支援していた。このように、学の努力や強い意志に加え、朝早く活動を始める家庭環境や、毎月学のためにテキストを買ってくれる父親が学の学習行為の継続を支えたということが窺われる。特に、学は父から毎月新しいテキストを受け取ることが嬉しかったと述べている。

> 学校の教科書みたいに、1年で1冊じゃなくて、毎月1冊だから、どんどん前に進んでる実感があった。それに、うちの両親は勉強しろって言うことは全くなかったし、塾とか習い事は頼まないとは行かせてもらえなかったんですよ。だから、父親がテキストを買ってくれたりすることは、僕にとっては嬉しかったんです。それに、毎月テキストを父親から受け取る瞬間は、またこれで頑張ろうって思えて、ありがたみがあったと思います。

　基礎英語は、次第に難しくなっていき、着いていけないと感じるようになった。既出の文法をきちんと理解できないまま次の課に進み、単語も暗記が追いついていない状態で更にどんどん進んでいくこともあり、学んだ気がしない回もあった。しかしながら、それでも継続していたのは、父親が継続してテキストを買ってきてくれるからでもあった。また、学は毎朝基礎英語を聞くという活動を毎日のスケジュールの中に組み込むことで活動の継続を管理していた。

> 寝坊して数回飛んだりすることはあっても、全く離れるということはなかったです。やっぱりまたこの時間はこの時間に起きてっていう、そこに戻ってきてずっと継続しこましたね。だいたい5年くらいです。基礎英語って朝と夕方にあるんですけど、朝にしたり夕方にしたりじゃなくて、もう朝っ！って決めてたのも癖がついてよかったのかもしれないです。

　学はその頃の基礎英語を使用した英語学習と中学での英語の授業を比較し

157

て次のように述べている。

　　（基礎英語は）学校の英語よりすぐにレベルが高くなって、会話文はどんどん長
　　くなるし、それでも頑張ってついていっていると、学校の授業で習うことを先回
　　りしてしまって、授業は基礎英語の後づけみたいになりました。それで、偶然に
　　でも、数日前の基礎英語で聞いたけどわからなかったこととか、昨日見たばっか
　　りの単語が授業で出てきたときは嬉しかったし、違う文章の中で二度見ると暗記
　　できるんです。

　授業は基礎英語の後づけというとらえ方からもわかるように、学は授業と
基礎英語をそれぞれ区別して位置づけることで、どちらにも価値を見いだし
ていた。たとえば、基礎英語で発音の練習と授業を先取りしつつ、基礎英語
のテキストでは1ページ分しかなかった文法事項が授業で丁寧に解説される
ため、授業を基礎英語の復習ができる場としてとらえていた。一方で、基礎
英語の進度が非常に速く、ついていけないと感じることもあり、継続してい
く動機が下がることがあった。しかしそうした場合でもしばらく聞き続けて
みると、基礎英語で聞いた文法事項や単語が学校で新出として扱われるとい
うことがあった。こうした経験のたびに、学は授業に集中して取り組むよう
に意識するようになった。また、基礎英語では曖昧に理解していたものも、
授業で再び説明を受けることで理解が深まったため、学校の先生の指導に対
しては信頼感をもっていた。音読の仕方や単語の覚え方など授業中に先生が
話す勉強のコツはできるだけ試そうとした。授業中に学は、学校の授業でク
ラスメートよりもスラスラと音読ができることに気づき、そのことを基礎英
語を使って1人で音声練習をする活動のおかげだと考えていることが窺われ
る。

　　基礎英語で英文を決められた空白の時間に自分で声に出して言う練習をするんで
　　す。制限時間に間に合わせるように細かいところまで正確に言う練習って、この
　　時にしていたんだと思います。だから、他の人よりスラスラ音読できたんです。

158

授業中に他の人が音読を当てられた時に、とにかく読むのが遅いな〜と思っていて。自分の発音がいいとは思ってなかったけど、ある程度自然な速度で声に出すことができてました。

　学は、クラスメートたちが英語の発音記号に沿って発音することを恥ずかしがって、わざとカタカナ英語のように読むのかと感じたこともあった。もしそうであれば、学は授業で英語を正しく発音しようとする自分はダサく、恥ずかしいことをしていると思うようになった。しかし、学と仲のよかった友達の一人が、学の発音が良いのはなぜかと尋ねてきた。学はその時に、友達は真剣に発音しようと努力しているができないということに気づいた。この気づきは、学にとって2つの点で大きな意味を持っている。1つ目は、友達は英語の発音ができるように努力をしている（努力しているができないと）ということを初めて知った点である。2つ目は、他のクラスメートから学の発音は一目置かれていることを知り、自分の発音に対して恥ずかしさではなく、自信をもてるようになった点である。

〈高校時代〉

　高校の間も、学はほぼ毎日、基礎英語を聞き続けていた。学の高校には、英会話担当として常勤のネイティブの講師がおり、高校2年まで週に一度だけ英会話の授業があった。学はネイティブの先生との会話を通じて、自分の英語の発音が他の生徒よりも良いと感じていたと報告している。先生も学が詰まることなく英文を読んだり話したりするのでよく褒めた。この頃も、学は他の友達の教科書の音読について述べているが、意味の単位で区切った読み方ができていたことから、英語能力がこの時期にも他の学生より高かったことが示唆される。

とにかく一語一語を追うように読んでるなって思いました。だから、なんか違和感ある所で息継ぎをして切ったり、変な読み方になってるんです。僕はその頃までに、文章が長くなっても、まとまりごとに区切って、そこまでは一気に読むの

が身に付いてたと思います。

　学の高校では2年生で、文理のコース選択をすることになっていた。学は英語の成績はよかったが、どの科目も成績優秀で、学にとって英語は特別な存在というわけではなかった。その頃、学が最も好きな科目は化学だった。英語は理系を選択して大学受験をした場合も必修科目であることに加え、担任の先生との進路相談で、英語が苦手な学生が多い理系コースで、学の英語の成績は武器になるという助言を受け、学は理系コースを選択することに決めた。またこの頃から、英語は嫌いではないし、むしろ得意だが、専門的に勉強するよりは他の得意分野を活かした仕事をしながら英語を使いたいと思うようになった。理系コースに進学すると、理系科目を中心に教える近所の個人塾に通い始めた。塾に通いながらも最初の頃は基礎英語を継続していたが、しばらくすると塾からの帰宅が遅くなり、基礎英語は最終的に学の生活から消えていった。高校3年生の頃に、学校で受けていた全国模試の結果によって、自分の英語の成績を客観的にみることができた学は、このようなことも述べた。

　　模試の時の方が、決められたことを勉強して点数が取れる定期試験よりやりがいがありました。あと、模試のリスニングはいつもほぼ正解でした。学校の定期試験は、その場限りの勉強、みたいな意識があったんです。本当に英語の能力はちゃんと測れてないんじゃないかな〜って。だから、どんな問題が出るかわからない模試の方が、自分の実力がわかると思ったし、初めてみる長文でも友達より読めてました。

　受験勉強が本格化する頃、学は通っていた個人塾で英語も受講するようになった。塾には自習室があり、そこには受験生それぞれに本棚が与えられていた。学は教科書や参考書、問題集、ノートなど全ての学習道具を自習室に置いていた。学は、この頃の塾の存在を「第二の家」と呼ぶほど塾で過ごす時間が多く、また学が塾や塾の友達、先生とのつながりが深かったことも窺

第3章 事例研究

われる。塾の授業がない日でも毎日、放課後は自習室に通った。夕食の時間は家に帰るが、夕食後また塾に戻って23時頃まで自習室で過ごした。塾は勉強する場で、家は食事をしてテレビを見たり、リラックスする場になっていた。学の塾での英語学習は、授業中は長文や難解な文章の精読が中心で、自習中には授業の予習や復習、文法問題集の反復練習、単語帳を使った暗記、自分で購入した問題集を使ってできるだけたくさんの長文の速読練習をした。文法問題集は、学校で共同購入したものと、塾で勧められて購入したものの2冊を徹底的に繰り返した。学は、塾の先生に、「あれこれいろんな本に手を出さないで、1冊を確実にするように」ということをたびたび言われていた。そのため、それ以外の問題集は購入せず、塾の資料室で借りて、いくつか問題を解いてみることは時々あったものの、文法を強化するためには、手持ちの2冊に出てくる文法を漏らすことなく完璧にすることに専念した。また、単語帳はいくつも購入せず、学校で決められた受験対策用の単語帳を使って完璧に頭に入れた。単語の暗記は、単語を文脈の中で覚えるため、簡単な例文を作った。学は、単語帳に書かれている例文ではなく、自分で例文を作る単語学習の意味について次のように述べている。

> 例文は、作ること＝使ってみるってことでもあるから、それだけで意味があるんです。でも、どっちかっていうと、作る過程が大切なんです。友達と一緒に笑いながら変な例文を作ったら、笑ってた状況も含めて、例文が記憶にしっかり刻まれてるんです。単語帳の例文て、実際に自分が使いそうにない文章ばっかりじゃないですか。でもそれだと、馴染みにくくて、刷り込まれないんです。

　このように、学の大学受験のための英語学習は授業と自習の時間を使って、精読と速読、文法学習、単語強化が最低限の学習教材を使うことで計画的にすすめられていることがわかる。学は、他の友達のように何冊も参考書や問題集を買う金銭的余裕がなかったことも、そうした最小限のリソースを効果的に使って英語能力を高めることにつながったと述べている。そして、そうした体系的な学習を学が自信を持って続けられたのは、塾の先生のアド

161

バイスのおかげだと考えられる。

また、現在、多くの学習者が電子辞書を持っているが、当時は電子辞書がまだ高価であったため、学は紙製の辞書で単語を調べていた。時間がかかる作業だったが、学は受験勉強の頃に、紙製の辞書を多用したことについてこのように述べた。

> 勉強の痕跡が目に見えるんですよ。前に引いたことある単語にマークがあったら、前にも調べたことがあったんだ〜って、わかる。多義語の場合は、そのときに使われてる意味にマークしてたから、今回は別の意味で出て来てるとか、自分の勉強を辿れるんです。まあ、なにより、ずっしり重い辞書がだんだんしわくちゃになって、汚れていくのも、自分のものになっていってるっていうのが見てわかるのは嬉しいもんなんです。

現在では、単語を調べる時間の効率化のために、学も電子辞書を使うが、やはり紙製の辞書が学習の成果を視覚的に確認することができる手段として好きであると言及した。

〈大学時代〉

18歳の学は希望していた大学の基礎工学部に入学した。大学進学後、自由な時間ができた学は、アルバイトとして家庭教師をするようになった。友達と出かける予定のない週末には近所のレンタルショップでDVDを借りて映画を観るようになった。洋画だけでなく、邦画もよく見ていた学にとって、映画を利用して英語に触れることは余暇を過ごす方法として位置づけられている。しかし、好きな映画を何度か繰り返し観ることで、台詞が字幕なしでも英文のまま耳に入ってくるようになったことをきっかけに、映画を英語学習のために使うことを意識するようになったと述べている。

> ドラマとか映画とは楽しみながら、余暇を過ごす1つの方法として英語に触れるようになったんです。単に趣味が映画鑑賞だったんです。特に特別なことをして

第3章　事例研究

るっていう意識はなかったです。1回観るだけだと映画鑑賞なんだけど、何回も
観ると映画が英語の学習に活用できるって気づいて。好きな作品でいいんです。
何回も観たいような映画を何回も観てました。

　また、学は映画を使って英語に触れる中で、自身のリスニング能力につい
て次のように言及している。

　それまでに聞く耳の蓄積が良かったんだと思うんです。リスニングで、僕が特に
してきたことって言えば、基礎英語しかないし、リスニングの土台は絶対に基礎
英語のおかげだと思います。わからない単語でも音は聞き取ることはできたか
ら、スペルを推測して辞書で調べるっていうことはできました。

　そして、基礎英語と映画を使った学習では、英語のインプットの量と質の
違いについて次のように述べている。

　基礎英語の時には1ページの分量って言っても限られてたし、全部聞き取ろうと
してましたけど、映画は量（聞く情報）が増えるでしょう。映像があるっていう
のも大きな違いで、言葉と一緒に表情が見れるから、それも文章の意味というか
ニュアンスを理解するには必要な情報だと思いました。時間も、基礎英語は15
分、映画は2時間。ざっくり聞くようになったけど、聞いた量は大量だと思いま
す。それから、聞いたもの全部わからなくてもしょうがないというか、何となく
ぼんやりしかわからない気持ち悪い感覚にも慣れました。

　また、映画を使った英語学習から、これまでの単語帳の語彙だけでは実際
の使用に対応するには不十分であることを認識している。

　単語はいちいち調べるのは大変だし、やっぱり語彙がネックだな〜と思いまし
た。わからない単語を書き出すようにして自作の単語帳を作った時期もありまし
たけど、やっぱり映画が楽しめなくなって、やめてしまいました。あと、映画の

163

英語に関して気づいたことがあって。多義語の場合、ほとんど、単語帳とか辞書で太線で、一番に載ってる意味で使われてないんですよ。だから、知ってる単語なのに、なんか自分が覚えた意味をはめてみたら微妙に変な感じがしたりして。そういう微妙な誤差を微調整しながら、単語の語源とか中心的な意味がぼんやり見えてきたと思います。このモヤモヤ〜っとしてた期間は長いです。今でも、そういう感覚があるときはあります。

　学は映画を使った自己学習の他に、大学で一般教養として必修科目である英語を履修していた。受験勉強のような精読の授業と、時事英語を使ったリスニング・スピーキングの授業の２種類あった。学が特に好きだったのは学生発表がある後者だった。高校時代の英会話とは異なり、単なる会話ではなく、論理的な話の展開や正確に情報を伝える能力が求められた。もともと定期試験より実力試験に自信のあった学は、自分の英語能力を結集して英語発表をつくり上げることは好きな作業だった。授業内でグループ活動に加え、学期に１回、個人発表の機会があり、学はインターネットや図書館で英字新聞を読み、発表で扱うトピックに関する情報やそれらを描写するために使われている英語表現を収集した。発表の準備段階から自分でつくり上げることはやりがいがあり、学は楽しんで取り組んだ。この授業を通して、学はスピーキング練習のための学習も自分なりにつくりあげていった。たとえば、動詞の活用を取り入れた音声活動を自分で考案し、実践する学習の効果を検証していることが窺われた。

　書かれたものを早く読むことはできたんです。でも自分で英文構成しないとだめだと、簡単な動詞の活用も考えてから言うから時間がかかるんです。しかも、それでも間違う。だから、自分なりに、素早くスピーキングに対応できるように特訓をしてました。ちょっと恥ずかしいんですけど（笑）頭ではわかってても、なかなか３人称単数をどうしても忘れてしまうから、早口言葉のように、主語を変えながら肯定文を疑問文にしたり、否定文にしたり。すっと動詞の活用が出てくる特訓を一人でしてたんですよ。反射的にってほどではないかもしれないけど、

スッと活用に関しては正しい形で言えるようになりました。自分ではその訓練のお陰だと思ってます。

　大学1年生の秋に、学内でTOEIC受験の機会があった。TOEICのための勉強を特にすることなく初めて受験したTOEICは580点だった。受験者の平均は上回り、一緒に受験した同級生と比べると高かったが、満点が990点と知ると自分の点数に満足できなかった。スコアレポートによると、学のリスニングのスコアは高いが、リーディングは平均より少し上という評価だった。学自身は、リーディングの出来が特に悪かったと思っていなかったため、期待を裏切られたように感じる結果だった。そのときの経験をこのように述べている。

　　周りの人にはスゲーとか言われたんですよ。でも、正直、もっと取れると思ってたから、ショックでしたね。本屋とかでもTOEIC 850点を越える、みたいな問題集とか見たことがあったんで、自分は800は取れると思ってたんです。何のリサーチもなくいきなり受けて、当然なんですけど。でもまあ、期待が高すぎて。あれは、ショック療法です。それから「TOEICのための勉強」が始まったんです。

　また、その頃、家庭教師のアルバイトで高校3年生を担当していた学は、数学・化学・英語を教えており、受験生の長文や文法を教えながら、受験勉強で積み上げた語彙や文法を忘れていることに気づいた。学の大学入学後の英語の勉強は、運用能力向上のためには役立っていると感じたが、大学受験のために学がしてきたものより難易度としては易しく、総体的な英語能力は落ちている気がした。あれほど努力と時間を費やして身につけたと思ったものが消えていっているのかと思うと、学は「もったいない！」と感じた。TOEICで点数がとれなかったのも、そのせいだと考えた。学はリーディング強化のために、大学の授業のための英語に加え、TOEICの問題集を自分で買って解くようにした。少し大きな投資をして自分を追い込むために、TOEICのための総合的な問題集を2冊とTOEIC頻出語彙集を購入した。

165

最初の1ヵ月ほどは途切れることなく続けたが、その後さぼりがちなった。学は定期的に習慣づけて TOEIC の勉強を継続するために、単語帳はカバンに入れて毎日持ち歩き、週2回、大学で英語の授業がある日をイングリッシュ・デーと決め、帰宅後は必ず問題集から何題か解くようにした。そして、最初の TOEIC 受験から1年後の受験で、学は810点を取得した。

　　勉強したらほんとに伸びるんだって思ったんですけど、でも、そのためには本気で勉強しました。とりあえず絶対に1年で800まで伸ばすっていうのが目標で。800あると、履歴書に書いたりとか、800あるとやっと英語が強みになるっていう風に思ってたんです。むしろ500とかだと書いても特にメリットがないとか、先輩や周りから聞いてたんだと思います。点数が上がったことが嬉しかったのと、力を入れた分、その部分がちゃんと上がったのが嬉しかったんです。あの勉強で正しかったって思えたんだと思います。前回は悔しさがバネだったけど、今回は上がったことがやる気になって、また勉強しました。

　大学3年生になると、大学での一般教養の授業はなくなったが、学は自主的に英語学習を続けた。授業の後、研究室の実験やアルバイトなど特に用事がなければ、図書館の自習室で夕食まで勉強していた。三度目の TOEIC では870点、4年生で四度目の挑戦では910点を取得した。基礎工学部の学生の周りにはそれほど高得点を持っている者はいなかったが、学にとって、自己最高得点を取ることが目的になっていた。一方で、870点を取った頃から、自分の英語力に確かな自信が持てるようになっていた。その理由について、学は英語学習である時点でブレイクスルーが訪れたことに触れて次のように述べている。

　　徹底的に TOEIC の点数のために、というか点数が上がるその満足感のために勉強しました。そのお陰で、ある時に、突然ブレークスルーがきた気がするんです、この頃。よく耳にしたことはあったんですけど、ある日突然英語が聞き取れるようになる、みたいな。あの経験というか、あの感覚がこの頃、リスニングの問題

の練習を過去問とか使って聞いてる時に、本当に何でも全部聞こえたんです。映画だと映像とか文脈のお陰で聞けてしまうこともあると思うんですけど、この時は文脈に頼るんじゃなくて、英文がはっきり聞けてました。それに気づいた瞬間はテンション上がりました（笑）

　学は有利な就職のために TOEIC の勉強をしたが、英語力を活かす仕事より就くよりは、自分の学部での専門を活かした仕事がしたいと考えた。海外に行った経験もなかった学は、海外出張に憧れもあった。そして、エンジニアリングのエキスパートでありながら英語でビジネスもできればいいなあと理想の自己像を描くようになった。学は、自分と友人が描く理想の自己像の違いについて次のように述べている。

　　僕はそれまでに海外に行ったことなかったし、海外志向が強かったんです。就職を意識し始めた時に、英語が周りよりできてたせいかもしれないですけど。基礎工学部って男しかいないから、周りって言っても男友達ばっかりなんだけど、海外出張に行きたいとか海外駐在とか、海外に出てみたいっていう人はほとんどいないんですよ。

　学は、就職後に自分が希望する立場で働くために、ゼミの指導教官から大学院進学を勧められ、修士課程に進学した。修士課程在学中には五度目のTOEIC 受験をしており、930 点を取得している。そして、修士課程卒業後には、外資系企業に就職した。

〈就職～現在〉
　学が就職した会社は、製品の品質管理をするドイツ系の会社である。日本支社においても、役員や上司の多くはドイツ人だった。会社内はドイツ人3割、日本人4割、ドイツ以外の外国出身者が3割だった。日本人社員は営業部所属の社員、エンジニア、通訳人だった。その中で学は家電製品部に所属するエンジニアだった。学の周りには日本人の同僚に加え、ドイツ人、フラ

ンス人、イタリア人がいた。会社での会話は日本人以外とは英語だった。そのため、学が英語に触れる機会は一気に増加した。しかし、技術専門用語は知識として理解していても、仕事の現場において英語で伝えることは難しかった。また、専門分野の英語のジャーナルや研究論文を読むことを求められたり、社内で英文ビジネス・メールを交わしたりすることもあった。学にとって、実際に英語を使いながら仕事をするという希望通りの環境に入ることができた一方で、自分が使う表現がビジネス場面に耐えうる表現であるかどうかと悩むことがたびたびあった。会社では英語を使いながらも学習する日々で、自分の英語能力に自信と不安を同時に持つようになったことを語っている。

　　仕事をするようになってそこで英語を使うようになると、正確さを身にしみて必要だと感じました。取引先に失礼のないように本やインターネットで調べましたね。単にちょっと英語ができる人というんじゃあダメだな、情報がまず正確に伝えられなくちゃダメだと、今まで以上に文法に注意するようになったと思います。これは当時の自分の能力を超えた作業で、本当に時間がかかりました。それでも、この時に集中的に新しい分野の英語を勉強したのは、自分でも上達を感じました。多分、最初にわからないことが多すぎたんだと思います。単語を調べる回数も時間も減ったし、昨日覚えた単語が今日使えるなんていうことがあったら嬉しくてしょうがなかったです。できなかったことができるようになるので、純粋に上達を実感したんです。習ったことをすぐ使って、すぐフィードバックがあるのは役に立ったと思います。

　学にとって、ビジネス英語はこれまでの試験のための英語学習とは異なり、実務的な必要性を感じるものだったので、熱心に取り組んだ。英語が上達するにつれて英語で物事を考えようとしたが、逆に英語で頭の中が混乱し、不安になることもあった。英語を実際に使う機会、また英語を使おうとしている時間の多さを次のようにも言葉にしている。

168

第3章　事例研究

1日のほんの2時間ほどの間にいろんなことが、ありすぎることがありました…。会社の人、会社の人以外の外国人と立て続けに10人以上話して、英語で頭がぐるぐるという感じ。使いこなすなんか当然及ばず、英語に埋もれてた感じです。言われたことがわかったつもりだったけど、全く違う理解をしてて、期日に間に合わせられないことともあって、失敗もまあ、よくありました。英語漬けにしようと自分が思ったらできる環境だったんで、大変と言えば大変。ラッキーと言えばラッキーだったのかな。

　学は仕事に慣れていくと、リーディングとライティングにはだいぶ自信がついてきた。一方のリスニングは仕事のこととなると、気持ちが焦って話についていけないことがあった。また、上達は日々の積み重ねであり、なかなか上達が実感できないスランプの時期にも自分の学習をコントロールしていることが次の発言から窺われる。

上達が見える時だけじゃなくて、見えない時にこそ自分を励ますようにしてました。上達してないとしても、別に落ちているわけではなくて、ある時を境にまたググっと伸びるための重要な時間なんだって自分に言い聞かせました。しかも、英語をお金をかけないで伸ばしたいんだったら、自分は最高の環境にいるっていうのはわかってました。でも、まあ、仕事のためだから、逃げることもできなかったのも良かったのかもしれないです。うん、やっぱり仕事だし、なんとかしないとって言う感じで頑張れたのかもしれない。

　また、会社では新入社員の頃から、英語講師を招いて英語クラスを提供するなど、英語能力を伸ばすことが求められる風潮があった。学のTOEICの点数は、入社した若手社員の中で群を抜いていた。しかし、学はやはり満点の990点取得に憧れていた。全問正解することで、英語非母語話者として可能な勉強は完結するような気がしていた。ある日、親しい同僚から社会人の英語サークルに誘われた。50〜80人のメンバーがいるが、毎回参加するのは20人程度だった。英語サークルでは、メンバーが知り合いの英語母語話

169

者を連れて来ることがあった。数少ない英語母語話者との接触しか経験してきていない学にとって、これは貴重な機会だった。その後も、定期的に通うことになった社会人英語サークルについて、学はこのように述べている。

> 他のメンバーも社内で、TOEICが〇〇点要求されるとか、そういう風潮があって、英語を勉強している人が結構多いんです。僕の場合、今後海外出張もあるかもしれないし、コミュニケーションで練習できる場があればいいなと思ってたんです。実は、最初は社交の場のような変な集まりだと思って躊躇したんですけど、真剣に勉強している集団で。僕よりずっとできる人もいるから、教えてもらうことが多かったです。海外勤務を長くしてた年上の人には英会話の表現をよく教えてもらいました。今も時間があれば行ってます。フリートークなんかでは、いろんな話題について話すと、自分がどんな分野の単語がどれだけわかってないかもわかるので。

　学は、入社してから3年ほど経った頃に、ヨーロッパ3カ国への出張を経験している。出張が決まったときは、日本を出るのが初めてだったから本当に楽しみだった。渡航先はスイス、ドイツ、イタリアでいずれも非英語母語圏であったが、学にとって、会社で非母語話者の社員たちと話すのとは違っていた。実際に日本を出て、英語母語国でない土地に行った時に、コミュニケーションをするための手段として誰もが英語を使うというのを肌で感じたことは学にとって重要な出来事となった。それまで英語を勉強してきたことで、英語圏の人だけでなく、それ以外の人たちと言語コミュニケーションができることに感動を覚えた。一方で、この経験は、学に自分の英語能力の限界を感じさせた。学の英語能力はビジネス場面でも十分であった。しかし、学はビジネス場面で情報を伝えるだけでなく、もっと楽しくユーモアのある話し方や、場に応じた丁寧さの度合い、反対意見を述べるときの言い回しなどといった言語が利用される社会的文脈の理解、すなわち、社会言語能力を身につけたいと感じるようになった。

170

第3章　事例研究

大きな失敗とか恥ずかしい思いをすることはなかったんだけど、どうしてももっ
と上手い言い方があるはずだって自分の英語力を責めたこともありました。情報
を機械的に伝えるんじゃなくて、ユーモアを交えて楽しく和やかに会話をすすめ
ながらも丁寧な話し方をする余裕、余裕と言うか、力がなかったと言うか…力不
足を感じました。だからこの経験は自分に自信を付けるっていうより、もっと英
語がうまくなりたいっていう気持ちが高まりました。

　学は現在も週末行われる英語サークルに通いながら、通勤時間でメールマ
ガジン（メルマガ）講読や好きな旅行ブロガーの記事、英字新聞、ラジオ英
会話のビジネス編、Youtube で海外の大学の講義を聞くなど、積極的に英
語に触れるようにしている。英語に触れるためのツールは英語サークルのメ
ンバーから教えてもらったものもある。こうした日常生活の中で途切れるこ
とない学習実践について、次のように述べている。

　　携帯でメルマガ、あれ、僕は英語新聞と英語の表現を紹介するのを登録してて、
　　通勤の間の短い時間に毎日読み切るようにしています。とにかく少しでもいいか
　　ら毎日英語が周りにないと、全くなくなっても違和感を感じないと思うんです
　　よ。僕は数日飛んでも、まあいいやって思うんですけど、それ以上続くと何とな
　　く気持ちが悪いような、そんな風に習慣づけたのがよかったと思うんです。アス
　　リートの筋トレみたいなイメージかもしれないです（笑）正直、特に特別な教育
　　も受けてないし、本当に特別なことはしてないんですよ。基礎英語って誰だって
　　知ってるじゃないですか。ただ、それを続けただけだと思います。

　学は高校時代から英語が得意であったが、英語を専攻することなく、大学
での専門研究の勉強が多忙な時期も英語学習を継続するため動機を、自らの
学習を習慣づけることで管理していることが窺われる。就職後に受けた六度
目の TOEIC では 970 点を取得した。現在も英語学習の機会を毎日の生活リ
ズムの中に組み込み、継続的に英語に触れるようにしている。その理由が、
将来的な海外出張の可能性を見据えていることや、会社で英語の必要性を

171

日々感じていることであるため、学の英語学習は今後も継続していくと思われる。

(3)　学の学習のポイント

　図11は学の英語学習経験において英語学習機会となったもの、場面、人物を時系列にまとめたものである。学は他の調査協力者とは異なり、早期英語学習経験がない。12歳で中学入学と同時に英語の授業、また家庭で自主的にラジオ基礎英語を聞き始めた。学は、高校で塾通いが忙しくなる受験生の頃まで基礎英語を約5年間、学習行動を習慣化させることで学習を継続させた。大学受験を終え、自由な時間ができると、映画を使って英語に触れている。また、基礎工学部の一般教養過程で英語科目を履修する時に、英語で発表をする授業があり、その際、学は発表の準備のためにインターネットや英字新聞を活用して発表テーマに関連する英語表現を取り込もうとした。また、事前に準備することなく初めて受験したTOEICの結果は予想を遥かに下回った。その時の悔しさから1年後の800点取得を目標にTOEICの勉強を始めている。しっかり準備をして臨んだ2回目の受験ではスコアが大幅に伸び、勉強の成果が出たことで学習の動機が高まった。その後も大学在籍中は勉強を継続し、初回から4回目の受験まで、580 → 810 → 870 → 910とスコアは伸びた。学生の間、学は積極的に対人コミュニケーションの機会を設けていないが、自ら計画的に学習をすすめ、少数に限ったリソースを継続して寄り道することなく着実に英語能力を伸ばした。外資系企業に就職し、これまで勉強してきた英語はコミュニケーションに必要なツールに変わった。エンジニアとして働く学の周りには外国人社員が多く、社内でのコミュニケーション、ビジネス・メールに加え、専門の研究論文を英語で読むこともたびたびあった。また、ビジネス場面で英語を使うことになると、文法や表現の正確さが求められるようになり、学は必要性から勉強に打ち込むために様々な学習機会を利用としている。同僚たちに誘われて参加することになった社会人英語サークルも現在の学の英語学習機会の1つとして機能してい

第3章 事例研究

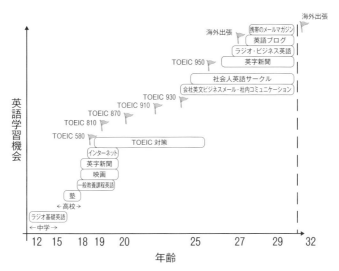

図11 学のトラジェクトリで観察された英語学習機会

る。また、サークルのメンバーから聞いた、英語ブログやラジオのビジネス英語など、英語学習のためのリソースを取り入れることで、通勤時間など空き時間に身近な方法で英語に触れている。

学習活動の価値づけ

図12は、学のトラジェクトリをもとに「自己調整する力の変化と発達」「自己効力感の変化」「目標設定」を図示している。点線は自己調整する力の発達、実線は自己効力感の変化を指す。学の自己調整する力は、学習開始の12歳から大学入学までの間、模倣的レベルと自己制御されたレベルを変動している。学は中学入学時からラジオ基礎英語を誰に指示されることもなく自立して継続していたことから、自己制御する力に関しては学習初期から比較的高いと言える。一方で、学は学校の授業にも価値づけをしており、学校で先生から聞いた学習方略を積極的に取り入れ模倣するなど、学習のすすめ方を探求する中で自己調整する力が発達している。学習中期から後期にかけ

173

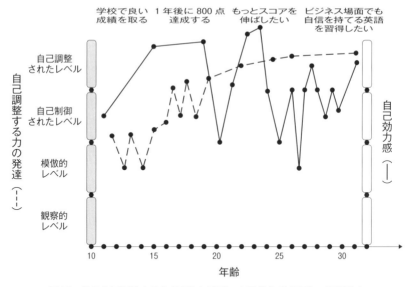

図12　学の自己調整する力の変化と発達・自己効力感の変化・目標設定

ては、TOEICのスコアアップのため勉強に取り組むことで、自己制御されたレベルから自己調整されたレベルへと発達している。後期になると、学習のための様々な機会が活用され、また職場でのビジネス英語の必要性を実感する日々の中で安定して自己調整する力が発達している。

（学習初期／中期：12〜17歳頃）

　学は小学生の頃、一足早く英語学習を始めた兄の姿を見て英語に憧れを持っていた。そして、小学校を卒業すると、約5年間もの間、自主的にラジオ基礎英語を継続した。学を含め、家族全員が早起きをする環境だったため、学も早く起きて基礎英語を聞くことが毎朝の習慣となった。また、朝夕1日2回放送のラジオ基礎英語のうち、必ず朝の回を聞くように決めていたことも、毎日のスケジュールの中で学習行動が管理され、習慣化を強化したと考えられる。さらに、基礎英語では不足していた詳しい文法説明が授業中

でされることで、授業を「基礎英語の後づけ」と見なしていた。つまり、学
は授業内と授業外の学習に異なる役割を持たせることでそれぞれに価値を見
出し、両者の学習はより効果的かつ効率的なものになっていたと言える。ま
た、学は基礎英語を利用した学習期間が長くなるにつれて、学校の授業内容
と重複する部分が増え、「昨日見たばっかりの単語が出てきたときは嬉し
かったし、励みになった」と述べ、基礎英語の既習事項を授業内容と結びつ
けるといった、自身の持つ知識や過去の学習活動を客観的に把握し、それら
をもとに学習を調整しようとするモニタリング方略を使用することで、一層
両者の活用価値を発見していると言える。以上のことから、この時期、学は
学習を習慣化するといった学習行動管理、さらにモニタリング方略によって
学習活動の場に価値を見出すことで学習動機を高めていることが観察され
る。特に、自分で自発的に取り組む活動だけでなく、与えられる活動に対し
ても価値の付与をすることで活動に従事する動機を高めている点は学に特徴
的である。

学習の客観的なモニタリング

（学習後期：18〜26 歳頃）

　学はこれまでに TOEIC を 6 回受験している。大学在学期間には年 1 回の
頻度で受験をしており、結果が良ければ一層学習動機が高まり、良くなけれ
ば苦手な分野を伸ばして次回の受験に備えるために結果を分析的にとらえ
た。このように、学は定期的に TOEIC を受験することによって、学習動機
を維持し、自分の上達を客観的に判断する手段としてスコアレポートを活用
することで学習調整行動を行っている。たとえば、一度目の受験でリーディ
ングは期待していた結果ではなく、TOEIC のリーディング対策用の問題集
を繰り返し解き、TOEIC の長文の形式に慣れ、馴染みのないテーマに関す
る語彙を強化した。学にとって、「1 年後に 800 点まで伸ばす」という具体
的な目標は、日々の学習を支えていた。1 年間準備をして臨んだ 2 回目の受

験では、目標を達成したことによって、やり甲斐と同時に自分の学習の仕方に自信をもつことで、次の目標や目標達成のための学習方法を検討するという学習への意欲的な態度が形成された。

　以上のことから、学は定期的に英語能力の向上を客観的に見る機会を作り、そのための準備や対策（遂行）をし、結果を受け止め（自己省察）、次の目標を設定する（予見）という自己調整学習の循環を可能にしていたのであろう。そして、この循環がうまく機能するためには、いつまでに、何を達成するのかという目標の具体性だけでなく、達成するためにどれくらいの期間が必要でどれくらいの努力が必要であるかを計画するメタ認知的活動における判断力が正確であることも指摘することができる。

求められる能力に応える努力

（学習後期：25～32歳現在）

　入社後、学は英語を使う機会が増えただけでなく、専門英語とビジネス英語という新たな英語に触れることになった。職場で社内での外国人スタッフとのコミュニケーションや英文ビジネス・メールの作成、専門分野の最新の英語論文を読むことが求められた。学は自分の英語能力にはある程度自信をもっていたが、ビジネス場面においては不安があり、職場で自信を持って英語を使うことができるように、多くの英語学習に時間を割いた。英語論文の場合、専門知識に頼り斜め読みすることも可能であったが、内容把握だけでなく、そこで使われている語彙や表現を自分が使えるようになるように、調べながら読んだ。また、入社3年目のヨーロッパ出張で初めて海外滞在を経験した学は、情報を正確に伝える機能的な英語だけでなく、渡航先の社会的文脈を理解し、その場に相応しい言い方で表現できるような社会言語能力が自分には欠如していると感じるようになったと述べている。このように、学はこれまで TOEIC のスコアを指標として自分の英語能力を判断してきたが、入社後には、英語は学習の対象ではなく実際的に使用する「道具」となった。

また、ビジネス英語というこれまでと違う英語に加え、社会言語能力の必要に気づいたことで、それらを伸ばすための取り組みに変化が見られた。同僚が勧める社会人英語サークルに参加し、そこで出会った人々と学習方法に関する情報を交換するようになった。活動を通して、学はサークルのメンバーに聞いた英語学習方法を実践している。たとえば、ラジオのビジネス英語や、同じ職業の英語母語話者や映画評論家のブログ、ビジネス英語のための便利なフレーズを紹介するメールマガジンを自分の日常生活の中で継続できる形で取り入れるようになった。このように、求められる英語能力に効果的にアプローチすることができる多様な学習活動を選択的に取り入れ、それを毎朝の日課として生活の中に組み込むことで継続していく様子が窺われた。

複層構造の自己効力感

　図 12 の自己効力感の変化に注目すると、学の自己効力感は中学で英語学習開始当初から比較的高いことがわかる。18 歳の時に大きく低下するが、間もなく再び高まっている。そして、20 代前半で高まったが 25 歳の頃にも低下が見られる。さらに、学習後期では、自己効力感が不安定であるが、徐々に高まっている。

（学習中期：18 歳）

　中学・高校を通して学の成績は、英語に限らず、どの科目においても常に学年で上位クラスだった。大学の基礎工学部に入学後は、専門科目ではない英語があまり得意でない学生が多数いる中で、学の英語の成績は群を抜いていた。学の自己効力感が低下した時期は、大学 1 年生で初めて受験したTOEIC の結果が返却されたときである。学にとっては初めての挫折であり、自分の期待する成績が得られない苦い経験となった。自分ではまずまずの手応えだったにもかかわらず結果が良くなかったという出来事は、学の期待を裏切るものであった。しかし、この時の自己効力感の低下は同時に、次回に向けて勉強をする強い動機を生んでいる。また、初回の受験は問題形式

に関する知識がなく、十分な対策をしなかったためだと原因を結論づけている。言い換えると、きちんと対策をして臨めば次回はスコアアップを期待できると判断している。こうした認識のおかげで、学は低下した自己効力感を再び高めることができた。

　興味深いこととして、自己効力感が必ずしも自己調整する力の発達と比例関係にない点が図12から読み取れる。学の自己効力感は下がっているが、自己調整する力はその影響を受けず伸びている。たとえば、TOEICの結果による自己効力感の低下が動機につながったことは上述したが、一方で学は大学在学期間中、クラスメートと比較して英語の成績がよく、英語プレゼンテーションでも高い評価を受けている。そうした周囲の評価は学の自己効力感に影響力を持っていたと考えられる。そのため、学には、TOEICの結果を受けたものと、周りの評価を受けたものの二層の自己効力感が存在していたのではないだろうか。そして、総体的に見ると、学の自己効力感が心底失われることはなかった。以上を踏まえると、学の自己効力感は1つの要因の影響を受けるのでなく、同時に発生する別の要因との総体的な影響によって形成される複数の層をもっていると解釈することができる。

目標と現実自己との乖離

（学習後期：25〜32歳現在）

　学習後期すなわち入社以降、これまで勉強してきた英語とは異なる専門英語やビジネス英語を求められるようになり、学の自己効力感は全体的に下がった。しかし、これは学の実際の英語能力が下がったことを意味しているわけでは決してない。学は入社後、必要に迫られ、これまで以上に熱心に英語に取り組んでいる。学の英語能力は確実に上達していたと考えられる。それにもかかわらず自己効力感が高まらなかった原因は、おそらくこうであろう。学は入社してから英語能力の上達の必要性について、「正確さを身にしみて必要だと感じた」と述べている。これまでTOEICで高得点を取ること

第 3 章　事例研究

が目標であった学生時代とは一転し、文法と表現の両面において正確な英語を適切に運用することが目標になった。このように、学はビジネス場面でも自信をもって対応できる英語運用能力を目指すことにより、現実自己との乖離を感じるようになった。そうした目標と現実自己の乖離を認識する状況で、学の自己効力感が低下していったのであろう。そして、乖離を埋めるために取り組む学習の中で、困難と直面する頻度も高くなり、自己効力感が不安定になる様子が窺われた。

ステップアップのための目標設定

　図 12 では、学のトラジェクトリの中で観察される大きな 4 つの目標「学校でよい成績を取る」「1 年後に必ず 800 点は達成する」「もっとスコアを伸ばす」「ビジネス場面でも自信を持てる正確な英語を身につける」を図示している。以下では目標達成のために自己調整学習方略が多用されるになった「1 年後に必ず 800 点は達成する」「もっとスコアを伸ばす」「ビジネス場面でも自信を持てる正確な英語を身につける」という 3 つの目標に対するに学の学習関与について述べる。

　大学に入学すると、何の対策も予備知識もなく受験した TOEIC のスコアは、友達より高かったものの、学の期待を裏切るものだった。そのことから、学は「1 年後に必ず 800 点は達成する」という目標を設定した。学は、自分で設定した目標の達成のため、本屋で TOEIC 対策問題集を購入して勉強した。こうした学習実践をしている者は学の周りに誰もいなかった。しかし、学は勉強を継続するために、週 2 回、自らイングリッシュ・デーを設け、英語との接触を課すことでしばらく英語に触れない期間が続いても自然と学習に向かうように学習習慣を定着させた。家庭教師のアルバイトを通して、受験生の頃と現在の自己の文法能力を意識的に比較するといった自己の変化に対するモニタリングも窺われた。二度目の TOEIC 受験では、目標達成の喜びから「もっとスコアを伸ばす」という目標が現れた。学は周りの誰に指示されることもなく、毎年 1 回受験することで、目標の設定、達成のための勉強、スコアが伸びると新たな目標の設定という 1 年間のサイクルを作って

179

いた。勉強すれば結果は出るという信念を持ち、継続的な学習と定期的な TOEIC 受験は学にとってゲーム化していたとも考えられる。

　入社以降、「ビジネス場面でも自信を持てる正確な英語を身につける」ということが目標になった。このように、学は学生時代も就職してからも、熟達志向が強い。また、学の英語学習の継続には、社内での必要性に加え、海外出張の可能性がある。一度経験したヨーロッパ出張の経験から学は言語の機能性だけでなく、社会言語的側面にも注目するようになっている。そうした学の意識は、学習への取り組みを変化させている。たとえば、これまでのように 1 人で問題集に向かう学習ではなく、英語学習コミュニティーに参加することで、異文化間ビジネス場面における様々なコミュニケーションの技術を学ぼうとした。このように、これまでの学習への取り組みだけでは達成できない目標に関しては、学は周囲からの支援により、新たな知識や情報を取り入れたり、テクノロジーを活用したりするというように、新たな学習の方法を模索していることが窺われる。

第 **4** 章

学習成功者の自己調整学習とは

1 トラジェクトリの総合的分析

　第3章では、英語学習に関連する彼らの語り（一次資料）と調査の中で収集した協力者に関する様々な情報（二次資料）をもとにトラジェクトリを構成することで、彼らの学習が通時的に理解できるだけでなく、それぞれの時点や状況において彼らがどのように、そして何を感じながら学習に取り組んでいたのを描いた。そして、トラジェクトリに基づき、協力者ごとに異なる自己調整学習の様相について「自己調整学習方略」「自己効力感」「目標への関与」という3つの分析単位を用いて詳察をすすめてきた。第4章では、個々のトラジェクトリを総合的に扱い、学習成功者の自己調整学習の特徴について検討する。表10は3人のトラジェクトリの分析で用いた観点を初期、中期、後期の3つに分けて提示している。たとえば、自己調整学習方略の使用に関して、学習初期には能動的に見える学習者の行動も、他者の支援の影響を受けたものであった。そして、学習中期の自己調整学習方略の観点として挙げた、「学習の個性化」や「活動へのより深い参加」は、各学習者の個人の興味や関心にあわせた個別具体的な学習の文脈で行われていた。さらに学習経験が蓄積され、学習後期では、これまでの自身の過去の経験に照らし合わせて目標を遂行するため学習のすすめ方を導きだすといったメタ認知的なアプローチをしていることが浮かび上がってきた。このようにトラジェクトリを分けることで、時間の経過に伴う自己調整学習の取り組みの変化を捉えることができた。しかし、協力者の年代に差があることから、学習の初期、中期、後期にあたる年齢は協力者によって異なる。また、学習者の特定の学習活動によっては、学習初期と中期、あるいは中期と後期の両期にまたがるものもあり、それらについては、各トラジェクトリの分析の箇所で明記した。このように、各期間にあたる年齢が協力者ごとに異なり、トラジェクトリの長さが異なるということは、それぞれの学習者が学習成功者になるまでにかかる年数も異なるということを意味している。今回の協力者の中で最年少のケンは5歳から英語に触れ始め、22歳で本研究が採用した学習成功者とし

表9　3人の学習トラジェクトリ分析の観点

	初期	中期	後期
自己調整 学習方略	・教師の誘導による学習モデルの形成（ケン） ・他律的な発達（ゆり） ・学習活動の価値づけ（学）	・学習の個性化（ゆり） ・学習の客観的なモニタリング（学）	・メタ認知的アプローチ（ケン） ・学習の焦点化（ゆり） ・学習環境の構築（ゆり） ・求められる能力に応える努力（学）
自己効力感	・周囲の関与（ゆり）	・結果を伴う学習（ケン） ・得意分野での挫折（ゆり） ・複層構造の自己効力感（学）	・複数の実践的な英語学習活動（ケン） ・期待と不安（ゆり） ・目標と現実自己との乖離（学）
目標への 関与	・成績のよい友達に追いつく（ケン） ・大学に入学する（ケン） ・ビッキーにいろんなことを伝える（ゆり） ・ドラマの人物のように話す（ゆり） ・あの世界に入る（ゆり） ・学校でよい成績を取る（学）	・リンダと話す（ケン） ・英語で議論する（ケン） ・英文科に進学する（ゆり） ・1年後に800点達成する（学） ・もっとスコアを伸ばす（学）	・海外の大学院に進学する（ケン） ・文法を補強して英語能力を高める（ゆり） ・ビジネス場面でも自信を持てる正確な英語の習得（学）

　ての条件を満たす英語能力を習得している。一方、学は12歳から英語に触れているが、異なる形態で学習に取り組むことで学習成功者となっている。さらに、初期が幼少期を指すか、それとも青年期を指すかは協力者によって異なる。幼少期から英語に接触する機会があったケンとゆりの場合、自己調整学習する力の発達に関して、他者（親）の関与が多く、他律的側面が多く取り上げられたが、青年期の学の場合、他者（教師）の支援を受ける他律的側面だけでなく学習活動への価値づけが自身でできていた。このように、協力者の属性や学習の文脈などに違いがあるため、彼らの自己調整学習の様相を3つの期間によって一律的に提示することは困難であると言える。

　これらを踏まえ、以下では表9をトラジェクトリの概観図とし、学習の各期を学習の全体の中で見ていくために、図13と図14を用いる。さらに、図中で大きな変化が確認できる場合は、その時点でどのような学習がどのよう

に行われているのか、各事例のトラジェクトリに立ち返って確認する必要が
あるだろう。また、図中で3人に一定の傾向が見られる場合も同様に、それ
ぞれの協力者の活動、場、状況、取り組み方などが異なるため、各事例のト
ラジェクトリに立ち返る必要があるだろう。

2 | 自己調整学習方略

　図13は、第3章で示した協力者3人それぞれの自己調整する力の変化と
発達・自己効力感の変化・目標設定を示した図8、10、12から、自己調整す
る力の発達についてまとめたものである。この図からも、3人の英語学習期
間、すなわちトラジェクトリの始点から現在に至るまでの期間が異なること
は明らかである。このように、トラジェクトリの長さに大きな差があるもの
の、自己調整する力の発達の変化に注目するといくつかの共通点や学習者に
固有の特徴を観察することができる。

　Pintrich and De Groot（1990）は、自己調学習方略はメタ認知的方略、努
力調整方略、認知的方略からなるとしている。しかし、学習者の自己調整を
とらえるときには、記憶や思考に関わる認知的方略やメタ認知的方略のよう
に、学習過程における認知的側面の自己調整に焦点が当てられる傾向があっ
た。これに対して、Corno（1994）やBoekaerts（1995）は自己調整学習方略
には学習者が学習を効果的にすすめていくために自ら動機づけを高めたり維
持したりといった「動機づけ的側面」を自己調整する役割を果たすものもあ
り、そうした観点から検討を行う必要性について指摘している。本研究にお
いても、グラフの変化の背景には、様々な英語学習機会の選択的な利用の他
に、彼らの学習に対する認識や動機づけ、学習の継続と整備のあり方があり、
これらこそが、学習成功者を成功者たらしめた決定的な要因であることが見
えてきた。そのため、学習者が何を感じ、どのように動機を高め、どのよう
に学習を継続し、学習の整備が行われているのかということに対して理解を
深めることが彼らの自己調整学習方略の使用について知る鍵となるであろ

185

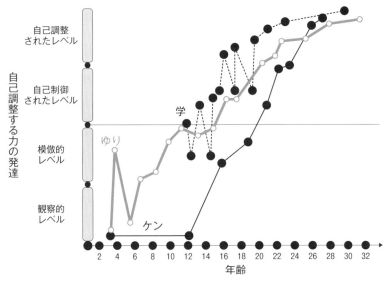

図13　3人の自己調整する力の変化と発達

う。以下、各事例のトラジェクトリをもとに、学習成功者における特徴的な自己調整学習方略の使用について、「動機を高める仕掛け」「継続の仕掛け」「学習整備の仕掛け」という視点から考察を行う。

(1)　動機を高める仕掛け

　Corno (1994) や Boekaerts (1995) は自己調整学習方略の「動機づけ的側面」を自己調整する役割を指摘しているが、本研究の3人の学習成功者は自己調整学習方略を使用することで動機を調整するだけでなく、動機を高める活動とのかかわり方をしているようである。つまり、動機は自然に生まれたり高まったりするものではなく、学習活動に対して期待や目的意識を持って積極的にかかわり、活動後に自己の成果や反省点を内省することで、より上手く活動に参加していくための新たな動機が生まれたり高まったりしている。このように、彼らが自身の学習に積極的にかかわり、活動を通して多くの気づ

きを得ることで動機が高まると考えられる。では、彼らが動機を高めるために、学習活動にどのようにかかわっているのか具体的にみてみよう。

定期的な活動

　3人の協力者に共通して、英語学習活動に定期的に触れていることがわかった。仮に、ある学習活動を長期にわたって継続しない場合でも、異なる形で英語に触れる機会をつくることで定期的に学習活動が組み込まれていた。学は大学1年生で初めて受験したTOEICを毎年受けることで、上達の確認や学習のモニタリングをし、常に改善点を探求し新たな目標を設定することで次回の受験に向けた動機を高めている。学にとって、TOEICの受験が1年ごとに定期的なものでなければ、こうした学習動機は生まれていなかったかもしれない。同様に、ラジオ基礎英語も毎朝の習慣となり、1日のスケジュールとして組み込むことで固定化し、欠かすとなんとなく気持ちが悪くなるほど定着させてしまっている。ゆりの場合には、複数の活動をその都度取り入れている。たとえば、「最近英語聞いてないな、と思ったらその時に取り入れる」と述べていることから、英語との接触の頻度を確認し、具体的にリスニングの活動が十分にないと判断すれば、身近な学習リソースを取り入れることで学習活動を行っている。ケンにおいては、交友関係やその他の学習機会を利用し、定期的というよりはむしろ頻繁に英語との接触することで学習機会を安定化させている。そして、いずれも各々が従事する活動の中で、自分にできることやできないことを分析し、できないことをできるようにするために、学習動機が高まっている。このように活動を通して気づきを得ることで動機を調整する彼らにとって、定期的に活動に参加することが重要であることがわかる。

ミクロ・メゾ・マクロの目標

　Gao（2007）、Macaro（2001; 2006）、竹内（2003; 2010）では学習目標の設定の重要性が指摘されている。さらに、竹内（2010）は、目標にはマクロ（macro）、メゾ（mezzo）、ミクロ（micro）の3つがあり、これらそれぞれの

レベルでの明確かつ関連性のある目標が設定されていなくては、学習者の主体的な関与を伴う学びは成り立たないことが示唆されている。

　3人の学習成功者は、目標を立てるだけでなく、その立て方に動機を高める仕掛けがある。竹内（2010）が指摘するように、彼らは学習を継続していく中で3つのレベルの目標を設定していることが窺われる。さらに、メゾやミクロレベルのような下位目標は、マクロレベルの上位目標を達成するための「手段」として機能していることがわかった。たとえば、学のTOEICの学習では、スコアアップを目指して1年ごとに目標が設定されていることが観察された。こうした1年ごとの具体的な点数を目指す目標をミクロとすると、最終的に満点を取りたいという目標はメゾレベルの目標となる。さらに、将来は英語を使って仕事がしたいという目標はマクロレベルの目標ということになるだろう。そして、TOEICで高得点の取得は、将来英語を使って仕事ができる環境に就職するための手段であるのである。このように、学習成功者の目標設定には3つのレベルが観察され、下位目標が上位目標を達成するための「手段」という関係にあることから、最も目の前にある下位目標に向けて学習をする動機が高まるということがわかった。

　また、下位目標を、上位目標を達成するための手段であるととらえるならば、1つ1つの下位目標の達成経験を積んでいくことが、上位目標達成のために必要となる。このことから、学習者は、下位目標、特にミクロレベルの目標設定において、十分に達成が見込める目標を設定することが重要になると言える。また、達成見込みを判断するということは、学習者が、その時点における自身の能力を把握し、どのような学習を、どれくらいの期間でどのように取り組み、それにはどの程度努力が必要となるかという判断ができるということを内包する。このように、学習成功者は目標の設定においてメタ認知的に判断をしているということがわかる。

　さらに、学は「上達が見える時だけじゃなくて、見えない時にこそ自分を励ます」といった意識的な心がけをしている。このことから、学習成功者は外国語学習が短期間で実を結ぶものではないと認識しているだけでなく、目標達成を実現させるために、動機が下がるときには自身を励ますことで動機

を維持していると言える。

動機の内在化

　学習の後期になると、ゆりの場合日本語教育者として、学の場合は外資系企業の技術者として、それぞれの立場で求められる英語能力と自分の能力との差に気づきを示している。ゆりは自分の学生の学習を観察し、「読んで理解できることでないと、再現もできない」と考えるようになり、これまで避ける傾向にあった文法学習に力を入れて取り組むようになった。学は、「上手な英語」から、「正確に情報が伝えられる適切な英語」が求められるようになった経験をしている。つまり、学習が進み、自身の立場も変わったとき、どのような能力が必要で、不足しているのかに自分の経験から納得し、それらが自身の価値観と一致することによって動機が高まり、結果として学習動機が内在化していることがわかる。

　このように、動機の内在化は学習後期にたびたび見られ、その動機の性質には学習初期のものと違いがあることがわかった。たとえば、ゆりは、ドラマや映画に対する憧れが強く、「あの世界に入りたい」という強い思いを持っていた。このような漠然とした動機が学習成功者の学習初期に特徴的である。そして、ゆりは幼少期からの英語との接触経験から、英語の学習は楽しいものであるという認識を持っており、楽しく学習したいという思いが強い。しかし、学習後期になると、明確で具体的な動機を持つようになったことが窺われ、またそうした動機が経験に基づき内在化されたものであるため、努力を伴う学習にも取り組むことができるようになっている。

(2)　学習継続の仕掛け

　先に述べたように、学習成功者の動機を高める仕掛けにおいて、動機が学習の継続に深く関与していることがわかった。では、学習を継続するために彼らは具体的に何をしているのだろうか。ここでは、トラジェクトリから浮かび上がってきた協力者の共通点、「習慣化」「質と量の調整」「自己調整す

る力の内在化」という観点から検討してみる。

習慣化

　学はNHKのラジオ基礎英語を中学1年生から大学受験勉強が忙しくなる高校2年生の頃まで継続している。基礎英語は朝夕2回放送されるが、「もう朝っ！って決めてたのも癖がついてよかったのかもしれない」と述べるように、学は必ず毎朝聞くことを習慣としていた。そして、「寝坊して数回飛んだりすることはあっても、全く離れるということはなかった」と言うように、習慣が十分に定着したものであったことがわかる。さらに、学は大学1年生からTOEICのための勉強を開始している。英語専攻ではないため、学が大学での英語と接触するのは週2日の一般教養課程の英語の授業だけであった。学は書店で購入した問題集を使ってTOEICの勉強を自主的にすすめるが、自宅で時間がある時に取り組む学習は暫くするとさぼりがちになってしまった。そこで、学は大学で英語の授業がある週2日をイングリッシュ・デーと決め、その日は帰宅すると問題集から何問か解くことを習慣にした。このように、自ら学習の予定を習慣づけることで、学習を継続するといった行動が見られた。

　ゆりは、幼少期に英語のカセットテープを使用することで英語に触れている。教育熱心な母親は、こうしたゆりの英語学習の初期には介入の度合いが多く、こうした母親の関与によってゆりはテープへの興味を高めている。そのため、就寝前に自ら1人でテープをレコーダーにセットして聴くといった行動が習慣化していった。この頃のゆりは、この活動を学習として認識しておらず、毎日続けようというよりはむしろ、今日もしたいという、英語学習の娯楽的要素により学習行動が継続したことはとても自然な流れであった。そのため、この頃の学習経験は、ゆりの自己調整学習の形成に直接的にかかわっていないように思われるが、その後の英語学習に対する信念や態度の形成に大きくかかわっており、ゆりのトラジェクトリにおいて後に自己調整学習が機能していくために必要な経験であったと言える。

質と量の調整

　自己調整的に取り組む学習活動において、取り組み方に質的な違いと量的な違いがあることが個別のトラジェクトリの比較によってわかった。表10に示すように、質的な違いでは、英語学習機会となっている活動における英語の位置づけが重要になる。協力者の英語学習の機会には、英語習得を主目的とする活動への参加と、活動自体を目的とする活動への参加の2タイプが観察された。たとえば、ゆりの場合、英語学習を目的としたESSサークルやEカフェに参加し、ケンにおいてはそうした学内で提供された英語学習の機会だけではなく、教会の主催する英会話教室の参加や多分野の英文に触れることで英語能力の向上を目指していた。このように英語習得が主目的とする活動の一方、活動への参加に価値づけが高く、活動への参加が主目的である場合もある。たとえば、海外出張や海外オフィスとのメールのやり取りを通して学にとって、ビジネス場面での活動に自信をもって参加していくために必要な英語を習得することを目指していた。学は言語の機能的な側面だけでなく、社会言語的にも上達を望んでいたことから、英語でのビジネスコミュニティーにより深く参加したいという意思を持っていたと言える。さらに、量的な違いでは、活動との関係性が重要になる。ゆりの場合、外国人なら誰とでも友達になりたいわけではなく、本当に気の合う友人関係を望んでいた。そのため、コニーとエイミーという心を許せる友達との長期的で深い付き合いの中で英語能力を伸ばしていった。このように、英語を使用した活動（友達との交流）が主目的である場合、学習活動への参加の頻度は低くなったとしても活動への従事は長期間に渡って継続している。一方、英語習得が主目的である場合、学習成果を上げるために、高頻度（学：週2回のイングリッシュ・デーを設ける）で学習に取り組んだり、様々な学習活動への短期的な参加（ワン・イベント参加）が特徴的である。

　このように、1つの活動に長期的に参加する学習の継続と、短期的でも常に複数の活動に参加する学習の継続という、2つの形態があることがわかった。そして、学習成功者は、自分の関心や興味にあわせた活動に参加することで、いずれかの形態を選択しており、学習の継続が行われると考えられる。

表10 学習活動の取り組み方の違い

質的な違い	量的な違い
英語習得が主目的	頻度が高く、短期的
活動参加が主目的	頻度が低く、長期的

自己調整する力の内在化

　自己調整する力は、協力者によっては何度か低下の現象も確認されるが、3人に共通して学習初期から後期に向けて高まっていき、内在化に収束する様子が窺われる。たとえば、学の12歳から18歳にかけてたびたびみられる低下の現象は、自宅で基礎英語を継続する学習行動と並行して、教師のアドバイスに従った学習の取り組みを模倣しては学習をすすめるといった調整的な学習を示している。学は比較的初期から自律的に学習をすすめているが、信頼する教師に対して支援要請をすることも多く、教師が自己調整する力の発達を誘導し、学習モデルの形成をモニタリングすることで高まっていた。このように、自己調整学習方略の使用が他者に管理されている場合、自己調整学習方略の使用が不安定であることが窺われた。しかし、方略の使用が徐々に学習者の中に内在化され、学習者自身によって管理されるようになると、その使用が安定することがわかる。また、その後も学習を継続し、方略使用の経験を蓄積していくことで、学は個人的な条件や文脈的条件の変化に合わせて組織的にスキルや方略を選択・適用することができるようになっている。また、3人の協力者に共通して、一定のレベルに達するとスキルや方略の使用に関して状況に応じて調整を加え、個人的な目標や目標達成への自己効力感を通じて、学習の動機を維持していくといった学習調整が可能になることがわかる。

　このように、自己調整する力が内在化され、学習者自身が自己調整方略の使用を安定して管理することができるようになることで、学習動機を維持することができ、学習を継続していくことができるようになると考えられる。

（3） 学習整備の仕掛け

　学習の文脈や状況や個人の特性にあわせて、どのように意識的な学習調整をはかっているのか考える。3人の協力者のトラジェクトリに共通してみられる「EFL 環境における学習の可能性」による学習環境整備、様々な「メタ認知的アプローチ」、そして環境整備の一環として重要である「重要な人物との人間関係の構築」による学習環境整備について、いくつかのトラジェクトリから具体的な例を挙げながら述べる。

EFL 環境の制約 vs 可能性

　ここで言う制約とは、学習を困難にする様々な要因を指している。学習者ごとに、生まれや生い立ち、経歴など経験の総和に影響され、どのように効率的に学習をすすめていくことができるかは限定されている。また、個人的な知覚能力や受容力、記憶、知的能力も同じように制約されている。さらに、性格、体力、年齢など個人的生活状況などによる限界もあるだろう。しかし、3人の協力者たちは、自身の目標を達成するために、固有の学習の文脈に存在する制約を認めるとき、制約への対処方法、すなわち制約を乗りこえるために何ができるかという可能性を模索した学習の整備を行っていることがわかった。

　たとえば、ケンは、大学の留学生たちとの交流の中で、彼らから海外の大学の授業の様子や学生生活の話を聞くうちに、留学を希望するようになった。そして、海外の大学院の入学条件を満たすために、試験のための学習に直面している。ケンの学習の仕方として、留学生の友人たちとのコミュニケーションの他に、TOEFL 対策用問題集、自作の単語カードを作成し、語彙力の強化に特に力を入れていたことが特徴的である。様々な話題について英語で議論ができるようになりたいケンにとって、語彙を豊かにすることは重要であった。しかし、英語の授業が少ない学部の学生であるケンが英語に触れるために与えられている機会は少なかった。同じ工学部に所属する多く

の友人たちにとっても、英語に触れるための機会は極めて少ないことがトラジェクトリから窺うことができた。しかし、ケンは、英語との接触場面は少ないという環境的な制約に対して、留学生との交友の輪を広げ、学部を超えた留学生と付き合う中で、多分野の語彙をインプット／アウトプットする機会を自らつくるようにしていた。ケンは「自分で機会をつくるようにこころがければ機会はいくらでもある」と述べている。このことは、積極的に機会づくりに努めれば、機会を設けることは十分に可能であるということを示していると言えるだろう。

　3人の協力者は、それぞれに興味や関心、年齢、英語学習の目的、英語との接点、学習リースなどが異なることはこれまでも述べた。ここでは、個々の学習者が、自分が身を置く学習環境に存在する制約や可能性を勘案して、目標達成のために学習の文脈に存在する制約への対処法を検討しながら、1人1人が自分らしい学習を整備していく様子を見ることができた。

　また、こうした制約を乗り越え、可能性を自ら模索する学習は、自己調整する力の発達が急速に伸びている18歳頃から頻繁に起こっていることがわかる。これはこの年齢がそれぞれの協力者にとって学習初期、中期、後期のいずれであるかにかかわらず共通して見られる傾向であると言える。そこで、彼らがこの時期に行っていた英語学習活動として、大学のESSサークル、Eカフェ、留学生との交流、英語弁論大会、TOEIC受験、映画を活用した学習などが観察された。こうした活動の多くは18歳以前、すなわち高校生の頃には、行動範囲、時間的制約、経済的制約などにより行うことができなかったものである。高校卒業後に行動範囲が広がり、自らお金と時間を管理することができるようになった環境の中で、より自己調整的に学習を行うようになったということが言えるだろう。このように、18歳以降、自己調整する力は大きく伸びているが、活動の中身に目を向けると、それぞれに異なる学習への取り組みをしており、学習活動に取り組む頻度や期間、活動への価値づけが異なることがわかった。

第4章 学習成功者の自己調整学習とは

メタ認知的アプローチ

　学習到達度の高い学習者は、メタ認知方略が言語学習を促進させる可能性が高いとされている[68]。本研究の協力者のトラジェクトリからも、彼らが学習成功者となっていく過程で、学習後期にはメタ認知的アプローチにより学習をすすめていくことが観察され、メタ認知的アプローチは学習成功の鍵の1つであると言える。

〈求められる英語能力に対するメタ認知的判断〉

　学は外資系企業への就職後に、ビジネス英語という今まで触れたことのない新しい領域の英語に出会った。そして、これまでの「ちょっと英語ができる人」では求められる能力に対して不十分であり、情報が正確に伝えられることやビジネス場面に相応しい使用を習得する必要があると判断している。会社での英語使用場面について学は「当時の自分の能力を超えた作業」と述べており、これまで TOEIC のための勉強を続けてきた学にとって、新しい領域の英語を使いこなすことは大きな挑戦だったことが窺われる。学はこの時期に、ビジネス場面に相応しい英語を徹底的に学び、対応できる英語のバリエーションを増やすことで英語を上達させていった。さらに、海外出張経験後には、現地でのコミュニケーションを通して、社会言語能力を向上させる必要性に気づきを示している。このように、学は自らが置かれた環境の中でそこで求められる具体的な英語能力をメタ認知的に判断し、自分が求める能力を効果的に伸ばすことができる学習の取り組みを行っている。

　このような求められる能力に対するメタ認知的判断は、ゆりのトラジェクトリでも異なる状況でたびたび窺われる。ゆりは、自身の性格について、「そんなに社交性があって、自分に自信があって堂々としてるわけじゃない」と述べているが、周囲の多くの人には、社交的な人物であると認識されている。そして、周囲から期待される役割を演じようとするために、大勢の前で英語で話すなど大役に挑戦している。このように、周囲からの評価を受け入れ、

---

68) Griffiths（2003；2008）

195

周りが想定する自分を演じようとすることで、本来苦手な役割を引き受け、自分自身を窮地に立たせ、新たな領域の英語に挑戦していた。こうした挑戦の場で失敗を未然に防ぎ、成功裏に終わらせるためには、その場で何をどのように話すかといった計画を立てる作業においてメタ認知的判断を下していたものと考えられる。竹内（2003）で扱う学習成功者の中にも、自分の能力より一段上の活動に身を置き、恐怖感を克服しながらあえて場数を踏むという例が挙げられていることから、多くの学習成功者に共通する行動であると推測される。

〈学習効果に対するメタ認知的判断〉

学習計画を実行する段階では、常に学習効果（求める能力が獲得されているか）に照らし合わせながら、計画に修正を加えていくといった学習のモニタリング行動が窺われた。協力者の中でも、特に客観的な評価を用いて、学習効果を確認していた学を例に挙げて説明する。学は、大学1年生の時に初めて TOEIC 受験をし、その後、毎年定期的に受験している。そして、TOEIC 受験対策として自分が行った学習について、熟達度や上達を確認するだけでなく、自分の学習計画が目的達成に見合ったものであり、効果的な学習が実践されていたかを基準に判断している。「あの勉強で正しかった」という学のことばは、目標達成のために何が効果的だったのかを判断したものだと言えるだろう。そして、仮に目標が達成できない場合は、学習計画を振り返り、何が効果的でなかったのか、目標達成にかかる期間、目標と自己との乖離について分析し、学習のすすめ方や取り組み方に修正を加えていくのであろう。このように、学習効果を試す機会を活用して、自らの学習をモニタリングし、目標とする英語能力を習得するために、自身の学習の取り組み方とその効果を常に検証し、必要に応じた修正を繰り返していることがわかる。

〈学習リソースに対するメタ認知的判断〉

協力者に共通する点として、学習リソースをモニターする意識が非常に高

いことが挙げられる。たとえば学は、自分の学習環境には、読む・書く・聞く練習に比べて話す練習として利用できるリソースが少ないことを意識している。そして、話す能力を訓練するリソースとして、社会人英語サークルを活用するようになった。ゆりの場合、学校の授業ではコミュニケーション能力を高めることは困難だと考え、それに代わる補完的リソースを自ら検討している（一人芝居、特定場面のシミュレーション）。また、ゆりは聞く機会が減ったと判断するなど、あるリソースのアクセス数や接触が減少した場合にも、補完的に別のリソース（字幕なしの映画や基礎英語など）をその都度投入することで、学習場面において複眼的なモニタリングを行っているということが明らかになった。そして、学習リソースに対するメタ認知的判断によって、英語との距離を「付かず離れずの距離感」を長期にわたって継続することを意識している。

竹内（2003）は、学習成功者はメタ認知活動における判断力が正確である可能性が高いと述べている。本研究の協力者においても、自己調整する力が発達する学習後期には、メタ認知的アプローチにより学習をすすめる場面が多く見られ、学習結果が伴っていることからメタ認知活動における判断力が正確であると言える。また、仮に、上達が見られない、すなわち実践中のメタ認知活動が正確でないと判断した場合には、求められる能力、学習効果、学習リソースなどに対してモニタリングを行い、必要に応じた修正を加えることも明らかになった。

人間関係：重要な人物

自己調整する力が伸びている、あるいは自己調整学習方略を多用する時期には、協力者の英語能力の上達に大きくかかわる重要な人物の存在が確認することができた。教師、友人、共同の活動に従事する者など、その人物が何者であるかは様々である。共通しているのは、それらの人物に対して、協力者は仮面を被らず、自分の英語能力の不足面も見せることができていることである。ケンの場合、信頼できる塾の教師に学習のすすめ方や使用する教材など提案してもらったり、学校での成績を開示することで今後の勉強の改善

のためのアドバイスをもらったりすることができたことを評価している。ゆりの場合、学習中期以降は周囲から英語能力を高く評価されるが、十分に満足できる英語能力ではないと自己評価している。そして、周囲からの評価と自己評価の差から生じる葛藤に悩む一方で、「英語ができる人」という仮面を被り、間違いのない英語を使用しようとする時期があったことが窺われる。しかしながら、この仮面を外して、間違いを見せることができる人物と出会っている。ゆりの場合、担当している日本語講座の学生のコニーとエイミーに対しては「間違いをさらけ出すこともできるくらい平気」であり、「この2人は外国人じゃなくて友達」であると述べている。彼らとの間には、言語コミュニケーションの壁を越えた信頼関係が構築されていたことがわかる。さらに、ゆりはトラジェクトリの中で、自分の学習を「高めたり、動機づけたり、意識を高めてくれる人々が周りにいたことで今の自分がある」と周囲から支援の影響について言及している。彼らにとって、重要な人物に出会えたという事実は彼らが学習成功者になるトラジェクトリの中で重要な部分である。しかし、重要な人物との関係性の構築過程を辿っていくと、活動に一緒にかかわるために働きかけたり、活動の場を越えた付き合いをするなど、彼らが積極的に相手とかかわることで人間関係が築かれていることもまた事実である。このことから、学習成功者自身が、活動内で重要な人物と出会うだけでなく、彼らと活動の場を越えた人間関係を築き、「彼らと共有する時間」＝「英語との接触機会」とすることで長期的な学習環境の整備をしていることが見えてきた。

3 自己効力感

　自己効力感について、先行研究では自己調整学習方略の使用との相関性が指摘されていた。たとえば、Zimmerman and Martinez-Pons（1990）では、学業が優秀な群の方が自己効力感が高く自己調整学習方略の使用頻度も高いことから、自己効力感が自己調整学習方略の使用と関連していることを示し

第 4 章　学習成功者の自己調整学習とは

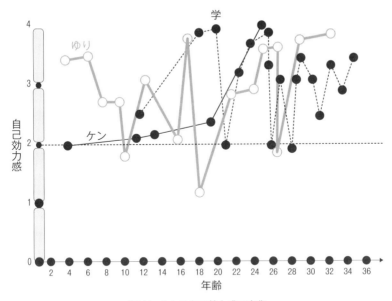

図14　3人の自己効力感の変化

ている。しかしながら、これらの研究は、学習中期以降すなわち学習成果が顕著に現れている時期にのみ注目している。本研究では、学習初期から学習後期の自己効力感の変化に光を当てることで、自己効力感と自己調整学習方略の使用が必ずしも関連しているわけではなく、学習初期の自己効力感は、周囲の人たちの褒めや励ましによって高く、中期から後期にかけては、困難や失敗に遭遇することでたびたび低下していることが観察された。そして、低下した場合、その後そのまま低迷するのではなく、高まっていることが重要であり、この現象について解明する必要があるだろう。また、トラジェクトリと自己効力感の変化を照らし合わせて読みすすめていくことで、自己効力感には学習者自身の英語能力に対する自己評価と他己評価をどのように「認識」するかが大きく関与しているということがわかった。また、自己効力感は、学習初期、中期、後期で3人に共通する傾向がみられた。ここでは学習者の評価に対する認識に注目し、初期を「英語能力に対する自己評価」、

199

中期を「ペルソナ」、後期を「期待と不安」という観点から彼らの自己効力感の高め方や維持について検討する。

(1) 学習初期：高い自己評価

　幼少期に英語との接触機会がなくても自己調整する力の発達には大きな差はないことは上述したとおりである（図13）。では、幼少期から英語学習に触れた協力者の場合、そうした経験の影響はトラジェクトリのどこに現れているのだろう。協力者のうち、幼少期から英語との接触機会があったのは、ゆりとケンの2人である。ゆりは、母親の積極的な関与によって幼少期から英語のカセットテープを聞いており、これはゆりにとって楽しい学習経験であった。また、イギリス人のビッキーとの文通の経験から、英語を使用して生活する世界は映画の中の夢物語ではなく、手の届く身近な現実世界であると認識している。ケンも同様に、テープを聞く学習をしているが、テープの内容がケンの興味と一致しなかったことに加え、英語が得意な姉の存在にコンプレックスを感じることで、楽しい経験としては語られていない。特にゆりは幼少期の英語との接触機会について、「楽しい」という感情を示している。Zimmermanet al.（2001）は、学習者が学習に対して楽しいと感じることによって、メタ認知の面、動機づけの面、行動の面で、自らの学習プロセスに積極的にかかわる、すなわち自己調整学習が起こると述べている。ゆりの場合、周囲の大人（特に親）が教材を提供したり英語に接する場を与えたりするだけでなく、学習活動にかかわることで、子どもの興味を惹く英語学習の導入となり、最終的に、自発的な学習行動まで導くという一連の環境づくりが行われたとみることができる。また、活動の中で、親が褒めたり励ますことによって、実際の英語の熟達度にかかわらず自己効力感が高まっている。それに加えて、ゆりの場合は、英語を使用する世界を手の届く世界であると感じることで自己効力感が高まった。このように、幼少期には、周囲の大人のかかわり方によって、学習者の実際の熟達度に関係なく自己効力感が高まるということが言える。このような親による学習支援やかかわりについ

て、Kormos et al.（2011）は学習動機や自己効力感が高まる要因の1つとして取り挙げている。

　一方で、ケンにもゆりと類似した英語学習の機会はあったが、周囲の関与の有無、あるいは関与の仕方が、ケンに学習リソースに対する興味を持たせ、英語学習を楽しいと感じさせるように導くほどのものではなかったのかもしれない。

　このように幼少期の英語接触機会では、周囲の関与が大きな要因となって学習者は自身の英語能力を高く評価することで、自己効力感が高まるということが言えるだろう。しかしながら、幼少期に英語接触機会があっても、周囲の関与の仕方によって、学習者は自身の英語能力を高く評価することがなく、自己効力感が高まらないこともある。さらに、学習初期の英語との接触機会は、実際の熟達度とは関連がなく、その後の学習に対する態度や信念、学習動機、自己効力感には深い関連があることが窺われた。このことより、協力者が学習をすすめていく中で、自己効力感が低下した後も学習を継続できた背景には、幼少期に形成された学習に対する態度や信念が影響していると考えられるだろう。

(2)　学習中期：ペルソナ

　学習中期から学習後期における学習の取り組みによって、他の学習者と学習成功者となる学習者の間に英語能力の差が生じている。協力者に共通した特徴として、高校生の時点での英語の成績が他の学習者と比較して優秀であったことが挙げられる。また、自己調整学習方略の使用頻度が徐々に高まるにつれて、できることとできないことが明確に判断できるようにもなっている。そして、小さな目標を1つ1つ積み上げていくことで多くの成功経験を蓄積し、自己効力感を高めている。こうして彼らの英語能力は一層高く評価されるようになる一方で、徐々に周囲からの高い評価と自己評価の間の乖離に悩む時期が生じた。言い換えると、彼らは自分の能力に満足していないが、他己評価と自己評価から生じる葛藤を隠し、周囲の評価に適応しようと

するあまり仮面を被るようになった。ここで言う仮面とは、心理学者ユング が提唱した概念である「ペルソナ」を指す。ペルソナとは、ラテン語の「仮 面」を意味するもので、原材料を自分自身として社会に適応する必要が生じ たときに形成される表面的なパーソナリティのことである。職場での役職、 家庭での立場など、状況に応じた役割を果たすこのような外界に対する適切 な根本態度を、ユングはペルソナと呼んだ。3人の協力者は、学習成功者と なり得る前段階において、「英語が得意な人」「英語ができる人」という他者 からの認識に曝されている。それによってペルソナが形成され、固定化しす ぎたペルソナが真の自己と対立し、こうした対立によって自己効力感が二層 構造を形成したと言える。このように、他者からの評価は、彼らの自己効力 感を高める要因となる一方で、自己評価との乖離に気づきを与える要因とな り、彼らは乖離を埋めるための学習に取り組むようになっていったというこ とがわかる。

この葛藤の程度は3人それぞれに異なり、形成されるペルソナの厚さや硬 さも異なっているが、学習後期、すなわち学習成功者へと成長していく段階 の重要な出来事として、重要な人物との出会いがある。そして、そうした人 物に対しては、何の役割も演じない「ありのままの自分」を受け入れてくれ る人間関係の構築がなされている。こうして、ペルソナを被ることなく英語 能力を見せることができる相手の存在で英語能力は大きく伸びている。

(3) 学習後期：期待と不安と自信

学習初期の自己効力感の高さに加え、学習後期に熟達度が高まっても自己 効力感が低いことがたびたびあることから、自己効力感は英語能力とは必ず しも相関性がないことを改めて確認することができる（図14）。学習後期の 自己効力感の低下は、就職など環境の変化により今までと異なる英語を求め られたり、自分の能力以上のことを行ったりする機会に不安を感じることに 起因する一時的なものとしてみられる。竹内（2003）が、上達するためには 自分の能力より一段高い所に身を置く必要があると主張しているように、ゆ

りは大勢の人前で話すことは苦手であるにもかかわらずそのような大役を引き受けることで、挑戦の場を確保した。そして、失敗に対する不安から入念な計画を立て、周到な準備を怠らず学習をすすめ、新しい場面で英語を使用する経験を蓄積していた。同様に、学も、就職した会社でビジネス英語が求められるようになり、これまで習得した英語では対応することができない不安から学習に取り組むことで、英語を使用してできる活動を広げている。このように彼らが挑戦の場、すなわち自身の上達のための場を選択したり引き受けたりする時に、意識的な思索はあるのだろうか。竹内（2003）の指摘する、自分の能力より「一段」高い所というのはどういうことだろう。トラジェクトリで観察される彼らの学習後期における、不安を感じる場、すなわち、より高い能力が求められている場を丹念に探すと、彼らはどのような挑戦も引き受けて、努力をしているわけではないことがわかる。たとえば、ケンにとって英語弁論大会は新しい活動への挑戦であると言えるが、十分に準備し、留学生の友人と一緒に練習を重ねて大会に臨むことで、結果的に成功経験の1つとなっている。ゆりは、国際学会で研究発表をしたり、研究科内のイベントで英語でスピーチをしたりすることを引き受け、不安により一時的に自己効力感は低下したものの、結果的にそれらの挑戦は成功裏に終わっている。学の場合、日々職場で具体的にどのような挑戦をどの程度しているかは把握することができないが、やはり失敗数を上回る成功経験があるように思われる。3人に共通するのは、自分の能力より高い場に挑戦しているが、結果としては成功しているということである。自分の能力以上であると感じる挑戦に対して抱いていた不安は、成功結果によって自信へと変わり、自己効力感が高まるのである。さらに、彼らは挑戦に対して、不安と同時に期待も持っていることがわかる。この期待とは、新しいことに挑戦するという期待だけでなく、挑戦であると認識する場において自分が成功することができる可能性を算出することからも生じている。また、挑戦の結果、多くの場合において成功していることから、彼らはメタ認知的判断に基づき、成功可能性が高いと思われる挑戦を選定していると言えるだろう。たとえば、ゆりは「ドキドキしたり、キリキリのところで何とか持ちこたえてる感じ」と述べ

ており、不安感もあるが、その場を乗り越えることに対する期待感を持ちあわせていることが窺われる。図 14 からも、自己効力感がレベル 1 すなわち、「できない」と感じる経験は踏んできていないことがわかる。このことから、彼らは挑戦が自分の能力をはるかに超えるものに対しては、挑戦という行動を選択することはなく、自身の判断に基づいて無駄な失敗経験を最小限に抑え、成功経験を重ねているということがわかる。ゆりは、「人前に立ったり挑戦する機会が与えられて、よかったんだと思う」と述べているが、こうした経験への評価は不安と期待に対する学習者の正確な判断の結果であるだろう。

　では、彼らは失敗した場合に自己効力感をどのように維持しているのだろう。たとえば、学が初めて受験した TOEIC の結果から自己効力感を大きく低下させたように、トラジェクトリの中で、彼らにも失敗した経験がいくつかあることがわかる。しかし、こうした状況で、学は失敗の理由を自分の努力不足や課題に対する知識などの準備不足だと考えている。また、学習を今後も続く長期的なものとしてとらえ、「成果が出ないときこそ自分を励ますようにした」と述べている。これらのことを踏まえると、彼らの自己効力感は不安により低下しても、成功結果を得ることで再び高めることができたことがわかる。また、失敗や挫折により自己効力感が低下しても、その原因を追究し解決策を見つけることができ、また困難な状況こそ自分で自分を励ますことで自己効力感を高めるということがわかる。

4 ｜ 目標への関与

　前節で、3 人の学習成功者が、挫折や失敗をすることがあっても再び学習を継続していく様子について述べたが、彼らはなぜ、何に向かい学習を継続することができるのだろう。以下では、彼らが設定する目標の性質について、「ぼんやりとした最終到達目標」「目標の志向性」という観点から、また、どのように目標に向けた取り組みをしているのかについて、「目標の個性化」

「実践共同体への参加」「フロー体験」という観点から述べる。

(1) ぼんやりとした最終到達目標

　Gao（2007）、Macaro（2001; 2006）、竹内（2003; 2010）などの先行研究では、目標が明確であることと学習効果の関連性を指摘し、学習成功のためには明確な目標設定が必要であると論じている。しかしながら、これらの先行研究は主に学習者の学習全体を対象とせず、学習を通した目標設定のあり方や目標の性質の変化をとらえたものではなかった。本書では、3人の学習成功者のトラジェクトリにおいて、彼らが学習初期に明確な目標を持っていることは確認できなかった。また、中期を過ぎるまで彼らの目標（「リンダと話す」「英語でできる活動をもっと広げる」「もっとスコアを伸ばす」）は明確であるとは判断できないものが多い。

　まず、学習初期の目標はどのようなものであるか確認する。表10にまとめた目標への関与を見ると、学習初期の年齢にもよるが、5歳から12歳頃の彼らの目標には、その時点の状況に限定的な目標と、その後の学習を通して保持される目標があることがわかる。たとえば、「成績のよい友達に追いつく」「ビッキーにいろんなことを伝える」「学校でよい成績を取る」などは彼らがその時点における状況の中で目標としたものである。一方、「ドラマの人物のように話す」「あの世界に入る」などは、その後の学習でも保持されている目標である。前者の「成績のよい友達に追いつく」は、そのために何をどのようにできるようになりたいのかを定めていないという点で具体性に欠けている。また、後者でも、英語をコミュニケーションの手段として使いこなしたいという強い思いから「ドラマの人物のように話す」ことを目標にしているものの、漠然としており、実際に目標を達成するためには、小さな目標を段階的に設けることを要する。学習初期に基礎英語を根気強く続け、協力者の中で最も自律的に学習をすすめていた学も、当時の具体的な目標について言及することがなく、将来役に立つだろうという漠然とした英語への認識を持っているだけだった。しかし一方で、こうした学習初期の漠然とし

た目標は、彼らにとって、英語学習の最終的な到達目標にもなっている。そのため、学習のどの段階においても、学習を継続していくための動機を支える重要な目標であると言える。

(2)　目標の志向性

　ミクロ・メゾ・マクロ、3つのレベルの目標が関連性のある目標である必要性については述べたが、以下では、トラジェクトリから見えてきたミクロとマクロの目標の志向性の違いに目を向けてみよう。

　ミクロレベルでは、定期テストや受験といった外発的動機づけとの関連性、マクロレベルでは、話せるようになりたい、あの人のようになりたいなどという漠然とした内発的動機づけとの関連性が窺われた。Deciand Ryan (2000) の自己決定理論では、外発と内発を異なる志向性を帯びた1つの連続体（外発的⇔取り入れ的⇔同一化的⇔内発的）としてとらえている。本研究の学習成功者は、学習の初期の頃から、英語学習の最終的な到達目標をぼんやりと描いている。先にも述べたように、この目標は内発的志向性の強いものであり、学習者はこの目標をその後の学習でも保持している。協力者のうち、学は学習初期から外発的志向の強い目標をもつ傾向があるが、英語の専門職に就きたいとは思っていないにもかかわらず、専門（エンジアリング）を活かして英語を使う仕事をしたいと理想の自己像を描いており、いずれは英語を使えるようになるという内発的志向性の強い目標が学の学習の背後にあるということがわかる。また、学習成功者は試験や受験といった経験を乗りこえる時には外発的志向性の強い目標を設定している。このように、マクロレベルの目標は内発的志向性を持ち、ミクロレベルの目標は外発的志向性を持つ傾向があり、マクロレベルの目標はミクロレベルの目標を内包していることから、学習成功者の動機についても、連続体のどこか1点の性質を帯びているのではなく、外発的動機と内発的動機を併存しているということが言えるだろう。

（3） 目標の個性化

　Markus & Nurius（1986）は理想自己を、「○○でありたい」というものから「○○ではありたくない」という否定的な理想をも含めたより広い概念へと拡大することを提唱している。Markus らはこれを可能性としての自己（possible self）と名づけ、自分が将来どんなふうになっているか、どんな風になりたいか（ideal self）、どうなることを恐れているか（undesired self）などまだ実現していない自分の姿についての表象である[69]と定義している。そして、「現在の自分は何ができるのか」「自分はどのようにありたいか」「どんな風にはなりたくないか」「こうなれるのではないか」といった将来の自己の姿の描き方によって、情動や自己評価さらには行動が影響を受け、個人の適応に向う過程が異なってくると考えている。また、ユングは、個人が持っている可能性を開花させてゆくこと、人格をより完成させること、より完璧な人間に近づけることを「個性化」と呼び、個人に内在する可能性を実現し、その自我を高次の全体性へと志向する努力の過程を「個性化の過程」、あるいは「自己実現の過程」とした。ここでは、学習成功者自身が描く理想自己の実現を目標として努力をすることを目標の個性化とし、トラジェクトリで彼らの目標の個性化の過程について検討する。Possible-self[70] では、目標が内在化される場合、自己の課題、目標、方略に関する表象が個々の学習者に特有な構造で組織化されたものとして考える。つまり、自分の達成すべき目標として何を掲げるかや、さらにその目標に至るために何をミクロレベルの目標（Markus らのことばでは、task 課題）として定めるかに違いがあり、この認知構造の内容は全く個人的なものである。そして、様々な条件のもとで、個々に異なる認知構造の中にある内容が活性化され、それによって動機づけが起こり、関連行動が志向されていく。3 人の協力者の理想自己は、英

69）Markus & Nurius（1986）; Markus & Ruvolo（1989）

70）Markus & Nurius（1986）

語に熟達する自己という点で共通だが、英語でどのような活動をしたいかは
それぞれに異なり、具体的に思い描く姿には違いがあるため、学習実践の場
やそこでの目標は異なっていた。以下は、ゆりのトラジェクトリを例に、学
習成功者の目標の個性化を追ったものである。ゆりは幼少期の経験から英語
は楽しいと認識しており、ビッキーとの文通を通して、英語に対して特にコ
ミュニケーション志向が強かった。一方、中学や高校での文法中心の英語学
習はゆりの期待する英語の活動と大きく異なっていた。そのため、学習の目
的や意味を感じられなくなったが、ゆりは授業で学ぶ英語と自分が身につけ
たい英語の志向性には差異があると割り切った。そして自己流の学習（ドラ
マ学習）によって英語学習をすすめていった。多くのクラスメートが学校の
試験勉強という外発的動機によって英語に取り組む一方、ゆりは英語を話せ
る理想の自己像を自分の目標として設定することで、自らを動機づけること
ができる方法を模索した。このことは、受け身で授業を受けていたゆりが、
能動的に学習に取り組むという行動へ移行したことを示している。そして、
目標がゆり（個人）の中に内在化され、個人的な構造と意味をもったものと
なり、それによって動機づけが高まったと言える。

　このように、学習成功者は自身が描く理想自己を目標とし、その達成に向
かって努力をする学習活動において、個人的なミクロレベルの目標の設定、
学習のすすめ方、使用する方略などが効果的に機能するようになると考えら
れる。

(4)　実践共同体への参加

　正統的周辺参加の概念によってとらえられる学習とは、学習主体が実践共
同体の正式な参加者としてそこでの実際の活動に参加し、そこへの参加の形
態を徐々に変化させながら、より深く実践共同体の活動に関与するようにな
る過程を指している[71]。そして、こうした共同体の活動への参加形態の変化

71）西口（2002）

の過程で十全参加が成立し、そこでの振る舞いや話し方など、モースの言う「身体技法」を身体の中に刻み込んでいくことである。また、学習主体のそこでの役割や行為のあり方、実践共同体の活動の理解、そして自己認識もそれに伴って変化していく。

　3人の協力者のうち、学とケンは英語学習を目的とした活動の機会を多くもっている一方、ゆりのコニーとエイミーとの交流を通した学習は学習という意識を持ち合わせておらず、結果として英語の使用が学習と並行して行われていた。つまり、言い換えれば、ゆりはコニーとエイミーとのコミュニケーションにおいてお互いに遠慮のない関係を深めていくことで、3人の教室外での交流という実践共同体へより深く参加し、英語習得に成功している。ここでは、ゆりのトラジェクトリの中で、ESS での活動に対する参加の形態と3人の教室外での交流への参加を比較し、実践共同体への参加による実践的な活動の習熟と摺り合わせて、共同体で使用される英語を習得していく様子について考えてみたい。

　ESS という共同体に参加し始めた頃のゆりは、他の参与者との学習に対する意識の違いからあまり馴染むことができなかった。また、英語が得意であったゆりは、ESS のメンバーに対して自分の英語能力不足を曝け出すことができなかった。そのため、共同体の一員として実践を支える活動に自ら積極的にかかわることはなく、共同体への参加を通して得られる役割に対しても受動的な立場であった。一方、共通の興味や関心をもつコニーとエイミーがいる、教室外の外国語学習者同士の交流という実践共同体では、ゆりの彼らとの遠慮のない関係からわかるように十全的な参加がなされていたと言える。2人の日本語教師として出会った当初、ゆりはこれまで通り英語が得意な人というペルソナを被っていた。しかし、英語学習者であると同時に、2人にとって日本語教師であるゆりは、互いに学習言語の間違いを指摘し合える関係になったことで、共同体での活動の中で徐々に参加の形態を変化させていった。しかし、こうした学習行動はゆりにとって、英語学習というよりはむしろ、3人での交流を楽しんだり深めたりするためのプロセスであるととらえられている。活動への継続的な参加、つまり交流期間が長くな

るにつれ、そこで使用される言葉や、3人特有の文脈に根付いた言葉、生活に密着した表現がわかるようになることと同期して、ゆりの共同体内での参加の形態はますます主体的に変化している。ゆりにとって、3人の交流は擬似的な学習のためのコミュニケーション活動の場ではなく、正統性を認める共同体で行われるそこでのテーマを中心とした活動の場である。このようにゆりは、正統性を認める共同体への十全的参加を果たすことを通して、そこでの活動に必要な英語を習得することができた。

　学習者ごとに正統性を認める対象（実践共同体）は異なるため、個人がつながりを見出し、関心に合った共同体に参加するならば、こうした学習実践は効果が高いと思われる。また、実践共同体への参加による言語習得において、目標は意識的に設定されているのではなく、経験の中で自然に生じていることも特徴であると言えるだろう。

(5)　グループフロー経験

　フローとは、心理学者のチクセントミハイ（1975）が提唱した、対象に惹かれてその行為に集中し、楽しさを感じ、流れるように行動していることを感じる概念であり、フロー経験とは、活動それ自体を行うことが動機になる「自己目的的活動」のことである。フローは教育や学習の理論ではないが、学習場面への応用の可能性が指摘されている[72]。活動中は当事者の学習に対する内省的自意識（self-consciousness）が消失するため目標への意識的な関与は少ないが、学習成功者のいくつかの目標達成経験はフロー理論によって説明することができる。チクセントミハイ（1996）では、フローの構成要素として8つ（明確な目的、専念と集中、自己に対する意識の感覚の低下、時間感覚のゆがみ、直接的な即時フィードバック、能力の水準と難易度のバランス、状況や活動を自分で制御すること、活動に本質的な価値があること）を挙げて、フローを経験するためにこれら要素の全てが必要というわけではないと述べている。ま

72）Asakawa（2004）; Liao（2006）

第4章　学習成功者の自己調整学習とは

た、チクセントミハイは、事例研究として、チェス、バスケットボール、ロッククライミング、外科医の手術を扱っているが、フローは個人作業だけでなく、集団による共同作業においても発生する[73]。キース・ソーヤー（2009）は、このような共同作業におけるフローを「グループフロー」と呼び、その条件として以下の10を挙げている。

1）適切な目標：明確だが多様な解釈を生む自由度の高い目標
2）深い傾聴：自分が聞き取ったことに対して純粋に反応する
3）完全な集中：現在の活動とそれ以外の活動を切り離す境界線を引く
4）主体性：柔軟性をもちながらも自分が全てを管理している感覚を持つ
5）エゴの融合：自分がエゴを抑え、グループ全員と協調する
6）全員が同等：全ての参加者が同等な役割を担う
7）適度な親密さ：惰性にならない程度の親密さをもち、文化を共有する
8）不断のコミュニケーション：インフォーマルな会話を大切にする
9）先へ先へとすすめる：他人の意見を受け入れながら即興的に対応する
10）失敗のリスク：失敗へのリスクや恐怖感を推進力として利用する

こうした集団によるグループフローはゆりとケンのトラジェクトリの中で、特定の活動ではなく、親しい友人との英語を使用したコミュニケーションに没頭する中でたびたび観察された。特にフロー経験がインタビューの語りから窺われたのはゆりである。学習後期のゆりは「文法を補強して英語能力を高める」という目標をもっていた。フロー経験は、日本語講師のゆりにとって、日本語学習者のコニーとエイミーとの交友関係におけるコミュニケーションの産物として発生している。「お互いに何人とかいう意識も消えていた」と述べていることから、彼らとはお互いの国籍という概念が消失するほど親密であったことがわかる。そして、彼らとのエピソードを楽しそうに話す様子からも、インフォーマルな会話においてお互いに意見を受け入

73）キース・ソーヤー（2009）

211

れ、即時的なフィードバックを受けることで、コミュニケーション活動が先へ先へと進んでいたことが窺われる。ケンの場合には、特定で少数の友人をグループとしたフロー体験をしたゆりとは異なり、「友達の友達、またその友達みたいに、どんどん広がっていった」と述べているように、多数の留学生との交友関係を広げていくことを楽しんでいた。そして、大人数で共通の目的を持ったイベントを遂行する経験を重ねていくなかで活動参加者との関係を深め、その場に馴染み、自身にとって話しやすい場で、ケンの発話と友人からのフィードバックの数が比例する形で急速に増加していった。こうしたことから、ケンの場合も、コミュニケーション活動によってフロー経験をすることで英語を上達させていることがわかる。ゆりとケンのどちらの場合も、コミュニケーション活動におけるグループフロー経験から言語習得をするためには、グループの他のメンバーが自身にとって重要な人物であることが重要だろう。

(6) ユビキタス学習

　言語は、教室内での学習だけでなく、日常生活で獲得される部分も大きく、テクノロジーの発達に伴うインターネットやテレビメディア、モバイル・テクノロジーの活用[74]によって、学習者はいつでもどこでも英語に触れることができるようになっている。学は、学習後期、「ビジネス場面でも自信を持てる正確な英語の習得」を目標とし、そのために、社会人英語サークルへの参加による人的ネットワークの活用と並行して、毎日の通勤時間にモバイル・テクノロジーを活用することでブログやメールマガジンを通じたユビキタス（Ubiquitous）学習を行っている。
　ユビキタス学習とは、学習者それぞれに合わせた形の日常的な学びの実践である[75]。緒方他（2006）は、ユビキタス学習環境の特徴として、学習環境

---

74) Traxle（2007）
75) Huang et al.,（2010）；Yang et al.,（2008）；緒方他（2006）

の常設性（Permanency：学習者が日ごろ使い慣れた学習環境をいつでもどこでも利用できる）、学習ニーズに対する即時性（Immediacy：いつでもどこでも時間・場所にとらわれることなく、学習が必要な時に十分な学習が行え、学習の要求と行動との間のタイムラグが小さい）、学習時の接続性（Accessibility：学習者はいつでもどこでも Web などの教材にアクセスしたり、教師や専門家と同期・非同期的にコミュニケーションできる）、学習効果の実用性（Practicality：仮想空間に限らず現実世界での出来事が学習の機会につながる）、学習活動の状況性（Situated-ness：学習活動が現実世界の日常生活における、ある状況に埋め込まれる）を挙げている。

　学はスマートフォンを利用して、毎日の1時間ほどの通勤時間に、自分の興味と関心に合う英文記事や、即時必要とする英語表現の獲得のためにメールマガジンを読んでいる。これらの英語は学にとって、現実の場面で自分が必要としている、本物（authentic）の学習リソースであるために、学習が実用性のあるものとなり、知識の獲得が促進されていることがわかる。こうした学の学習を違う角度から眺めると、1時間という限られた時間の中で、利便性が高く、かつ日ごろから使い慣れたモバイル・テクノロジーを使用し、自分に必要な情報を効率的に学習しているということがわかる。このように、いつでもどこでも利用できる学習環境だけでなく、適切な場所で適切なときに適切な情報を取り入れるという学習行動は、学習成功者が目標達成のために行う行動の1つであると言えるだろう。

第 **5** 章

結　論

第 5 章　結論

1 ｜ まとめ

　多くの先行研究は学習成功者の成功の秘訣を探そうとするとき、彼らが
「なにを」しているかに注視しその部分を切り出して観察してきたが、本研
究では成功に直接結びついている部分のみを切り出すのではなく、英語に触
れ始めた頃からの学習のトラジェクトリを記述することによって、これまで
明らかにされてこなかった成功要因となる方略使用や特定の学習活動の実践
を引き起こすようになった様々な要因、つまり「なぜ」そのような行動をと
ることになったのかに光をあてることができた。また、トラジェクトリは
個々に特有の経験であるため、トラジェクトリから学習の成功の秘訣を探る
うえで、当事者の性格、経歴、学習の目標、学習環境、学習スタイル、英語
学習の信念、学習方略、学習動機、情意などをできる限り理解するよう努め
た。そうすることで、学習の成功は学習者のある特定の学習活動によって得
られるのではなく、それまでの英語学習経験の蓄積、すなわち英語学習の歴史
に依存することが浮き彫りになった。

　本書では、予め設定した仮説を検証しようとするのではなく、トラジェク
トリの考察をすすめるなかで徐々に見えてくる現象を帰納的にとらえること
を目指した。そのため、3人の学習成功者の自己調整学習の様子がどの理論
や仮説によって説明されるかは、トラジェクトリの構成とその分析によって
次第に明らかになった。そして、学習成功者の自己調整学習に関する考察に
おいて、言語習得理論だけでは成功の要因を説明することが困難であり、心
理学や教育学など様々な分野の理論を用いることで成功者の学習を多面的に
明らかにすることができた。以下では、本研究が用いた分析単位「自己調整
学習方略」「自己効力感」「目標への関与」から、学習成功者の自己調整につ
いてまとめる。

〈自己調整学習方略〉

　学習のすすめ方、学習リソース、学習実践の場は3人それぞれに異なり、

それぞれに個人の学習の文脈で学習が行われることが確認された。また身近な環境のなかでアクセス可能なリソースはテクノロジーの発達によって様々な形態で選択肢として遍在しており、彼らはそうした多くの選択肢の中から自分の学習の文脈にあった最適な学習リソースを整備していることがわかった。彼らが共通して利用する学習リソースは映画であったが、映画を活用する学習の中にも、憧れる登場人物に扮し英語使用者となる理想の自分を学習活動の中で創りあげるゆりや、友人の映画学習に学んでその効果を独学の中で発見していくケンなど、映画を活用した英語学習にもそれぞれに異なる取り組みが観察された。また、それぞれが自分にあった取り組み方をすることで、学習が無理なく持続可能な形態で行われたことがわかる。

　また、自己調整学習方略は、高校卒業以降に高まっていることが共通していることが明らかになった。これは、幼少期のように、家庭環境や周囲の大人に与えられる環境によって学習機会や人との出会いが規制されることがなくなり、彼らがより自己調整的に学習を行うようになったことを示している。また、自分の学習環境で目標を達成させるために、学習成功者が学習環境で与えられる機会を活用するだけでなく、仮に制約された条件のもとで、どのような可能性があるのかを模索していることについても取りあげた。このことから、FL 環境であっても、学習者の自己調整行動によって英語学習のために実践できることの選択肢を広げることが可能であると言えるだろう。そして、学習調整行動の様々な局面において、活動に対する価値づけ（この活動をすることでどんな能力が得られるか）、課題遂行状況の評価（目標にどれだけ近づいたか、目標達成まであとどれ位かかるか）、また課題遂行のために自身を動機づけるといったメタ認知的アプローチが特に多く観察された。

　さらに、学習環境を調整していくなかで、FL 環境における英語学習に多くの可能性を見出すことで、動機づけは一層高まっている。インプット量とアウトプット機会の不足、動機づけの課題など、FL 環境での外国語学習は、SL 環境と比較して否定的にとらえられる傾向があるが、Ortega（2003）は、FL 環境にあって SL 環境にはないメリットに着目することが重要であると主張している。ゆりは、FL 環境での英語学習が SL 環境よりも有利である

と明言するなかで、特に情意面に関して FL 環境の方が学習場面において学習者にストレスが少ないことを指摘している。これは、Krashen（1988）が言語の習得が起こるためには、理解可能なインプットとそのインプットが吸収されるように情意フィルター（affective filter）が下げられる必要があると論じていることに通じると考えられる。このような FL 環境での学習の利点の認識は本研究の協力者に共通して見られ、ゆりの場合、FL 環境での学習が自分の性格には向いていると考えている。こうした彼らの認識もまた、学習成功者が自分の学習に積極的に関与することができた鍵であると考えられる。

　最後に、彼らのインタビュー音声データを文字化する際に、3 人が共通して「できるだけ」という言葉を多用していることに注目した。この言葉から、彼らが与えられている学習環境の中で「できる」ことを見つけ、それらを「できるだけ」活用し、仮に求める学習リソースが得られない場合には、その代わりにどのような可能性があり、「何ができるか」について工夫を凝らしながら、自己調整学習のためにできる限り挑戦し続けていることがわかる。このように、FL 環境の中で学習に成功している学習者は、他の学習者より英語に触れる機会が決して多く与えられているわけではなく、自身が行動を起こすことで創り出していると言えるだろう。

〈自己効力感〉

　学習成功者の自己効力感については、彼らの自己効力感の変化に注目し「高い自己評価」「ペルソナ」「期待と不安と自信」という観点から述べた。現在、学習成功者となった彼らは、今もペルソナを被ることはあるのだろうか。調査開始時に、自己評価で 4 技能について C1 以上（CEFR の自己評価フォーム、巻末付録参照）であると報告していることから、彼らは英語能力には十分な自信を持っていると思われる。また、他己評価と自己評価の乖離ができる限り縮小され、現実の自分の能力と期待されている能力が一致するようになったことからも、以前のようにペルソナを被る必要はないのだろう。

　また、期待と不安と自信が循環して自己効力感を高めるためには、自分の

能力よりも一段高い挑戦をするということが重要であった。そして、彼らは挑戦を成功経験へと変えるために、挑戦の場を吟味し、引き受けた挑戦に対しては、効果的かつ周到に準備をすすめており、こうした全てのプロセスにおいてもメタ認知的判断が鍵となっていることがわかる。

　学習トラジェクトリを遡ることで、幼少期は周囲からの外的要因が自己効力感に及ぼす影響は大きいが、学習が進むにつれ他己評価と自己評価によって自己効力感は複層構造をもつことがわかった。また、自己効力感は、英語が得意な兄弟へのコンプレックス、友人との比較、留学経験のある友人との交流、その他の外国語学習など様々な学習者に固有の経験の中で変化するが、いずれの協力者も最終的に自己効力感が内在化されていくことが窺われた。そして、学習成功者は学習後期になると、失敗したときには自己を励まし、失敗した事象から距離をおいて今後どのように学習を修正していけばよいのかという方向に意識を向けている。

〈目標への関与〉

　3人の学習成功者に共通することとして、トラジェクトリの中で英語との接触が一度も途絶えていないことがわかる。長期間にわたり1つの活動に従事する者、ある活動を中断しても他の活動を補完的に取り入れる者など、それぞれ継続の形態は異なるが、常に英語との接触機会を設けていた。第4章では、このような英語学習の継続を支えるものとして、学習初期のぼんやりとした最終到達目標について述べた。この最終到達目標は抽象的で内発的志向性の強いものであるため、その後の学習を通して保持されているということがわかった。

　このことから、目標の設定について、先行研究では、明確な目標と上達の関連性を示しているが、本研究では学習の全ての段階において必ずしも関連性があるわけではないことが示される。学習成功者であっても、明確な目標というのは、学習がある程度進み、自身の経験から学習の意義を納得した時点で動機を内在化させるために設定されるのではないかと考えられる。

　また、学習の継続において、取り組む学習活動の内容や個人の特性の違い

から、目標達成のための取り組み方はそれぞれに異なっていた。第4章では
このような学習者ごとに異なる学習の取り組みを、目標の個性化、実践共同
体への参加、グループフロー経験、ユビキタス学習という概念を使って分析
した。協力者が学習のために使用した活動は、必ずしも、他の学習者にとっ
て最適な学習活動であるとはいうわけではない。しかし、本研究は、学習者
が個人の興味や関心、学習のスタイルなどに合致した学習活動を実践しよう
とするとき、あるいは、どのように学習活動とかかわり、すすめていけばよ
いかを考えるとき、学習成功者のトラジェクトリを参考にすることができる
のではないかと考える。このように、本研究で示した学習成功者のトラジェ
クトリを丸ごと真似るのではなく、彼らの実践の仕方を参考にすることで、
他の学習者も自分にあった学習活動を選択し実践していくことができると期
待している。

　最後に、これまでの研究では、学習成功者は努力を惜しまず継続するサイ
ボーグのように描かれてきたが、本研究で紹介した3人の学習成功者は、学
習者なら誰でも経験する失敗やスランプを経験し、それを乗り越えているこ
とがトラジェクトリに描かれたことに注目したい。こうしたトラジェクトリ
は個々の学習成功者に特有の経験である一方、どのトラジェクトリにおいて
も、学習の成功は彼らの個人的な努力だけでなく、それを支える社会的支援
が形成していったものであることが窺われる。つまり、学習成功者は個人的
練習に没頭し、ひたすら学習活動に取り組む時期があっても、社会的に孤立
しておらず、他者への依存をうまく調整し、一見自己調整学習に思われても、
他者によって組織化され、予定され、支えられているという側面もあること
が明確になった。

2 │ 教育への示唆

　本研究の協力者である学習成功者の経験は、自身が指導する学習者の自律

性を促進させようとする教師に向けて幾つかの重要な示唆を含んでいると言える。たとえば、彼らのトラジェクトリから、成功するための学習のすすめ方や取り組み、動機の高め方、英語学習への信念の形成は学習者個々のアイデンティティと強くかかわる複雑で多面的な現象であることがわかる。これは複数の学習者を１つの教室で扱う教師にとって難しい問題である。しかも、学校教育カリキュラムの英語は大学受験に向けた指導になりがちであり、授業は精読や文法訳読を中心に行われる。しかし、そうした授業実践の結果「面白くない」「将来役に立たない英語」だと感じる学習者もいるということを心に留めておかなくてはならない。Spratt, Humphreys and Chan (2002) は、学習者の内発的動機に働きかける学習活動や教材を使用する必要性について指摘している。こうした観点から、教師は学習者が教室外でどのような活動を行い、何に関心があるのかを知り、学校教育カリキュラムのなかで学習者の内発的動機に働きかける題材を吟味しながら教育実践をすすめていくことが重要であると言える。

　本研究は、学習成功者が教室外で興味を持って取り組んだ活動として、ポップ・カルチャーの役割を指摘した。協力者に共通して映画が利用されているが、特にゆりの場合は、映画の登場人物や俳優への憧れが強く、映画はゆりにとって憧れの世界に参加する入り口として機能していた。ゆりの学習実践から、日本という FL 環境の中で学習者が目標言語と目標言語文化に参加していくために、ポップ・カルチャーが重要なリソースとなりうるということがわかる。今後教師は、目標言語に対して学習者が教室内でも教室外でも学習を継続していくために、大学受験に備える授業実践に集中するのではなく、学習者の関心と摺り合せた多様な複合媒体を授業の中に組み込んでいくことを考えていく必要があるのではないだろうか。また、学習成功者の自己調整学習行動が教室外で多く見られたことから、FL 環境で外国語の学習に成功するためには、教室内での活動だけでは不十分である可能性がある。そうした場合、教師は学習者が正式な学習の文脈以外でも多くの英語活動に参加できるよう誘導していかなくてはならないだろう。さらに、状況論的学習論の立場からは、学習者にとって英語を話す共同体に参加する機会は重要

であり、英語の学習を助ける確かな方法である。したがって、教師が学習者の英語使用状況を考え、その状況に身を置いて学習するようにサポートすることは、学習者の言語的知識のみならず言語運用能力を発展させる最も明確な道であるということが言えるだろう。

　また、学習成功者の自己調整学習の全体像を描くことで、学習成功者は初めから独立して学習をすすめていくのではなく、学習の文脈で出会う活動や教材に加え、人や環境などの外的要因によって大きく影響を受けてきたことが明らかになった。協力者の中には、自己調整的な学習をすすめた外的要因が教師である者もいた。Graham & Macaro（2008）らは自己調整学習方略の指導は可能であり、そうして身につけた自己調整学習方略の使用によって自己効力感を高めることができると述べている。このことから、教師は学習者とのかかわりの中で、彼らの学習に影響を与える外的要因（重要な他者）となりうることを心に留め、今後、他の学習者にどのようにかかわっていくべきかを考える必要があるだろう。

　学習者の中には、今回の協力者のケンのように、過去の学習経験から「与えられたものに取り組む」という方法に慣れ親しみ、その方が「ラク」だと考える者もいる。大学入学後、形式が自由な課題が与えられると、ケンは「（先生は）はっきり、何をしたらいか言ってくれた方がいい」と感じたと述べている。このようなケンの教師に他律的な学習態度は、これまで受験勉強を乗り越えてきた学習経験に基づく意見である。ケンは、それまで先生からのアドバイスに忠実に学習を着実にすすめてきた。そのため、何でもしてよいと放り出されると、何をどのようにすれば良いのか不安に感じた。こうした学習態度は、大学受験を主眼とした高校教育制度で、教師が教室内で絶対的権威を持つ存在であり、知識を伝達し、授業を設計し、学習者を誘導するという学習者の認識に原因があるのではないだろうか。さらに、近年では、教員や学校教育機関への過剰な要求や期待が膨らみ、教員が学習者に過剰な支援や誘導をする傾向があり、自由な課題に自律的に取り組むことが苦手な学習者は増えている。ケンの発言も、そうした近年の若い学習者の学習態度を反映したものであると思われる。しかし、ケンは次第に大学の授業という

正式な学習の文脈ではなく、映画を活用したり、留学生と交流したりすることを通して、自由な学習への取り組みをはじめている。ここで重要なのは、学習成功者が常にどの活動に対しても積極的で自律的なのではないということである。ケンは正式な学習の文脈以外で自律的に学習を行うようになったが、授業に対しては積極的に取り組んだり、学習をすすめるうえで工夫を凝らしたりするということは見られなかった。このような現象は、ゆりのトラジェクトリの中でも、15歳頃に見られる。ゆりは学校の英語の授業に対して自律的な取り組みは見られなかったが、自宅でドラマを使用した学習に取り組んでいた。つまり、ある活動に関しては非常に自己調整的であるが、別の活動に関しては他律的であることもある。このように、いくつかの学習機会が与えられる中で、自分にあった特定の活動を見つけ、それに対して継続的、積極的にかかわるといった姿勢こそまさに彼らの自己調整学習のあり方なのである。

3 本書の問題点と今後の展望

　質的研究手法について指摘されてきた問題点をできるだけ抑制するように試みたが、以下のような問題点も挙げられる。1つ目に、どのような質的手法を用いた研究にも通じることであるが、本研究の調査から導かれる結果を一般化するには限界がある。しかしながら、3名の学習成功者に限定して具体的に考察をすすめた本研究の目的は、結果の一般化ではない。むしろ、事例を丹念に追って調査協力者の学習経験を彼らの視点から眺めようとすることで、量的研究では光が当てられないところを明らかにすることができたと考えている。2つ目に、調査データの信頼性が挙げられる。本研究は、長年にわたる学習経験を経て結果的に学習成功者となった学習者を対象としているため、データ収集方法は協力者の回想的な報告である。予めどの学習者が学習成功者になるか特定することはほとんど不可能であるため、調査のデータは協力者のこれまでの過去の経験の回想にもとづいている。そのため、語

られた状況の具体性や正確性は疑問視されるかもしれない。また、学習者に
とって印象深い事象のみが語られ、それ以外のことは意識的にせよ無意識的
にせよ語られるストーリーから除外されてしまうかもしれない。しかし、学
習者の視点を重視するならば、厳正な史実探求に努めるよりも、むしろ、学
習者にとっての真実、すなわち、学習者がどのように事象を認識したかを理
解することに努めることが優先されるべきだと考えた。データにはこうした
問題も考えられるが、小さな出来事も漏れることなく記憶から引き出す補助
としてマインドマップやフォローアップ・インタビューを行うことで可能な
限り具体的なトラジェクトリを記述できたと考えている。3つ目に、収集
データの解釈における客観性の問題である。データの解釈をすすめていくな
かで、どうしても筆者の主観的解釈が含まれてしまう可能性がある。本研究
では、データ分析の前に、暫定的な解釈を協力者のもとに持っていき、その
分析結果が現実的に妥当なものであるか確認するなど、できる限り筆者の主
観的解釈を取り除くよう努めた。4つ目に、質的調査において重要となる調
査協力者とのラポールが十分に築かれていたか、という問題である。調査を
目的としない別の機会を設け、調査内容の説明と研究者自身に関する個人的
な話をすることで、調査日に協力者が調査者に対して友好的に話しやすい環
境づくりを心掛けた。また、データ収集後も調査協力者のつながりを大事に
し、調査目的だけでなく、その後もよい関係をつくることに努めた。5つ目
に、調査協力者と他の学習者の相違性と類似性の問題である。本調査の学習
成功者の選定では、英語能力試験の成績、自己評価、長期英語圏滞在経験や
家庭での日常的な英語接触がない者を基準とした。協力者の個人史的背景や
性格等の個別性は調査を通して見えてきたものである。両親が子どもの教育
に深くかかわる家庭環境であったり、英語が得意な兄弟の存在にコンプレッ
クスを感じていたり、あるいは楽観的かつ外向的な性格、といった協力者に
特有の文脈や性格を示すことで、他の学習者にとって相違性ばかりに目がい
きがちになってしまうかもしれない。しかし、それらを示すことは、相違性
だけでなく類似性を見いだすきっかけとなるのではないかと考える。

本研究の調査では、外国語学習成功者の自己調整学習の様相を自己調整学習方略、自己効力感、目的への関与という3つの視点から考察した。これにより、学習を固定化された経路を計画通りに進むものではなく、不断の動きを示すダイナミックで流動的なものとしてとらえることができた。また、学習者が英語に触れ始めた経験から遡って精神発達と並行して自己調整学習の様子をみていくことで、自己調整方略の習得から使用の実践、自己効力感の高まり方や高め方、目標設定の仕方や目標の性質が学習初期から学習後期にわたって時間の経過に伴い変化していくことが明らかになった。今後は、先に述べた本研究の問題点を踏まえ、調査対象とする学習成功者の人数を増やして調査を続けていく必要があるだろう。より多くの事例を扱うということは、学習成功のためのより多くのパターンを示すことを可能にするということである。今後、個々に異なる事例を描くことで、現在英語を学習する多くの学習者が学習成功者と自身の類似性を見つけ、彼らの学習の取り組みから学び、実践できるものを取り入れることができることを期待したい。最後に、質的研究手法では、調査データの収集の正否が調査者の調査能力や調査経験に大きく左右されてしまう。上述の通り、データの収集には細心の注意を払い、協力者との十分なコミュニケーションをとったつもりではあるが、調査協力者の経験や語りをより引き出すために、今後より多くの調査経験を積むことで筆者の調査者としての能力を高めていきたいと考え、本書を終える次第である。

付 録 資 料

付録資料

付録 1 │ 共通参照レベル：全体的な尺度（吉島他　2004：25）

熟達した言語使用者	C2	聞いたり、読んだりしたほぼ全てのものを容易に理解することができる。いろいろな話し言葉や書き言葉から得た情報をまとめ、根拠も論点も一貫した方法で再構成できる。自然に、流暢かつ正確に自己表現ができ、非常に複雑な状況でも細かい意味の違い、区別を表現できる。
	C1	いろいろな種類の高度な内容のかなり長いテクストを理解することができ、含意を把握できる。 言葉を探しているという印象を与えずに、流暢に、また自然に自己表現ができる。 社会的、学問的、職業上の目的に応じた、柔軟な、しかも効果的な言葉遣いができる。 複雑な話題について明確で、しっかりとした構成の、詳細なテクストを作ることができる。その際テクストを構成する字句や接続表現、結束表現の用法をマスターしていることがうかがえる。
自立した言語使用者	B2	自分の専門分野の技術的な議論も含めて、抽象的かつ具体的な話題の複雑なテクストの主要な内容を理解できる。 お互いに緊張しないで母語話者とやり取りができるくらい流暢かつ自然である。 かなり広汎な範囲の話題について、明確で詳細なテクストを作ることができ、様々な選択肢について長所や短所を示しながら自己の視点を説明できる。
	B1	仕事、学校、娯楽で普段出会うような身近な話題について、標準的な話し方であれば主要点を理解できる。 その言葉が話されている地域を旅行しているときに起こりそうな、たいていの事態に対処することができる。 身近で個人的にも関心のある話題について、単純な方法で結びつけられた、脈絡のあるテクストを作ることができる。経験、出来事、夢、希望、野心を説明し、意見や計画の理由、説明を短く述べることができる。
基礎段階の言語使用者	A2	ごく基本的な個人的情報や家族情報、買い物、近所、仕事など、直接的関係がある領域に関する、よく使われる文や表現が理解できる。 簡単で日常的な範囲なら、身近で日常の事柄についての情報交換に応ずることができる。 自分の背景や身の回りの状況や、直接的な必要性のある領域の事柄を簡単な言葉で表現できる。
	A1	具体的な欲求を満足させるための、よく使われる日常的表現と基本的な言い回しは理解し、用いることもできる。 自分や他人を紹介することができ、どこに住んでいるか、誰と知り合いか、持ち物などの個人的情報について、質問をしたり、答えたりできる。 もし、相手がゆっくり、はっきりと話して、助け船を出してくれるなら簡単なやり取りをすることができる。

229

付録 2 | 共通参照レベル：自己評価表 1（吉島他　2004：28）

		A1	A2	B1
理解すること	聞くこと	はっきりゆっくりと話してもらえれば、自分、家族、すぐ周りの具体的なものに関する聞き慣れた語やごく基本的な表現を聞き取れる。	（ごく基本的な個人や家族の情報、買い物、近所、仕事などの）直接自分に関連した領域で最も頻繁に使われる語彙や表現を理解することができる。短い、はっきりとした簡単なメッセージやアナウンスの要点を聞き取れる。	仕事、学校、娯楽で普段出会うような身近な話題について、明瞭で標準的な話し方の会話なら要点を理解することができる。話し方が比較的ゆっくり、はっきりとしているなら、時事問題や、個人的もしくは仕事上の話題についても、ラジオやテレビの番組の要点を理解することができる。
	読むこと	例えば、掲示やポスター、カタログの中のよく知っている名前、単語、単純な文を理解できる。	ごく短い簡単なテクストなら理解できる。広告や内容紹介のパンフレット、メニュー、予定表のようなものの中から日常の単純な具体的に予測がつく情報を取り出せる。簡単で短い個人的な手紙は理解できる。	非常によく使われる日常言語や、自分の仕事関連の言葉で書かれたテクストなら理解できる。起こったこと、感情、希望が表現されている私信を理解できる。
話すこと	やり取り	相手がゆっくり話し、繰り返したり、言い換えたりしてくれて、また自分が言いたいことを表現するのに助け船を出してくれるなら、簡単なやり取りをすることができる。直接必要なことやごく身近な話題についての簡単な質問なら、聞いたり答えたりできる。	単純な日常の仕事の中で、情報の直接のやり取りが必要ならば、身近な話題や活動について話し合いができる。通常は会話を続けていくだけの理解力はないのだが、短い社交的なやり取りをすることはできる。	当該言語圏の旅行中に最も起こりやすいたいていの状況に対処することができる。例えば、家族や趣味、仕事、旅行、最近の出来事など、日常生活に直接関係のあることや個人的な関心事について、準備なしで会話に入ることができる。
	表現	どこに住んでいるか、また、知っている人たちについて、簡単な語句や文を使って表現できる。	家族、周囲の人々、居住条件、学歴、職歴を簡単な言葉で一連の語句や文を使って説明できる。	簡単な方法で語句をつないで、自分の経験や出来事、夢や希望、野心を語ることができる。意見や計画に対する理由や説明を簡潔に示すことができる。物語を語ったり、本や映画のあらすじを話し、またそれに対する感想・考えを表現できる。
書くこと	書くこと	新年の挨拶など短い簡単な葉書を書くことができる。例えばホテルの宿帳に名前、国籍や住所といった個人のデータを書き込むことができる。	直接必要のある領域での事柄なら簡単に短いメモやメッセージを書くことができる。短い個人的な手紙なら書くことができる：例えば礼状など。	身近で個人的に関心のある話題について、つながりのあるテクストを書くことができる。私信で経験や印象を書くことができる。

付録資料

付録 3 　共通参照レベル：自己評価表 2（吉島他　2004：29）

B2	C1	C2
長い会話や講義を理解することができる。また、もし話題がある程度身近な範囲であれば、議論の流れが複雑であっても理解できる。 たいていのテレビのニュースや時事問題の番組も分かる。 標準語の映画なら、大部分は理解できる。	たとえ構成がはっきりしなくて、関係性が暗示されているにすぎず、明示的でない場合にも、長い話が理解できる。 特別の努力なしにテレビ番組や映画を理解できる。	生であれ、放送されたものであれ、母語話者の速いスピードで話されても、その話し方の癖に慣れる時間の余裕があれば、どんな種類の話し言葉も、難なく理解できる。
筆者の姿勢や視点が出ている現代の問題についての記事や報告が読める。 現代文学の散文は読める。	長い複雑な事実に基づくテクストや文学テクストを、文体の違いを認識しながら理解できる。 自分の関連外の分野での専門的記事も長い、技術的説明書も理解できる。	抽象的で、構造的にも言語的にも複雑な、例えばマニュアルや専門的記事、文学作品のテクストなど、事実上あらゆる形式で書かれた言葉を容易に読むことができる。
流暢に自然に会話することができ、母語話者と普通にやり取りができる。 身近なコンテクストの議論に積極的に参加し、自分の意見を説明し、弁明できる。	言葉をことさら探さずに流暢に自然に自己表現ができる。 社会上、仕事上の目的に合った言葉遣いが、意のままに効果的にできる。 自分の考えや意見を精確に表現でき、自分の発言を上手に他の話し手の発言にあわせることができる。	慣用表現、口語体表現をよく知っていて、いかなる会話や議論でも努力しないで加わることができる。 自分を流暢に表現し、詳細に細かい意味のニュアンスを伝えることができる。 表現上の困難に出合っても、周りの人がそれにほとんど気がつかないほどに修正し、うまく繕うことができる。
自分の興味関心のある分野に関連する限り、幅広い話題について明瞭で詳細な説明をすることができる。 時事問題について、いろいろな可能性の長所、短所を示して自己の見方を説明できる。	複雑な話題を、派生的問題にも立ち入って、詳しく論ずることができ、一定の観点を展開しながら、適切な結論でまとめ上げることができる。	状況にあった文体で、はっきりとすらすらと流暢に記述や論述ができる。効果的な論理構成によって聞き手に重要点を把握させ、記憶にとどめさせることができる。
興味関心のある分野内なら、幅広くいろいろな話題について、明瞭で詳細な説明文を書くことができる。 エッセイやレポートで情報を伝え、一定の視点に対する支持や反対の理由を書くことができる。 手紙の中で、事件や体験について自分にとっての意義を中心に書くことができる。	適当な長さでいくつかの視点を示して、明瞭な構成で自己表現ができる。 自分が重要だと思う点を強調しながら、手紙やエッセイ、レポートで複雑な主題を扱うことができる。 読者を念頭に置いて適切な文体を選択できる。	明瞭な、流暢な文章を適切な文体で書くことができる。 効果的な論理構造で事情を説明し、その重要点を読み手に気づかせ、記憶にとどめさせるように、複雑な内容の手紙、レポート、記事を書くことができる。 仕事や文学作品の概要や評を書くことができる。

231

付録 4 | 調査資料

協力者記入用紙　ケンの場合

　語られたストーリーの中でその時に起こった出来事やその時の状況において、自分の英語能力に対してどの程度自信、あるいは不安を感じていたか教えてください。

　あなたが英語と接する機会があった5歳から現在に至るまでのあなたの英語能力に対する自己効力感を1）できない、2）できないかもしれない、3）できるかもしれない、4）できるという4つの区分で○を書き入れてください。

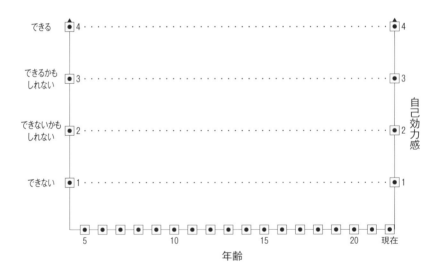

付録資料

付録 5 調査同意書

日本人英語学習者の英語学習体験に関する調査協力のお願い

大阪大学大学院　言語文化研究科
博士後期課程 3 年　吉田ひと美
TEL：
×××@×××.ac.jp

　私は英語教育を専門としており、今回、日本人英語学習者の英語学習体験に関して、博士論文を執筆する予定です。つきましては、そのための調査にご協力をお願いしたいと考えております。

《内容》
・これまでの英語学習・英語使用など、英語に関する体験を幅広くお聞かせください。
・日本語でのインタビュー形式となります。
・インタビューでの会話は、IC レコーダーで録音させていただきます。
《プライバシーについて》
・データは、私の研究以外の目的には決して使用いたしません。
・論文中で、いくつか会話例データを例として示す場合がありますが、固有名詞など個人が特定できる箇所はすべて仮名にし、プライバシーの保護には十分な配慮をいたします。
・調査の対象はあくまでも、学習者の英語学習体験ですので、英語能力や英語への態度を評価するものでは決してありません。
《データの開示について》
・データをしようさせていただいた方には、調査の結果を後日お伝えすることができます。
《追調査をお願いする場合》
・追調査が必要な場合、再インタビューをお願いすることがあるかもしれません。

　以上の趣旨をご理解の上後協力いただけます場合は、以下の欄に日付と署名をご記入ください。
(「切り取り線」より切り離し、**調査開始前** に私にお渡しくださいますようお願いいたします。)

-- 切り取り --

　私は、「日本人英語学習者の英語学習体験に関する調査協力のお願い」に記された、吉田ひと美の研究趣旨を理解し納得した上で、インタビューに協力いたします。

日付　　　　　　　　　署名

　私は、私の調査において、協力者の人権とプライバシーを守るための最大限の努力をいたします。また、調査の途中で、協力者が調査の中止を希望された場合は、ただちに調査を中止する義務があることを認めます。

日付　　　　　　　　　署名

参考文献

Asakawa, K. (2004). Flow experience and autotelic personality in Japanese college students: How do they experience challenges in daily life?. *Journal of Happiness Studies*, 5, 123-154.

Bailey, K. & Nunan, D. (Eds.), (1996). *Voices from the Language Classroom: Qualitative Research in Second Language Classroom*. Cambridge: Cambridge University Press.

Bandura, A. (1986). *Social Foundations of Thought and Action*. Englewood Cliffs, NJ: Prentice-Hall.

Bandura, A. (1998). Health Promotion from the Perspective of Social Cognitive Theory. *Psychology and Health*, 13, 623-649.

Benson, P., & Nunan, D. (Eds.), (2005a). *Learners' Stories: Difference and Diversity in Language Learning*. Cambridge: Cambridge University Press.

Benson, P., & Nunan, D. (2005b). Introduction. In P. Benson and D. Nunan. (Eds.), *Learners' Stories: Difference and Diversity in Language Learning*. Cambridge: Cambridge University Press, 1-3.

Block, D. (2007). The rise of identity in SLA research post Firth and Wagner (1997). *The Modern Language Journal*, *91*, Focus Issue, 863-876. doi: 0026-7902/07/863-876

Boekaerts, M. (1995). Self-regulated learning: Bridging the gap between metacognitive and metamotivation theories. *Educational Psychologist, 30 (4)*, 195-200.

Boekaerts, M. and Niemivirta, M. (2000). Self-regulation in learning: Finding a balance between learning- and ego-protective goals. In M. Boekaerts, P. R Pintrich, and M. Zeidner (Eds.), *Handbook of Self-Regulation*. 417-450. San Diego, CA: Academic Press.

Borkowski, J.G., Chan, L. K. S., & Muthukrishna, N. (2000). A process-oriented model of metacognition: Links between motivation and executive functioning. In G. Schraw & J. Impara (Eds.), *Issues in the measurement of metacognition*. 1-41. Lincoln, NE: Buros Institute of Mental Measurements, University of Nebraska.

Brown, J. S., Collins, A., & Duguid, P. (1989). Situated cognition and the culture of learning. *Educational Researcher, 18 (1),* 32-42.

Brown, J. S., and Duguid, P. (1996). Stolen Knowledge. In McLellen. (Ed.), Situated Learning Perspectives. Englewood Cliffs, NJ: Educational Technology Publications.

Bruner, J. (1985). Narrative and paradigmatic modes of thought. In E. Eisner (Ed.), Learning and teaching the ways of knowing. Chicago: University of Chicago.

Bruner, J. (1990). *Acts of Meaning.* Harvard: Harvard University Press.（岡本夏木・仲 渡一美・吉村啓子訳. 1999. *意味の復権：フォークサイコロジーに向けて.* ミネルヴァ書房.）

Caplan, N., Choy, M. H., & Whitmore, J. K. (1992). Indochinese refugee families and academic achievement. *Scientific American,* 37-42.

Ching, L. C. (2002). Strategy and self-regulation instruction as contributors to improving students' cognitive model in an ESL programme. *English for Specific Purposes, 13,* 261-289.

Clandinin, D. J., & Connelly, F. M. (2000). *Narrative inquiry: Experience and story in qualitative research.* San Francisco: Jossey-Bass.

Cohen, A. D. (1998). *Strategies in Learning and Using a Second Language.* New York: Addison Wesley Longman.

Cohen, A. D. & Macaro, E. (2007). *Language learner strategies: 30 years of research and practice.* Oxford, UK: Oxford University Press.

Cole, M. (1996). *Cultural Psychology: A once and future discipline.* London, England: The Belknap Press of Harvard University Press.（天野清訳. 2002. 文化心理学. 新曜社.）

Connelly, F. M., & Clandinin, D. J. (1990). Stories of experience and narrative inquiry. *Educational Researcher, 19 (5),* 2-14.

Corno, L. (1994). Student volition and education: Outcomes, influences, and practices. In B. J. Zimmerman & D. H. Schunk (Eds.), *Self-regulation of learning and performance.* 229-254 Hillsdale, NJ: Lawrence Erlbaum Associates.

Corno, L. (2001). Self-regulated learning: A volitional analysis. In B. Zimmerman & D. Schunk (Eds.), *Self-regulated learning and academic achievement: Theory, research, and practice, 2,* 111-142. Mahwah, NJ: Erlbaum.

Corno, L., & Kanfer, R. (1993). The role of volition in learning and performance.

Review of Research in Education, 19, 301-341.

Cotterall, S. (1995). Readiness for Autonomy: Investigating Learner Beliefs. *System, 23 (2)*, 195-205.

Cotterall, S. (2005). It's just rules. That's all it is at this stage. In P. Benson and D. Nunan (Eds.), *Learners' Stories*. Cambridge: Cambridge University Press, 101-118.

Creswell, J. W. (1998). *Qualitative inquiry and research design: Choosing among five designs*. Thousand Oaks, CA: Sage.

Cresswell, J. W. (2007). *Qualitative Inquiry & Research Design: Choosing Among Five Approaches*. California, London, New Dehli; Sage.

Csikszentmihalyi, M. (1975). *Beyond Boredom and Anxiety: Experiencing Flow in Work and Play*. Jossey-Bass.

Csikszentmihalyi, M.(1990). *Flow: The Psychology of Optimal Experience*. New York: Harper and Row.

Deci, E. L., & Ryan, R. M. (1985). *Intrinsic motivation and self-determination in human behavior*. New York: Plenum.

Deci, E. L., & Ryan, R. M. (2000). The "what" and "why" of goal pursuits: Human needs and the self-determination of behavior. *Psychological Inquiry, 11*, 227-68.

Deci, E. L., & Ryan, R. M. (2008). Facilitating optimal motivation and psychological well-being across life's domains. *Canadian Psychology, 49*, 14-23.

Denzin, N. K. & Lincoln, Y. S. (1994). Introduction: Entering the field of qualitative research. In N. K. Denzin & Y. S. Lincoln.(Eds.), *Handbook of qualitative research*. Thousand Oaks, CA: Sage.

Dewey, J. (1938). *Experience and Education*, Macmillan Publishing Co. New York. (市村尚久訳. 2004. 経験と教育. 講談社.)

Dickinson, L. (1987). *Self-instruction in Language Learning*. Cambridge: Cambridge University Press.

Dörnyei, Z. (1995). On the teachability of communication strategies. *TESOL Quarterly, 29: 1*, 55-85.

Dörnyei, Z. (2005). *The psychology of the language learner: Individual differences in second language acquisition*. Mahwah, NJ: Lawrence Erlbaum Associates.

Dörnyei, Z. (2009). The L2 Motivational Self system. In Z. Dörnyei & E. Ushioda

(Eds.), *Motivation, Language Identity and the L2 Self*. 9-42. Bristol: Multilingual Matters. Dörnyei, Z., & Skehan, P. (2003). Individual differences in second language learning. In C. J. Doughty & M. H. Long (Eds.), *The handbook of second language acquisition*. 589-630. Malden, MA and Oxford, UK: Blackwell.

Duff, P. (2004). Intertextuality and hybrid discourses: The infusion of pop culture in educational discourse. *Linguistics and Education*, 14/3-4, 231-276.

Duff, P. (2008). Introduction. In P. Duff & N. Hornberger (Eds.), *Encyclopedia of language and education. Vol. 8: Language socialization*, xiii–xix. New York: Springer.

Ehrman, M. E., B. L. Leaver & R. L. Oxford. (2003). A Brief overview of individual differences in second language learning. *System, 31*, 313-330.

江頭説子 (2007). 社会学とオーラル・ヒストリー　ライフ・ヒストリーとオーラル・ヒストリーの関係を中心に. *法政大学大原社会問題研究所雑誌. No. 585.*

Flick, U. (1995). *Qualitative Forschung*. Reinbek bei Hamburg: Rowohlt. Taschenbuch Verlag GmbH.（小田博志・山本則子・春日常・宮地尚子訳. 2002. *質的研究入門―人間科学のための方法論*. 春秋社.）

Fu, D. (1995). *My trouble in my English: Asian students and the American dream*. Parts, NH: Boynton/Cook.

藤原顕・遠藤瑛子・松崎正治 (2006). *国語科教師の実践的知識へのライフヒストリー・アプローチ―遠藤瑛子実践の事例研究*. 渓水社.

Gardener, R. C. (1985). Social psychology and second language learning: The role of attitudes and motivation. *The Social Psychology of Language, 4.* 185-199. Edward Arnold.

Gardener, R. C. & W. E. Lambert. (1972). *Attitude and motivation in second language Learning*. Rowley, mass: Newbury house.

Graham, S. J. (2004). Giving up on Modern Foreign Languages? Students' perspective *System, 34/2*

Graham, S. J. and Macaro, E. (2008). Strategy instruction in listening for lower–intermediate learners of French. *Language Learning, 58 (4).* 747-783.

Griffiths, C. (Ed.), (2008). *Lessons from good language learners*. Cambridge: Cambridge University Press.

Griffiths, C. (2008). Strategies and good language learners. In C. Griffiths (Ed.),

Lessons from good language learners. Cambridge: Cambridge University Press.

速水敏彦（1998）．*自己形成の心理―自律的動機づけ―*．金子書房．

Holec, H. (1981). *Autonomy and foreign language learning.* Oxford: Pergamon. (First published 1979, Strasbourg, Council of Europe)

Hsiao, T-Y. & R. Oxford. (2002). Comparing theories of language learning strategies: A confirmatory factor analysis. *The Modern Language Journal, 86,* 368-383.

Huang, A. F., Yang, S. J. H, & Hwang, H. J. (2010). Situational Language Teaching in Ubiquitous Learning Environments. *Knowledge Management & E-Learning: An International Journal, Vol. 2, No. 3.* 312-327.

今井むつみ・野島久雄（2003）．*人が学ぶということ：認知学習論からの視点*．北樹出版．

伊東祐郎（1999）．学習スタイルと学習ストラテジー．宮崎 里司・J. V. ネウストプニー編．*日本語教育と日本語学習―学習ストラテジー論にむけて*．133-145．くろしお出版

伊藤崇達（2009）．自己調整学習の成立過程―学習方略と動機づけの役割．北大路書房．

伊藤崇・藤本愉・川俣智路他（2004）．状況論的学習観における「文化的透明性」概念について：Wenger の学位論文とそこから示唆されること．*北海道大学大学院教育学研究科紀要．93.* 北海道大学大学院教育学研究科．81-157．

Kaplan, A. Y. (1993). *French lessons: A memoir.* Chicago, IL: University of Chicago Press.

加藤真理（2002）．英語学習体験に関するナラティブ分析―日本語学習者へのインタビューを通して．*大阪大学大学院言語文化研究科修士論文*．

河合隼雄（1967）．*ユング心理学入門*．培風館．

Kavale, S. (1996). *InterViews: An Introduction to Qualitative Research Interviewing.* London: Sage.

Kormos, J., & Csizér, K. (2008). Age-related differences in the motivation of leaning English as a foreign language: Attitudes, selves and motivated learning behavior. *Language Learning, 58,* 327-355.

Kormos, J and T, Kiddle and K, Csizer. (2011). Systems of Goals, Attitudes, and Self-related Beliefs in Second-Language-Learning Motivation, *Applied Linguistics, 32/5*: 495-516.

Krashen, S. D. (1988). *Second Language Acquisition and Second Language Learning.* New York: Prentice-Hall International Inc.

Kuhl, J. (1987). Action control: The maintenance of motivational states. In F. Halisch & J. Kuhl (Eds.), *Motivation, Intention and Volition.* 279-291. Berlin: Springer.

Kuhl, J. & Goschke, T. (1994). State orientation and the activation and retrieval of intentions from memory. In J. Kuhl & J. Beckmann (Eds.), *Volition and personality: Action versus state orientation.* 127-154. Göttingen/Toronto: Hogrefe.

倉八順子 (1992). 日本語学習者の動機に関する調査―動機と文化背景の関連. 日本語教育. 77. 日本語教育学会. 129-141.

Lave, J. & Wenger, E. (1991). *Situated Learning: Legitimate Peripheral Participation.* New York, NY, United States, Cambridge University Press. (佐伯胖訳. 1993. 状況に埋め込まれた学習―正統的周辺参加. 産業図書.)

Liao, L. (2006). A flow theory perspective on learner motivation and behavior in distance education. *Distance Education, Vol. 27,* 45-62.

Littlewood, W. (1999). Defining and Developing Autonomy in East Asian Contexts. Applied Linguistics, 20(1), 71-94.

羅曉勤 (2005). 台湾の高等教育における日本語学習者の学習動機―社会的文脈と自己形成との関連から―. 大阪大学大学院言語文化研究科博士学位論文.

Lvovich, N. (1997). *The multilingual self: An inquiry into language learning.* Mahwah, NJ: Erlbaum.

Macaro, E. (2001). *Learning strategies in foreign and second language classrooms.* London, UK: Continuum.

Macaro, E. (2006). Strategies for language learning and for language use: Revising the theoretical framework. *The Modern Language Journal, 90,* 320-337.

Macaro, E. (2007). Language learner strategies: Adhering to a theoretical framework. *Language Learning Journal, 35,* 239-243.

Malpass. J. R., O'Neil, H. F. & Hocevar, D. (1999). Self-regulation, goal orientation, self-efficacy, worry, and high-stakes math achievement for mathematically gifted high school students. *Roeper review, 21,* 281-288.

Mace, F. C., Belfiore, P. J., & Hutchinson, J. M. (2001). Operant theory and research on self-regulation. In B. J. Zimmerman & D. H. Schunk (Eds.),

Self-regulated learning and academic achievement: Theoretical perspectives, 2nd ed. 39-65. Mahwah, NJ: Erlbaum.

Mann, S. J. (1992). Telling a Life Story: Issues for Research. *Management Education and Development, 23 (3)*: 271-280.

Markus, H. & Nurius, P. (1986). Possible selves. *American Psychologist, 41*, 954-969.

Markus, H., & Ruvolo, A. (1989). Possible selves: Personalized representations of goals. In L. A. Pervin. (Ed.), *Goal concepts in personality and social psychology*, 211-241. Hillsdale, NJ: Lawrence Erlbaum Associates.

McCaslin, M. & Hickey, D. T. (2001). Self-regulated learning and academic achievement: A Vygotskian view. In B. Zimmerman and D. Schunk (Eds.), *Self-regulated learning and academic achievement: Theory, research, and practice*, Second Edition, 227-252. Mahwah, NJ: Erlbaum.

Merriam, S. B. (1998). *Qualitative Research and Case Study Applications in Education: Revised & Expanded*. San Francisco: Jossey-Bass.（堀薫夫・久保真人・成島美弥訳. 2004. *質的調査法入門―教育における調査法とケース・スタディー*. ミネルヴァ書房.）

モース, M. (1976). Les techniques du corps, *Sociologie et anthropologie*, P. U. F, 1978.（有地亨・山口俊夫訳. 1978. 身体技法. 社会学と人類学. 121-156. 東京：弘文堂.）

溝上慎一（2001）. ポジション理論を援用して授業者の成長を見る. *京都大学高等教育研究*. 第7号. 57-69.

溝上慎一（2009）.「大学生活」の過ごし方から見た学生の学びと成長の検討―正課・正課外のバランスのとれた活動が高い成長を示す―. *京都大学高等教育研究*. 15号. 107-118.

Miura, T. (2007). Success after failure: An introspective case study of L2 motivation. Applied Linguistics Colloquium, Temple University Japan.

Miura, T. (2011). Motivational trajectories of successful foreign language learners: Six biographical case studies. *Temple University Doctoral dissertation*. Temple University, Philadelphia.

Murray, G. (2008). Identity, community, and autonomy: Stories of EFL learners in Japan. World Congress of the International Association of Applied Linguistics, Germany, August, 2008.

無藤隆・やまだようこ・南博文・麻生武. サトウタツヤ編（2004）. *質的心理学*

―創造的に活用するコツ. 新曜社.

Naiman, N., Frohlich, M., Stern, H. H., & Todesco, A. (1978). *The good language learner*. Toronto, Ontario: Institute for Studies in Education.

Nation, I. S. P. (2001). *Learning vocabulary in another language*. Cambridge: Cambridge University Press.

Nation, I. S. P. (2007). Fundamental issues in modeling and assessing vocabulary knowledge. *Modeling and Assessing Vocabulary Knowledge*. Cambridge: Cambridge University Press: 35-43.

Nation, P. & Beglar, D. (2007). A vocabulary size test. *The Language Teacher, 31 (7)*: 9-13.

西口光一 (2002). 日本語教師のための状況論的学習論入門. 細川英雄編. *ことばと文化を結ぶ日本語教育*. 6-8. 凡人社.

Norton, B. (2000). *Identity and language learning: Gender, ethnicity and educational change*. Harlow, England: Longman. Pearson Education.

Norton, B., & Vanderheyden, K. (2004). Comic book culture and second language learners. In B. Norton & K. Toohey (Eds.), *Critical pedagogies and language learning*. 201-221. New York: Cambridge University Press.

Nunan, D. (1996). Towards autonomous learning: some theoretical, empirical and practical issues. In R. Pemberton, S. L. Edward, W. W. F. Or, & H. D. Pierson (Eds.), *Taking Control: Autonomy in Language Learning*. Hong Kong: Hong Kong University Press. 13-26.

Nunan, D. (1999). *Second Language Teaching & Learning*. Newbury House Teacher Development.

Ohno, M., Sakai, S., Nakamura, A., & Sagara, Y. (2008). A Study on the Relationship between Learner Autonomy and Academic Grades. *千葉商大紀要*, 45巻4号, 1-24.

緒方広明・矢野米雄 (2006). ユビキタスラーニング環境のデザインとチャレンジ. *人口知能学会誌*. 21 (1), 70-76.

岡田いずみ (2007). 学習方略の教授と学習意欲―高校生を対象にした英単語学習において―. *教育心理学研究*. 55号. 287-299.

O'Malley, J. M. and Chamot, A. U. (1990). *Learning Strategies in Second Language Acquisition*. Cambridge: Cambridge University Press.

Ortega, L. (2003). Syntactic complexity measures and their relationship to L2 proficiency: A research synthesis of college-level L2 writing. *Applied*

Linguistics, 24, 492-518.

Oxford, R.（1990）. *Language Learning Strategies. What Every Teacher Should Know.* New York: Newbury House.（宍戸通庸・伴紀子訳．1994．言語学習ストラテジー―外国語教師が知っておかなければならないこと．凡人社）

Oxford, R. L.（2011）. *Teaching and researching language learning strategies.* Harlow, UK: Pearson Education.

Pajares, F., & Schunk, D. H.（2001）. Self-Beliefs and School Success: Self-Efficacy, Self-Concept, and School Achievement. In R. Riding & S. Rayner（Eds.）, *Perception,* 239-266. London: Ablex Publishing.

Peirce, N. B.（1995）. The theory of methodology in qualitative research. *TESOL Quarterly, 29(3),* 569-576.

Pintrich, P. R.（2000）. The Role of Goal Orientation in Self-regulated Learning. In Monique Boekaerts, Paul R. Pintrich and Moshe Zeidner（Ed.）, *Handbook of Self-regulation.* 452-502. San Diego: Academic Press.

Pintrich, P. R., & De Groot, E. V.（1990）. Motivational and self-regulated learning components of classroom academic performance. *Journal of Educational Psychology, 82 (1),* 33-40.

Plummer, K.（1995）. *Telling Sexual stories: Power, Change and Social World.* London: Routledge.（桜井厚・好井裕明・小林多寿子訳．1998．セクシャル・ストーリーの時代―語りのポリティクス．新曜社.）

Pokey, P. & Blumenfeld, P. C.（1990）. Predicting achievement early and late in the semester: the role of motivation and use of learning strategies. *Journal of Educational Psychology, 82,* 41-50.

Polkinghoene, D.（1995）. Narrative configuration in qualitative analysis. *International Journal of Qualitative Studies in Education. 8 (1),* 5-23.

Rubin, J.（1975）. What the "good language learner" can teach us. *TESOL Quarterly, 9,* 41-45.

Rubin, J.（1987）. Learner strategies: Theoretical assumption, research, history, and typology. In Wenden, A. and Rubin, J.（Eds.）, *Learner Strategies in Language Learning.* London: Prentice Hall.

Ryan, R. M., & Deci, E. L.（2002）. Overview of Self-Determination Theory; An Organismic Dialectical Perspective. In E. L. Deci & R. M. Ryan（Eds.）, *Handbook of Self-Determination Research.* Rochester: the University of Rochester Press.

桜井厚（2002）．インタビューの社会学―ライフストーリーの聞き方．せりか書房．

三宮真智子（2008）．メタ認知―学習力を支える高次認知機能　北大路書房．

佐藤公治（1999）．対話の中の学びと成長．金子書房．

瀬尾美紀子・植阪友理・市川伸一（2008）．学習方略とメタ認知．三宮真智子編．メタ認知―学力を支える高次認知機能．北大路書房．55-73．

Schmidt, R. W. (1983). Interaction, Acculturation, and the Acquisition of Communicative Competence: A Case Study of an Adult. In Wolfson, N and Elliot, J. (Eds.), *Sociolinguistics and Language Acquisition*. Rowley: Newbury.

Schumann, J. H. (1978). *The pidginization process: A model for second language acquisition*. Rowley, MA: Newburry House.

Schumann, J. H. (1997). The Nuerobiology of Affect in Language. Oxford: Blackwell. Schunk, D. H. (1991). *Learning theories: An educational perspective*. New York: Macmillan.

Schunk, D. H., & Zimmerman, B. J. (Eds.), (1994). *Self-regulation of learning and performance: Issues and educational applications*. New Jersey: Lawrence Erlbaum Associates.

Schunk, D. H., & Zimmerman, B. J. (1998). *Self-regulated learning: From teaching to self-reflective practice*. New York, NY: Guilford Press.

Schunk, D. H., & Zimmerman, B. J. (2007). *Motivation and self-regulated learning: Theory, research, and applications*. Mahwah, New Jersey: Lawrence Erlbaum Associates, Publishers.

ソーヤー，K.（2009）．凡才の集団は孤高の天才に勝る―「グループ・ジーニアス」が生み出すものすごいアイデア．金子宣子．ダイヤモンド社．

Spratt, M., Humphrey, G. & Chan, V. (2002). Autonomy and motivation: which comes first?, *Language Teaching Research, 6.(3)*, 245-266.

Stake, R. E. (2007). Qualitative case studies. In N. K. Denzin, & Lincoln (Eds.), *The Sage handbook of qualitative research*, 3rd edition, 443-466. Thousand Oaks, CA: Sage.

Stern, H. H. (1975). What can we learn from the good language learner?, *Canadian Modern Language Review, 31*, 304-317.

Stevick, E. (1989). *Success with foreign languages: Seven who achieved it and what worked for them*. New York: Prentice Hall International.

竹内理（2003）．より良い外国語学習法を求めて―外国語学習成功者の研究．松柏社．

竹内理（2004）．メディアの利用と第二言語習得，小池生夫・寺内正典・木下耕児・成田真澄編．*第二言語習得研究の現在―これからの外国語教育への視点*．大修館書店．

竹内理（2010）．学習者の研究から分かること―個別から統合へ　第一章．小嶋英夫・尾関直子・廣森友人編．*成長する英語学習者―学習者要因と自律学習*．英語教育学体系．第 6 巻．1-20．大修館書店．

竹内理（2011）．映像メディアは英語学習の自律性・継続性を実現するか―自己調整学習の観点から―How can media promote autonomy and sustainability in language learning?―From a Self-regulated perspective―　外国語教育メディア学会（LET）第 51 回全国研究大会．全体シンポジウム発表資料．2011 年 8 月 8 日於名古屋学院大学．

田中俊也（2004）．状況に埋め込まれた学習．赤尾勝己編．*生涯学習理論を学ぶ人のために―欧米の成人教育理論，生涯学習の理論と方法*．171-193．世界思想社．

徳田治子（2004）．ライフストーリー・インタビュー．質的心理学―創造的に活用するコツ．新曜社．

トムソン木下千尋（1997）．海外の日本語教育におけるリソースの活用．世界の日本語教育．7．17-29．国際交流基金．

Traxler, J., (2007). Defining, Discussing and Evaluating Mobile Learning: moving finger write and having writ..., *International Review of Research in Open and Distance Learning, 8 (2).* ISSN: 1492-3831.

Tse, L. (2000). The Effects of Ethnic Identity Formation on Bilingual Maintenance and Development: An Analysis of Asian American Narratives. *International Journal of Bilingual Education and Bilingualism, 3,* 185-200.

Tseng, W-T., Dörnyei, Z., and N. Schmitt. (2006). A New Approach to Assessing Strategic Learning: The Case of Self-Regulation in Vocabulary Acquisition. *Applied Linguistics, 27 (1):* 78-102.

Tseng, W.-T., Z. Dörnyei and N. Schmitt. (2008). A new approach to assessing strategic learning: The case of self-regulation in vocabulary acquisition. *Applied Linguistics, 27:* 78-102.

Ushioda E. (1994). L2 motivation as a qualitative construct, *Teanga, 14,* 76-84.

Ushioda E. (1996). Developing a Dynamic concept of L2 Motivation. In Hickey,

T. & Williams, J. (Eds.), *Language, Education and Society in Changing World*. 238-245. England: Multilingual Matters.

van Lier, L. (2000). From input to affordance. In J. Lantolf (Ed.), *Sociocultural theory and second language learning*. Oxford: Oxford University Press.

van Lier, L. (2004). *The ecology and semiotics of language learning: A sociocultural perspective*. Boston: Kluwer Academic Publishers.

Wenden, A. (1998). Metacognitive knowledge and language learning. *Applied Linguistics, 19*, 515-537.

Wenger, E. (1998). *Communities of Practice*. Cambridge, England: Cambridge University Press.

Wenger, E. (2000a). Communities of practice: stewarding knowledge. In Despres, C. and Chauvel, D. (Eds.), *Knowledge Horizons: the Present and the Promise of Knowledge*. 205-225. Butterworth-Heinemann, Boston.

Wenger, E. (2000b). Communities of practice and social learning systems. *Organization, 7(2)*, 225-246.

Winne, P. H. (2001). Self-regulated learning viewed from models of information processing. In B. J. Zimmerman & D. H. Schunk (Eds.), *Self-regulated learning and academic achievement: Theoretical perspectives*, 2nd ed. 153-189. Hillsdale, NJ: Erlbaum.

山田恭子・堀匡・國田洋子・中條和光 (2009). 大学生の学習方略使用と達成動機. 自己効力感の関係. *広島大学心理学研究. 9*, 37-51.

やまだようこ (2000). *人生を物語る―生成のライフストーリー*. ミネルヴァ書房.

やまだようこ (2004). *質的研究の核心とは. 質的心理学―創造的に活用するコツ*. 新曜社.

やまだようこ (2007). *質的心理学の方法*. 新曜社.

山森光陽 (2004). 中学校1年生の4月における英語学習に対する意欲はどこまで持続するか. *教育心理学研究. 52*, 71-82.

Yang, S. J. H., Okamoto T. & Tseng S. S. (2008). Guest Editorial: Context aware ubiquitous learning. *Educational Technology and Society, 11 (2)*, 1-2.

Yang, S. J. H., Zhang J. & Chen I. Y. L. (2008). A JESS enabled context elicitation system for providing context-aware Web services. *Expert Systems with Applications, 34 (4)*, 2254-2266.

Yin, R. K. (2006). Case study methods. In J. L. Green, G. Camilli & P. B. Elmore

(Eds.), *Handbook of complementary methods in education research.* 111–122. Mahwah, NJ: Erlbaum.

Yin, R. K. (2009). *Case study research: Design and methods.* SAGE Publications: Thousand Oaks, CA.

Zimmerman, B. J. (1986). Special issue on self-regulated learning. *Contemporary Educational Psychology, 11,* 305–427.

Zimmerman, B. J. (1989). Models of self-regulated learning and academic achievement. In B. J. Zimmerman & D. H. Schunk (Eds.), *Self-regulated learning and academic achievement: Theory, research and practice.* 1–25. New York: Springer-Verlag.

Zimmerman, B. J. (2000). Self-efficacy: An essential motive to learn. *Contemporary Educational Psychology, 25,* 82–91.

Zimmerman, B. J. (2001). Theories of self-regulated learning and academic achievement: An overview and analysis. In B. J. Zimmerman & D. H. Schunk (Eds.), *Self-regulated learning and academic achievement: Theoretical perspectives,* 2nd edition. 1–37. Mahwah, NJ: Lawrence Erlbaum.

Zimmerman, B. J. & Bandura, A. (1994). Impact of self-regulatory influences on writing course attainment. *American Educational Research Journal, 31,* 845–862.

Zimmerman, B. J., Bonner, S., & Kovach, R. (1996). *Developing self-regulated learners: Beyond achievement to self-efficacy.* Washington, DC: American Psychological Association.

Zimmerman, B. J., & Martinez-Ponz, M. (1986). Development of a structured interview for assessing student use of self-regulated learning strategies. *American Education Research Journal, 23,* 614–628.

Zimmerman, B. J., & Martinez-Ponz, M. (1990). Student difference in self-regulated learning: relating Grade, sex, and giftedness to self-efficacy and strategy use. *Journal of Educational Psychology, 82,* 51–59.

Zimmerman, B. J., & Schunk. D. H. (Eds.). (2001). *Self-regulated learning and academic achievement: Theoretical perspectives,* 2nd edition. Mahwah, NJ: Lawrence Erlbaum.

オンライン PDF ファイル

Nation, P. (2007). Vocabulary Size Test (bilingual Japanese version)

http://www.victoria.ac.nz/lals/about/staff/publications/paul-nation/
Vocab_Size_Test_Japanese.pdf（最終アクセス日：2016/12/08）

吉島茂・大橋理枝訳・編（2004）『外国語教育―外国語の学習、教授、評価のた
めのヨーロッパ参照枠―』朝日出版社.
http://www.dokkyo.net/˜daf-kurs/library/CEFR_juhan.pdf（最終アクセス
日：2016/12/08）

あとがき

　この50年間、外国語教育や学習の研究は進歩を遂げてきた。研究の分野や手法は細分化され、言語学習で発達した理論を超え、教育人類学や教育心理学、社会文化理論など様々な分野の理論が取り入れられる学際的な研究が発展している。それにもかかわらず、日本の英語教育はモノにならないと言われることも未だ多いのではないか。残念なことに、外国語教育の分野では、研究のための研究が容認され、研究と実践が分離し理論のみが一人歩きをはじめてしまっているように思われる。しかし、研究は実践に還元されてこそ意義があるのであり、私個人としては、外国語の研究は教育や学習に資するものでありたいと考えている。

　その理由は、筆者自身がかつて外国語学習に躓き、学習の継続を苦痛に感じた時に、学習成功者から学習の秘訣を学び、それを自身の学習実践に活かしたいと思った経験があるからである。これまでに、いくつもの学習成功者研究があるが、学習成功者が使用する有効な学習方略を提示し、その種類を類型化したり精緻化したりすることに研究者の関心が集まり、学習成功者が成功者となり得たプロセスは注目されることがほとんどなかった。しかし、筆者にとって最大の関心事は、学習成功者に特異な学習方略について理論的知識を学ぶことではなく、学習成功者が様々な学習の局面でいつどのように学習方略を使用しながら学習に取り組み、学習経験をどのようにとらえているのかであった。

　そして、これからも言語学習者であり続けると同時に、教員として教壇に立つことを志す者として、ある学習者が学習成功者と成り得たその秘訣を理解するために彼らの学習経験をまるごと描こうとする学習トラジェクトリという概念を利用することで、自己調整的な学習行動を学習の文脈の中で観察しようとした。そして、研究者として、自己調整学習行動、学習観、動機づ

249

け、学習環境、学習スタイルといった関連領域との間で総合的にとらえることで学習トラジェクトリの中で何がどのように起こったのかを明らかにすることを目指した。

　本書では、3人の外国語学習成功者を例に挙げ、できる限り詳細かつ正確に彼らの経験を描くことに努めたが、彼らの経験してきた世界の全てを描くことができたわけではない。本書を通して描いた学習成功者の経験は、外国語の習得にとどまらず、目標文化習得のためのダイナミックなプロセスを描くことでもあった。目標言語との接触が少ない FL 環境の学習者を対象とするとき、学習成功者は自身の学習の発達を目標と照らしあわせ、どのような学習の機会が必要かを主体的に判断し、可能な範囲で自己調整的に学習環境を整備していた。成功への道のりが三者三様であるように、道のりの数は学習者の数に等しい。正直、調査で話を聞きながら、協力者の特異な学習行動に驚かされ、必ずしも私自身が真似をしてうまくいくとは到底思えないものもあったが、ぜひ実践してみたいと思うものもいくつもあった。今後、より多くの学習成功者の経験を取り入れ、現在英語を学習する学習者たちが、自身と類似性を見出せるような学習成功の多様なパターンを示すことができるよう研究をさらにすすめていきたい。

　本書は筆者の大阪大学大学院言語文化研究科博士論文をもとに編集したものであり、論文執筆にあたっては、多くの方々のご協力、ご支援、ご助言を得た。何より、筆者の研究に快く協力し、データの確認のために何度も膨大な時間を割いてくださった3人の協力者には心より御礼を申し上げたい。そして、学習成功者の学習トラジェクトリに関して漠然とした関心を持っていた筆者の問題意識をより明確にし、彼らの学習経験を理論的に解明していくために有意義な助言をしてくれたのは、西口光一氏（大阪大学国際教育交流センター）である。そのほか、沖田知子氏（大阪大学大学院言語文化研究科）、村上・スミス・アンドリュー氏（大阪大学大学院言語文化研究科）にはお忙しいなか査読の労をとり、有益なコメントをいただいたこと、筆者が見落として

あとがき

いた点を数多く指摘してくださったことを心から感謝する。また、分析の段
階で、いろいろと手助けをし、アイデアを与えてくれた西口ゼミの友人、そ
して家族にも感謝し、今後も教育研究実践の場に身をおきながら努力を続け
ていきたいと思っている。

　本書は 2016 年度科学研究助成事業（科学研究費補助金）の交付を受けて行
う事業として刊行されたものである（JSPS KAKENHI Grant Number
JP16HP5064）。出版いただいた大阪大学出版会には感謝の気持ちを伝えたい。
特に編集部の川上展代氏にほんとうにお世話になった。編集に予想以上の時
間を費やしてしまい、氏の暖かくそして適切な支援がなければ、迅速に本書
を世に送り出すことはできなかったと思う。末筆ながら、心から感謝のこと
ばを申し上げたい。

2016 年 12 月　　　吉田　ひと美

索　引

A-Z

A three-dimensional Approach　64,65

FL 環境　6,8,11,36,37,54,88,103,142,
143,193,218,219,222

SL 環境　6,218

Vocabulary Size Test: VST　61,62

Vovabulary Level Test: VLT　61

あ行

意思理論　16

オーラルヒストリー　55,56

置かれる場　65,73

オペラント条件づけ　16

か行

学習環境の構築　149

学習成功者　7-12,23,35-37,41,44,45,
47-49,51,54,56-58,69-75,145,189,191,
195-198,201,202,204-208,210,213,
217-226

学習遅滞者　9,41,45,65

学習の個性化　146,147,183

学習の焦点化　148

学習方略診断紙（SILL）　9,41

学習モデル　25,97,192

観察的レベル　22,23,144

グループフロー経験　210,212,221

現実自己との乖離　178,179

さ行

時間的な概念の連続体　65,73

自己効力感　23,50,67,73-75,96,99-102,
143,150-153,173,177-179,192,217,219,
220,223,226

自己制御されたレベル　23,148,173,174

自己省察　21,22,25,176

自己調整学習　10,11,42,45,50,57,58,67,
73-75,96,102,144-150,176,183,190,
200,219,221-224,226

自己調整学習方略　50,58,67,73-75,
96-98,100,143,146,147,149,154,179,
183,192,197-199,201,223,226

自己調整されたレベル　23,148,174

自己調整能力　7,25

実践共同体　31,33-37,205,208-210,221

質的手法　12,45,224

質的調査　10,41-44,46,53,225

社会的認知理論　15,16

社会的方略　26

社会文化的相互作用方略　27

社会文化理論　16

周囲の関与　150,201

習慣化　106,143,145,147,157,172,174,
175,189,190

十全的参加　33,210

周辺性　33,36

重要な人物　193,197,198,202,212

情意　21,24-26,28,36,41,217,219

情意的方略　27

253

情意フィルター　219

状況論的アプローチ　15,30

状況論的学習観　11,31,32

情報処理アプローチ　16

事例研究　12,44,48-53,55,57,58,70,72,
　211

遂行コントロール　21,22,25

正統性　33-37,210

正統的周辺参加　11,15,31-33,35,208

相互作用　15,26,42,50,65,73,141

相互作用論　15

た行

第二言語環境　6

他律的な発達　144

データの整合　62,69

動機づけ　9-11,16,17,19-21,24,25,48,
　49,95,140,185,186,198,200,206-208,
　218

動機の内在化　189

トラジェクトリ　10,47,54,55,63,80,
　94-96,99,102,104,142,143,146,151,
　153,155,173,179,189-191,193-195,
　198-200,203-209,211,217,220-222,224,
　225

な行

ナラティブモード　44,45

認知　15,17,19-21,24-26,28,30,31,35,
　44,185,207

認知的方略　18,19,185

は行

フォローアップ・インタビュー　48,58,
　61,62,66,67,69,225

フロー理論　30,210

ペルソナ　200-202,209,219

本物の活動　32

ま行

マインドマップ　62,64,75,225

学びのトラジェクトリ　8,11,35

メタ社会文化的相互作用方略　27

メタ情意的方略　27

メタ認知　11,17,18,21,25,26,28,30,41,
　97,98,148,176,183,188,193,195,197,
　200,218

メタ認知的判断　195-197,203,220

メタ認知的プロセス　26

メタ認知的方略　18,19,149,185

メタ方略　26,41

目標への関与　17,20,29,50,58,67,73,75,
　102,183,204,205,217,220

モニタリング　7,18,21,22,175,179,187,
　192,196,197

物語的概念　44,45,49

物語的世界　47

物語的な理解　44

模倣的レベル　22,23,96,145,173

や行

ユビキタス学習　212,221

ヨーロッパ言語共通参照枠　61

予見　21,22,25,176

ら行

ライフストーリー　10,44,46,47,53-57,
　62-66,69,70,72

ライフヒストリー　46,55,56

ライフレビュー　55

ラポール　65,225

《著者略歴》

吉田ひと美 (よしだ ひとみ)

2010-2011 年国際ロータリー財団国際親善奨学生として Victoria University of Wellington, School of Linguistics and Applied Language Studies (MA in Applied Linguistics)。2013 年、大阪大学大学院言語文化研究科修了（言語文化学博士）。

同志社女子大学、関西大学、関西国際大学非常勤講師を経て、現在、関西学院大学国際学部、英語専任講師。専門分野は応用言語学、外国語教育学。

外国語習得に成功する学習プロセス
―留学することなく身につけるために―

2017 年 2 月 28 日　初版第 1 刷発行　　　　［検印廃止］

著　者　吉田ひと美

発行所　大阪大学出版会
　　　　代表者　三成　賢次

〒565-0871　大阪府吹田市山田丘 2-7
　　　　　　大阪大学ウエストフロント
TEL 06-6877-1614
FAX 06-6877-1617
URL：http://www.osaka-up.or.jp

印刷・製本　尼崎印刷株式会社

Ⓒ H. Yoshida 2017

Printed in Japan

ISBN 978-4-87259-561-1 C3082

Ⓡ〈日本複製権センター委託出版物〉

本書を無断で複写複製（コピー）することは、著作権法上の例外を除き、禁じられています。本書をコピーされる場合は、事前に日本複製権センター（JRRC）の許諾を受けてください。